Se mettre au service des autres,
voilà le vrai pouvoir

Pape François
(Jorge Mario Bergoglio)

Se mettre au service des autres, voilà le vrai pouvoir

Traduit de l'espagnol (Argentine)
par Alexandra Carrasco et Anne Proenza

Fayard

Création graphique de la couverture :
Un chat au plafond

Photographie : Le pape salue la foule place Saint-Pierre,
au Vatican (Rome, Italie), 16 octobre 2013

Édition originale : *El verdadero poder es el servicio*,
Misioneros Claretianos, Buenos Aires (Argentine)

ISBN : 978-2-21368-125-2

Note de l'éditeur

Editorial Claretiana publient depuis des années en Argentine des ouvrages de celui qui fut l'archevêque de Buenos Aires, Jorge Bergoglio, l'actuel pape François. Ces derniers ont reçu un excellent accueil du public, jusque bien au-delà des frontières du pays. Après avoir songé un temps à regrouper tous ses écrits en un seul volume, l'idée s'est rapidement imposée de concevoir uniquement un recueil de tous ses textes inédits.

Nul doute que ce livre servira non seulement l'Église de Buenos Aires, mais aussi tout le Peuple de Dieu.

Le livre a été organisé en plusieurs parties, représentatives de la pensée et de l'enseignement du pape François. Il réunit en premier lieu les écrits sur la catéchèse et l'éducation, des textes et réflexions sur le culte de Marie, figure emblématique de la spiritualité du pape François, puis les homélies chrismales, pascales ainsi que celles prononcées à l'occasion de l'Eucharistie, pour terminer par une série de textes qui s'adressent au monde de la culture et de la communication.

Certains thèmes, qui sont récurrents dans les enseignements et l'action pastorale du pape François, se retrouvent dans l'ensemble de l'ouvrage et il apparaît important de les souligner.

D'une part, l'idée de « créer de la citoyenneté », de lancer « un appel profond à répandre la joie et la satisfaction de bâtir ensemble un foyer, notre Patrie ». De l'autre, dans une conjoncture difficile et complexe comme celle que nous traversons, la nécessité de répondre « à l'appel de la force transformatrice de l'amitié sociale, celle que notre peuple a cultivée avec bien d'autres groupes et cultures qui ont peuplé et peuplent encore notre pays. Un peuple qui parie sur le temps et non sur l'instant… »

Tout cela est envisagé à partir de la notion essentielle de service. « Faire avec les autres et pour les autres. » « Il s'agit d'une révolution fondée sur le lien social inhérent au service. Le pouvoir, c'est de servir. » Nous ne devons certes pas confondre service et servilité – soumission vile et aveugle à l'autorité. Nous devons « pénétrer dans le territoire de la serviabilité, cet espace qui s'étend jusqu'aux confins de notre souci pour le bien commun et qui est notre véritable patrie ».

Conscients de la fragilité que nous ressentons dans bien des domaines, dans notre vie personnelle, au sein de notre famille, de notre travail, de notre société, « nous devons veiller sur la fragilité de notre peuple. Telle est la Bonne Nouvelle : pauvres, fragiles et vulnérables que nous sommes, nous avons été regardés avec bonté, même dans notre petitesse, ainsi que l'a fait Marie. Nous faisons partie d'un peuple chez lequel se prolonge, de génération en génération, la miséricorde du Dieu de nos pères. »

Père Gustavo Larrazábal, missionnaire clarétain
Directeur de Editorial Claretiana.

« Les paroles que je vous ai dites
sont ESPRIT et elles sont VIE »

Jean 6, 63

« Convertissez-vous et croyez à la Bonne Nouvelle »

« Convertissez-vous et croyez à la Bonne Nouvelle », voilà ce que nous a dit le prêtre en nous imposant les cendres mercredi dernier.

Commençons le Carême en remplissant cette mission. Brisons notre cœur, ouvrons-le pour qu'il croie dans le véritable Évangile, non dans l'Évangile *light*, non dans l'Évangile épuré, mais dans le vrai Évangile. C'est cela que je vous demande particulièrement aujourd'hui, à vous catéchistes : « Convertissez-vous et croyez en l'Évangile. »

Je vous donne de plus une mission dans l'Église : faites que d'autres croient en l'Évangile. Qu'en vous voyant, en voyant ce que vous faites, comment vous vous conduisez, ce que vous dites, ce que vous ressentez, comment vous aimez : qu'ils croient en l'Évangile.

L'Évangile dit que l'Esprit a conduit Jésus dans le désert et qu'il y a vécu avec les bêtes sauvages, comme si de rien n'était. Cela nous rappelle ce qui a eu lieu au commencement : le premier homme et la première femme vivaient avec les bêtes sauvages et rien de grave n'arrivait. Dans ce paradis, tout était paix, tout était joie. Et ils ont été tentés et Jésus a été tenté.

Jésus, à l'aube de sa vie, après son baptême, veut rétablir quelque chose qui ressemble à ce que fut le commencement. Ce geste de Jésus, la volonté de vivre en paix avec la nature, dans la solitude féconde du cœur et dans la tentation, nous indique ce qu'il est venu faire. Il est venu restaurer, il est venu recréer. Dans une prière de la messe, célébrée pendant l'année, nous disons une très belle chose : « Dieu, toi qui as créé si admirablement toutes les choses, et les as plus admirablement encore recréées. »

Jésus est venu avec ce vœu merveilleux d'obéissance pour recréer, pour « réharmoniser les choses », pour rétablir l'harmonie même au cœur de la tentation. N'est-ce pas clair ? Et le Carême est ce chemin. Nous devons tous, pendant le Carême, faire de la place dans notre cœur, afin que Jésus, avec la force de son Esprit, celui-là même qui l'a conduit dans le désert, rétablisse l'harmonie dans notre cœur. Qu'il le fasse, non pas comme certains le prétendent, avec de drôles de prières et des examens de conscience au rabais, mais par la mission, par le travail apostolique, par la prière de chaque jour, le travail, la force, le témoignage. Faire de la place à Jésus parce que les temps sont proches, nous dit l'Évangile. Nous sommes déjà à la fin des temps, depuis deux mille ans, dans le temps instauré par Jésus, le temps de ce processus de réharmonisation.

Le temps presse. Nous n'avons pas le droit de nous contenter de nous caresser l'âme. De rester enfermés dans notre... toute petite personne. Nous n'avons pas le droit de rester les bras croisés à nous dire : Comme je m'aime ! Non, nous n'en avons pas le droit. Nous devons sortir et raconter que, il y a deux mille ans, un homme a voulu recréer le paradis sur terre et qu'il est venu pour cela. Pour « réharmoniser les choses ». Et nous devons le dire à « Madame Rose », celle qui regarde la vie depuis son balcon. Nous devons le dire aux jeunes, nous devons le dire à tous ceux qui vivent dans la déprime, persuadés que le monde est un « bric-à-brac », comme dans ce fameux tango[1]. Nous devons le dire à la grosse dame snob qui croit qu'en se faisant tirer la peau elle va obtenir la vie éternelle. Nous devons le dire à ces jeunes qui, comme celui qui observe depuis son balcon, nous reprochent aujourd'hui de vouloir les mettre tous dans le même sac.

Même si lui n'a pas repris les paroles de la chanson, il aurait pu : « Allez, vas-y, de toute façon, c'est du pareil au même. »

Nous devons sortir et parler à ces gens de la ville que nous voyons aux balcons. Nous devons sortir de notre coquille et leur dire que Jésus vit et que Jésus vit pour lui, et pour elle, et le dire avec joie... même si nous avons parfois l'air d'être un peu fous. Le message de l'Évangile est folie, a dit saint Paul. Le temps de la vie ne va pas nous suffire, ni à faire don de nous, ni à annoncer que Jésus est en train de restaurer la vie. Nous devons semer l'espoir, nous devons sortir dans la rue. Nous devons sortir et partir à leur recherche.

Il y a tant de petits vieux, comme cette Madame Rose, qui n'en peuvent plus de la vie, qui n'ont même pas assez d'argent certains jours pour acheter des médicaments. Il y a tant de gamins à qui nous mettons dans la tête des idées prétendument très innovantes, qui représentent, selon nous, un grand progrès éducatif alors qu'elles ont été jetées à la poubelle en Europe et aux États-Unis depuis au moins dix ans.

Il y a tant de jeunes qui passent leur vie à s'étourdir de drogue et de bruit parce qu'ils n'ont pas de but, parce que personne ne leur a dit qu'il y avait quelque chose de grand. Et il y a tant de nostalgiques dans notre ville qui ont besoin de boire verre sur verre au comptoir pour oublier.

Il y a tant de gens bons, mais vaniteux, qui vivent dans l'apparence et courent le risque de tomber dans la prétention et l'orgueil.

Et nous, nous resterions chez nous ? Nous resterions enfermés dans notre paroisse ? Nous resterions dans le bavardage paroissial, celui du collège, des internats ecclésiastiques ? Avec tous ces gens qui nous attendent ! Les gens de notre ville ! Une ville qui a des richesses religieuses, des richesses culturelles, une ville magnifique, splendide, mais qui est très tentée par Satan. Nous ne pouvons pas rester seuls, nous ne pouvons pas rester dans la paroisse et dans les collèges. Catéchistes, dans la rue ! Allez catéchiser, chercher, frapper aux portes, frapper aux cœurs.

Ce qu'Elle [la Vierge Marie] a fait en premier lorsqu'elle a reçu la Bonne Nouvelle en son sein a été de courir rendre service. Sortons en courant rendre le service d'annoncer aux autres la Bonne Nouvelle, celle à laquelle nous croyons : la Bonne Nouvelle du Christ, hier, aujourd'hui et toujours. Ainsi soit-il.

Homélie aux catéchistes,
Rencontre archidiocésaine de catéchèse (RAC)[2], mars 2000

Se laisser rencontrer pour aider à la rencontre

Chaque deuxième samedi de mars, nous avons l'opportunité de nous retrouver à la Rencontre archidiocésaine de catéchèse. Là, ensemble, nous reprenons le cycle du catéchisme, en nous focalisant sur une idée-force qui nous accompagnera ensuite tout au long de l'année. C'est un moment de rencontre intense, de fête, de communion que j'apprécie beaucoup, autant que vous, j'en suis certain.

À l'approche de la fête de saint Pie X, patron des catéchistes, je souhaite m'adresser à chacun d'entre vous à travers cette lettre. Au milieu de votre labeur, lorsque la fatigue commence à se faire sentir, je désire vous encourager, comme père et comme frère, et vous inviter à faire une pause afin de pouvoir réfléchir ensemble à certains aspects de la pastorale catéchiste.

Je le fais conscient, en tant qu'évêque, d'être appelé à être le premier catéchiste du diocèse... Mais surtout, je voudrais par cette lettre combattre un peu l'anonymat caractéristique de la grande ville, qui empêche souvent la rencontre personnelle, celle que nous recherchons certainement tous. De plus, c'est sans doute un moyen supplémentaire de définir les lignes communes de la pastorale archidiocésaine, nécessaires à l'unité de notre action au sein d'une ville aussi grande, plurielle et complexe qu'est Buenos Aires.

Dans cette lettre, j'ai préféré ne pas m'étendre sur certains aspects de la praxis catéchiste, mais priviligier plutôt la personne en tant que telle.

De nombreux documents nous rappellent que toute la communauté chrétienne est responsable de la catéchèse. C'est logique, puisque la catéchèse est un aspect de l'évangélisation. Et l'Église entière est celle qui évangélise ; pourtant, pendant cette période d'enseignement et d'approfondissement du mystère de la personne du Christ, « ce n'est pas seulement les catéchistes et les prêtres qui doivent la dispenser mais toute la communauté de fidèles... » (cf. CT 16[3]). La catéchèse se verrait très compromise si elle était reléguée à l'action isolée et solitaire des catéchistes. C'est pourquoi tous les efforts qui tendent à cette prise de conscience ne seront jamais insignifiants. Le chemin entrepris, il y a des années, à la recherche d'une pastorale organique a notablement contribué à une plus grande implication de toute la communauté chrétienne dans cette responsabilité d'initier chrétiennement et d'éduquer dans la maturité de la foi. Dans ce domaine de la coresponsabilité de la communauté chrétienne dans la transmission de la foi, je ne peux manquer de rendre hommage à la personne du catéchiste.

L'Église attribue au catéchiste une forme de ministère qui, tout au long de l'histoire, a permis de faire connaître Jésus de génération en génération. Sans exclure, mais d'une manière privilégiée, l'Église reconnaît, dans cette portion du peuple de Dieu, la chaîne de témoins dont nous parle le Catéchisme de l'Église catholique : « Chaque croyant est ainsi comme un maillon dans la grande chaîne des croyants. Je ne peux croire sans être porté par la foi des autres, et par ma foi, je contribue à porter la foi des autres » (Catéchisme de l'Église catholique, 166).

Tous, en nous remémorant notre propre processus personnel de croissance dans la foi, nous découvrons les visages de simples catéchistes qui, par leur témoignage de vie et leur don généreux, nous aident à connaître et à aimer le Christ. Je me souviens avec tendresse et gratitude de sœur Dolores du collège de la Misericordia de Flores, celle qui m'a préparé à la première communion et à la confirmation. Voilà quelque mois, alors qu'une de mes catéchistes vivait encore, cela me faisait du bien de lui rendre visite, de la recevoir ou de lui téléphoner. Aujourd'hui encore, nombreux sont les jeunes et les adultes qui, silencieusement, avec humilité, du fond de leur campagne, continuent d'être les instruments du Seigneur pour édifier la communauté et rendre présent le Royaume.

C'est pourquoi je pense aujourd'hui à chaque catéchiste, et j'insiste sur un thème qui me semble impératif dans les circonstances actuelles : le catéchiste et sa relation personnelle avec le Seigneur.

Jean-Paul II nous prévient avec beaucoup de lucidité dans la lettre apostolique *Novo Millennio Ineunte* (NMI) : « Notre époque est une époque de mouvement continuel, qui va souvent jusqu'à l'activisme, risquant facilement de “faire pour faire”. Il nous faut résister à cette tentation, en cherchant à “être” avant de “faire”. Rappelons-nous à ce sujet le reproche de Jésus à Marthe : “Tu te soucies et t'agites pour beaucoup de choses ; pourtant il en faut peu, une seule même” » (Luc 10, 41-42) (Jean-Paul II, NMI 15).

Dans l'être et la vocation de tout chrétien se trouve la rencontre personnelle avec le Seigneur. Chercher Dieu, c'est chercher son Visage, c'est pénétrer dans son intimité. Toute vocation, et plus encore celle du catéchiste, présuppose une question : « Maître, où vis-tu ? – Viens et tu verras… » De la qualité de la réponse, de la profondeur de la rencontre surgira la qualité de notre médiation comme catéchiste. L'Église se construit sur ce « Viens et tu verras ». La rencontre personnelle et l'intimité avec le Maître fondent le véritable disciple et assurent à la catéchèse son savoir sincère, éloignant le piège toujours actuel du rationalisme et de l'idéologisation qui ôtent de la vitalité et stérilisent la Bonne Nouvelle.

La catéchèse a besoin de catéchistes saints qui instruisent par leur seule présence, qui contribuent, par leur témoignage de vie, à dépasser une civilisation individualiste dominée par « une éthique minimaliste et une religiosité superficielle » (NMI 31). Aujourd'hui plus que jamais, il est urgent de se laisser gagner par l'Amour, fondamental pour aider les hommes à expérimenter la Bonne Nouvelle.

Aujourd'hui plus que jamais, derrière tant de questions posées par les nôtres, se cache une quête de l'Absolu qui, par moments, prend la forme d'un cri douloureux poussé par une humanité outragée : « Nous voulons voir Jésus » (Jean 12, 21). Nombreux sont les visages qui, dans un silence plus éloquent que mille paroles, nous formulent cette requête. Nous les connaissons bien : ils sont parmi nous, ils font partie de ce peuple fidèle que Dieu nous confie. Visages d'enfants, de jeunes, d'adultes... Certains d'entre eux ont le regard pur du « disciple aimé », d'autres le regard baissé du fils prodigue. Les visages marqués par la douleur et le désespoir ne manquent pas. Mais ils espèrent tous, ils cherchent, ils désirent voir Jésus. Ils ont pour cela besoin des croyants et en particulier des catéchistes à qui ils demandent « non seulement de "parler" du Christ, mais en un sens de le leur faire "voir"... Notre témoignage se trouverait toutefois appauvri d'une manière inacceptable si nous ne nous mettions pas d'abord nous-mêmes à contempler son visage » (NMI 16).

Aujourd'hui plus que jamais, les difficultés présentes obligent ceux que Dieu convoque à consoler leur peuple, à cultiver les prières pour pouvoir « nous approcher de l'aspect le plus paradoxal de son mystère : l'heure de la Croix » (NMI 27). Seule la rencontre personnelle avec le Seigneur nous permettra de développer la diaconie de la tendresse, sans nous briser ou nous laisser étouffer par la présence de la douleur et de la souffrance.

Aujourd'hui plus que jamais, il est nécessaire que tout geste envers le frère, tout service ecclésial, ait pour présupposé et fondement la proximité et la familiarité avec le Seigneur. Ainsi, comme lors de la visite de Marie à Élisabeth, riche en attitudes de services et de joie, l'expérience la plus profonde de la rencontre et de l'écoute survenue dans le silence de Nazareth se comprend et devient réalité.

Notre peuple est las des paroles : il n'a pas besoin d'autant de maîtres, mais bien plutôt de témoins…

Le témoin se consolide dans l'intériorité, dans la rencontre avec Jésus-Christ. Tout chrétien, mais plus encore le catéchiste, doit être en permanence un disciple du Maître dans l'art de prier. « Il est nécessaire d'apprendre à prier, recevant pour ainsi dire toujours de nouveau cet art des lèvres mêmes du divin Maître, comme les premiers disciples : "Seigneur, apprends-nous à prier !" (Luc 11, 1). Dans la prière se développe ce dialogue avec le Christ qui fait de nous ses intimes : "Demeurez en moi, comme moi en vous" » (Jean 15, 4) (NMI 32).

Nous devrions donc aussi entendre l'invitation de Jésus à naviguer au large comme un encouragement à nous abandonner à la profondeur de la prière qui permet d'éviter que les épines n'asphyxient les semences. Parfois notre pêche est infructueuse parce que nous n'agissons pas en son nom ; parce que nous sommes trop préoccupés par tous nos filets… et nous oublions d'agir avec et pour Lui.

Cette époque n'est pas facile, les temps ne sont pas propices aux enthousiasmes passagers, aux spiritualités spasmodiques, sentimentalistes ou gnostiques. L'Église catholique a une riche tradition spirituelle, avec des maîtres nombreux et variés qui peuvent guider et nourrir une véritable spiritualité et rendent aujourd'hui possibles la diaconie de l'écoute et la pastorale de la rencontre. Grâce à une lecture attentive et réceptive du chapitre III de la lettre du Pape, *Novo Millenio Ineunte*, vous retrouverez la source inspiratrice d'une grande partie de ce que j'ai voulu partager avec vous. Simplement, pour terminer, j'ai envie de vous demander de renforcer trois aspects de la vie spirituelle, qui sont fondamentaux pour n'importe quel chrétien, mais plus encore pour tout catéchiste.

La rencontre personnelle et vivante à travers une lecture en prière de la Parole de Dieu

Je rends grâce au Seigneur car Sa Parole est chaque fois plus présente dans les rencontres des catéchistes. Je sais, de plus, combien la formation biblique des catéchistes a progressé. Mais on risquerait de s'arrêter à la froide exégèse ou à l'utilisation du texte de l'Écriture sainte si venaient à manquer la rencontre personnelle et la rumination irremplaçable que chaque croyant et chaque communauté doivent faire de la Parole pour que se produise « la rencontre vitale, selon l'antique et toujours actuelle tradition de la *lectio divina* permettant de puiser dans le texte biblique la parole vivante qui interpelle, qui oriente, qui façonne l'existence » (cf. NMI 39). Le catéchiste trouvera ainsi la source d'inspiration de toute sa pédagogie, qui sera nécessairement marquée par l'amour qui devient proximité, offrande et communion.

La rencontre personnelle et vivante à travers l'Eucharistie

Tous, en tant qu'Église, nous connaissons la joie grâce à la présence proche et quotidienne du Seigneur ressuscité jusqu'à la fin de l'âge. C'est ce mystère central de notre foi, réalisé par la communion, qui nous rend plus fort dans la mission. Le Catéchisme de l'Église catholique nous rappelle que nous trouvons dans l'Eucharistie tout le bien de l'Église. En elle, nous avons la certitude que Dieu est fidèle à sa promesse et qu'il demeure jusqu'à la fin des temps (Matthieu 28, 20).

En visitant et en adorant le Très Saint, nous expérimentons la proximité du bon Pasteur, la tendresse de son amour, la présence de l'ami fidèle. Tous, nous avons connu l'aide si grande que nous procure la foi, le dialogue intime et personnel avec le saint sacrement. Car le catéchiste ne peut renoncer à la magnifique vocation de conter ce qu'il a contemplé (1 Jean 1 *sqq.*).

La célébration de la Fraction du Pain nous appelle, une fois de plus, à imiter son don et à renouveler le geste inédit de multiplier les actions de solidarité. Lors du Banquet de l'Eucharistie, l'Église expérimente la Communion et est invitée à rendre effectif le miracle de « prochaineté[4] », celui qui rend possible, même dans ce monde globalisé, d'offrir un espace à un frère de telle sorte que le pauvre se sente comme chez lui dans chaque communauté (NMI 50). Le catéchiste est appelé à veiller à ce que la doctrine se fasse message et que le message devienne vie. Ainsi seulement, la Parole proclamée pourra être célébrée et transformée, véritablement, en sacrement de Communion.

La rencontre communautaire et festive de la Célébration du dimanche

Lors de l'Eucharistie dominicale, on refait la Pâque, le chemin du Seigneur qui a voulu entrer dans l'histoire pour nous faire participer à sa vie divine. Chaque dimanche, nous nous réunissons autour de l'autel comme la famille de Dieu, pour nous nourrir du Pain vivant qui apporte et célèbre ce qui est arrivé en chemin, pour renouveler nos forces et continuer à crier qu'Il vit parmi nous. Lors de la messe dominicale, nous expérimentons notre appartenance cordiale à ce peuple de Dieu auquel nous avons été intégrés par le baptême et nous faisons « mémoire » du « premier jour de la semaine » (Marc 16, 2, 9). Dans le monde actuel, souvent malade de sécularisme et de consommation, la capacité à célébrer, à vivre en tant que famille, semble se perdre. Le catéchiste est donc appelé à engager sa vie pour que le dimanche ne nous soit pas volé, pour contribuer à ce que la fête ne s'arrête pas dans le cœur de l'homme et que sa pérégrination de la semaine acquière sens et plénitude.

Sainte Thérèse, forte de son pouvoir de synthèse propre aux âmes grandes et simples, écrit à l'une de ses sœurs pour lui résumer en quoi consiste la vie chrétienne : « L'aimer et le faire aimer… » C'est aussi la raison d'être de tout catéchiste. La rencontre personnelle est indispensable pour être l'instrument qui permet aux autres de le rencontrer.

Je te salue en ce jour du catéchiste et te remercie de tout cœur pour ton engagement au service du peuple fidèle. Et je demande à Marie la Très Sainte qu'elle maintienne vivante dans ton cœur cette soif de Dieu pour que tu ne te lasses jamais de chercher son Visage.

Ne cesse pas de prier pour moi afin que je sois un bon catéchiste. Que Jésus te bénisse et que la Sainte Vierge te guide.

Homélie aux catéchistes, RAC, mars 2001

« Tu adoreras le Seigneur, ton Dieu et à Lui seul tu rendras un culte » (Luc, 4, 8)

« Comme rarement dans notre histoire, cette société blessée attend sans doute une nouvelle venue du Seigneur. Elle attend l'arrivée qui guérit et qui réconcilie de Celui qui est le Chemin, la Vérité et la Vie. Nous avons des raisons d'espérer. N'oublions pas que son passage et sa présence salvatrice ont été une constante dans notre histoire. Nous avons remarqué la trace merveilleuse de son œuvre créatrice dans cette nature à la richesse incomparable. La générosité divine se reflète aussi non seulement dans le témoignage de vie, de don et de sacrifice de nos pères et de nos héros, mais encore dans celui de ces millions de visages modestes et croyants, nos frères, acteurs anonymes du monde du travail et des luttes héroïques, incarnation de l'épopée silencieuse de l'Esprit qui fonde les peuples.

Nous vivons cependant très loin de la gratitude que mériteraient tant de dons reçus. Qu'est-ce qui empêche de voir cette venue du Seigneur ? Qu'est-ce qui rend impossible le “Goûtez et voyez comme Yahvé est bon” (Psaume 34, 9) face à cette prodigalité de la Terre et des hommes ? Qu'est-ce qui, dans notre Nation, entrave les possibilités de profiter de la pleine rencontre entre le Seigneur, ses dons et nous ? À l'image de la Jérusalem d'alors, quand Jésus traversait la ville et que cet homme nommé Zachée ne réussissait pas à le voir parmi les foules, quelque chose nous empêche de voir et de sentir sa présence. »

C'est par ces paroles que commençait l'homélie du *Te Deum* du 25 mai dernier. J'aimerais qu'elles servent d'introduction à cette lettre que je te fais parvenir avec une affection reconnaissante pour ta silencieuse mais importante tâche d'édification de l'Église.

Je ne crois pas exagérer en affirmant que nous vivons des temps de « myopie spirituelle et de pauvreté morale », à un moment où on veut nous imposer comme si c'était normal une « sous-culture », privée, semble-t-il, d'espace pour la transcendance et l'espérance.

Mais, tu le sais, pour être catéchiste, et grâce à la sagesse que te donne la fréquentation hebdomadaire des gens : le désir et la nécessité de Dieu continuent de battre dans le cœur des hommes. La confiance sereine de David défendant l'héritage depuis la plaine est plus que jamais nécessaire, aujourd'hui, face à la prétention et à l'arrogance envahissante des nouveaux Goliath, qui réactualisent les préjugés et les idéologies autistes à travers la communication de certains médias et des canaux officiels. J'aimerais donc insister sur ce que je t'avais écrit il y a un an : Aujourd'hui plus que jamais, derrière tant de questions des nôtres, se cache une quête de l'Absolu qui, par moments, prend la forme d'un cri douloureux poussé par une humanité outragée : "Nous voulons voir Jésus" (Jean 12, 21). Nombreux sont les visages qui, dans un silence plus éloquent que mille paroles, nous formulent cette requête. Nous les connaissons bien : ils sont parmi nous, ils font partie de ce peuple fidèle que Dieu nous confie. Visages d'enfants, de jeunes, d'adultes… Certains d'entre eux ont le regard pur du "disciple aimé", d'autres le regard baissé du fils prodigue. Les visages marqués par la douleur et le désespoir ne manquent pas. Mais ils espèrent tous, ils cherchent, ils désirent voir Jésus. Ils ont pour cela besoin des croyants et en particulier des catéchistes à qui ils demandent “non seulement de ‘parler’ du Christ, mais en un sens de le leur faire ‘voir’... Notre témoignage se trouverait toutefois appauvri d’une manière inacceptable si nous ne nous mettions pas d’abord nous-mêmes à contempler son visage” » (NMI 16).

Voilà pourquoi j’ai envie de te proposer cette année d’approfondir le thème de l’adoration.

Aujourd’hui plus que jamais, il est nécessaire d’« adorer en esprit et en vérité » (Jean 4, 24). C’est le devoir indispensable du catéchiste qui veut s’enraciner en Dieu, qui ne veut pas faiblir devant tant de bouleversements.

Aujourd’hui plus que jamais, il est nécessaire d’adorer pour rendre possible la « prochaineté » que réclament ces temps de crise. C’est seulement dans la contemplation du mystère de l’Amour qui abolit les distances et permet la proximité, que nous trouverons la force de ne pas tomber dans la tentation de suivre de très loin et de ne pas nous arrêter en chemin.

Aujourd’hui plus que jamais, il est nécessaire d’enseigner à adorer à nos catéchisants, afin que notre Catéchisme soit réellement Initiation et pas seulement Enseignement.

Aujourd’hui plus que jamais, il est nécessaire d’adorer pour ne pas nous laisser submerger de paroles qui parfois cachent le Mystère, et plutôt nous offrir le silence, empli d’admiration muette face à la Parole qui devient présence et proximité.

Aujourd’hui plus que jamais, il est nécessaire d’adorer !

Parce que adorer, c’est se prosterner, c’est reconnaître en modestie la grandeur infinie de Dieu. Seule la véritable humilité peut reconnaître la vraie grandeur et comprendre aussi que ce qui se prétend grand est en fait petit. Une des plus grandes perversions de notre époque consiste sans doute à nous proposer d’adorer l’humain en mettant de côté le divin. « Seul le Seigneur tu adoreras » représente le grand défi face à toutes ces propositions vides de sens. Le grand défi de notre temps consiste à ne pas adorer les idoles contemporaines – malgré leurs chants de sirènes – à ne pas adorer, trait caractéristique de l’époque actuelle, ce qui n'est pas adorable. Des idoles qui causent la mort ne méritent aucune admiration, seul le Dieu de la vie mérite « adoration et gloire » (cf. Document de Puebla 491[5]).

Adorer, c'est regarder avec confiance Celui qui en semble digne parce qu'il est donneur de vie, instrument de paix, générateur de rencontres et de solidarité.

Adorer, c'est rester debout face à ce qui n'est pas adorable, parce que l'adoration nous rend libres et nous fait devenir des personnes pleines de vie.

Adorer, c'est se remplir, non se vider, c'est reconnaître et entrer en communion avec l'Amour. Personne n'adore celui qui n'aime pas, personne n'adore celui qu'il ne considère pas comme son amour. Nous sommes aimés ! Nous sommes chéris ! « Dieu est amour. » Cette certitude est celle qui nous pousse à adorer de tout notre cœur Celui qui « nous a aimés » (1 Jean 4, 10).

Adorer, c'est découvrir sa tendresse, c'est trouver la consolation et le repos dans sa présence, c'est pouvoir expérimenter ce que dit le Psaume 22 (4.6) : « Passerais-je un ravin de ténèbre, je ne crains aucun mal car tu es près de moi ; [...] grâce et bonheur me pressent tous les jours de ma vie. »

Adorer, c'est être les joyeux témoins de sa victoire, c'est ne pas se laisser vaincre par le grand tourment et goûter par anticipation la fête de la rencontre avec l'Agneau, seul digne d'adoration, qui séchera toutes nos larmes et en qui nous célébrons le triomphe de la vie et de l'amour sur la mort et le désarroi (cf. Apocalypse 21-22).

Adorer, c'est se rapprocher de l'union, c'est découvrir que nous sommes les fils d'un même père, les membres d'une seule famille, c'est, comme l'a découvert saint François, chanter, unis, les louanges de la création et de tous les hommes. C'est renouer les liens que nous avons brisés avec notre terre, avec nos frères, c'est le reconnaître Lui comme Seigneur de toutes les choses, Père généreux du monde entier.

Adorer, c'est dire « Dieu », et dire « vie ». C'est nous retrouver face à face avec le Dieu de la vie dans notre quotidien, c'est l'adorer par notre vie et par le témoignage. C'est savoir que nous avons un Dieu fidèle qui est resté avec nous et qui a confiance en nous.

Adorer, c'est dire AMEN !

En te saluant en ce jour des catéchistes, je souhaite à nouveau te remercier pour ton engagement au service du peuple fidèle. Et demander à Marie la Très Sainte qu'elle fasse vivre dans ton cœur cette soif de Dieu afin que tu puisses, telle la Samaritaine de l'Évangile, « adorer en esprit et en vérité » et « faire que bon nombre s'approchent de Jésus » (cf. Jean 4, 39).

Ne cesse pas de prier pour moi afin que je sois un bon catéchiste. Que Jésus te bénisse et que la Sainte Vierge te protège.

Lettre aux catéchistes, août 2002

Le trésor de notre boue

« Mais ce trésor, nous le portons en des vases d'argile, pour que cet excès de puissance soit de Dieu et ne vienne pas de nous » (2 Corinthiens 4, 7).

En tant qu'Église archidiocésaine, nous avons tenté tout au long de l'année de veiller sur « la fragilité de notre peuple », en en faisant le thème et le style de la mission archidiocésaine.

Dans le même ordre d'idées, je voudrais que le thème de la fragilité soit présent dans cette lettre que je vous écris chaque année à l'heure de la fête de saint Pie X, patron des catéchistes.

En 2002, je vous invitais à réfléchir sur la mission du catéchiste en tant qu'adorateur, celui qui se sait devant un mystère si grand, si merveilleux, qui le dépasse, qu'il le fait se convertir en prière et en louange. Aujourd'hui, j'ai envie d'insister sur cet aspect. Face à un monde fragmenté, face à la tentation de nouvelles fractures fratricides au sein de notre pays, face à l'expérience douloureuse de notre propre fragilité, il est nécessaire et urgent, j'irais jusqu'à dire indispensable, de se plonger dans la prière et l'adoration. Cela nous aidera à unifier notre cœur et nous donnera des « entrailles de miséricorde » pour devenir des hommes de rencontre et de communion, qui assument comme une vocation personnelle d'endosser la blessure du frère. Ne privez pas l'Église de votre ministère de prière, qui permet de s'affranchir de la fatigue quotidienne en donnant des témoignages d'un Dieu si proche, si Autre : Père, Frère et Esprit ; Pain, Compagnon de route et Donneur de Vie.

Il y a un an je vous écrivais : « Aujourd'hui plus que jamais, il est nécessaire d'adorer pour rendre possible la "prochaineté" que réclament ces temps de crise. C'est seulement dans la contemplation du mystère de l'Amour qui abolit les distances et permet la proximité, que nous trouverons la force de ne pas tomber dans la tentation de suivre de très loin et de ne pas nous arrêter en chemin. »

C'est justement le texte du bon Samaritain (Luc 10, 29-37) qui a éclairé le *Te Deum* du 25 mai dernier. Un texte qui contenait une invitation à « resignifier toute notre vie… – comme personne et comme Nation – à partir de la joie du Christ ressuscité pour permettre que naisse, dans la fragilité même de la chair, l'espérance de vivre en tant que vraie communauté »…

Annoncer le kérygme[6], redonner du sens à la vie, former une communauté sont les devoirs que l'Église confie particulièrement aux catéchistes. Un devoir si grand qu'il nous dépasse et parfois même nous accable. D'une certaine manière, nous nous identifions au jeune Gédéon qui, envoyé combattre les Madianites, se sent désemparé et perplexe face à la supériorité de l'ennemi envahisseur (Juges 6, 11-24). Nous aussi, confrontés à cette nouvelle invasion pseudo-culturelle qui nous présente les nouveaux visages païens des « Baal » d'antan, nous prenons conscience de la disproportion des forces et de la petitesse de celui qui est envoyé. Mais c'est justement l'expérience de la fragilité qui permet de mettre en évidence la force du Très-Haut, la présence de Celui qui est le garant de notre paix.

Pour cela, j'ai envie cette année de t'inviter à voir, avec le même regard contemplatif que celui avec lequel tu découvres la proximité du Seigneur de l'histoire, que ta fragilité représente le trésor caché qui trompe les arrogants et détruit les puissants. Aujourd'hui, le Seigneur nous invite à embrasser notre fragilité comme source d'un grand trésor évangélisateur. Reconnaître que nous sommes la boue, le pot et le chemin, c'est aussi rendre un culte au véritable Dieu.

Car seul celui qui reconnaît sa vulnérabilité est capable d'une action de solidarité. Car s'émouvoir, compatir avec celui qui est tombé au bord du chemin est une attitude propre à celui qui sait reconnaître en l'autre sa propre image, un mélange de terre et de trésor. C'est pour cela qu'il ne la repousse pas. Au contraire, il l'aime, il s'en rapproche et sans avoir cherché, découvre que les blessures qu'il soigne chez son frère sont des onguents pour les siennes. La compassion se transforme en communion, en pont qui rapproche et resserre les liens. Ni les bandits de grand chemin, ni ceux qui passent outre et ignorent l'homme à terre, n'ont conscience de son trésor et de sa boue. La vie n'ayant aucune valeur pour les premiers, ils n'hésitent pas à laisser pour mort leur prochain. S'ils ne considèrent pas que leur propre vie est précieuse, comment pourraient-ils reconnaître un trésor dans celle des autres ? Quant à ceux qui passent outre, ils ne valorisent leur vie que partiellement, ils n'osent en regarder qu'une partie, la seule qu'ils considèrent, eux, comme valable : ils se savent élus et aimés de Dieu (que, dans la parabole, ce soient deux personnages religieux de l'époque de Jésus – un lévite et un prêtre – en dit long), mais ils ne reconnaissent pas l'argile, la boue fragile. Ainsi, s'ils ont peur de l'homme à terre et refusent de l'admettre, comment pourraient-ils reconnaître la boue des autres s'ils n'acceptent pas la leur ?

Ce qui caractérise réellement la pédagogie catéchiste, ce en quoi tout catéchiste devrait être expert, c'est en sa capacité d'accueillir, de prendre en charge l'autre, de s'attacher à ce que personne ne soit abandonné en chemin. Face à la gravité et à l'étendue de la crise, face au défi de nous engager, en tant qu'Église archidiocésaine, à « veiller sur la fragilité de notre peuple », je t'invite à renouveler ta vocation de catéchiste et à mettre toute ta créativité au service du « savoir être » proche de celui qui souffre, rendant réelle « une pédagogie de la présence ». Que l'écoute et la « prochaineté » de celui qui l'exerce ne soient pas seulement un style, mais le contenu du catéchisme.

En réalisant cette magnifique vocation artisanale d'être « la figure et la caresse de celui qui souffre », n'aie pas peur de veiller sur la fragilité du frère avec ta propre fragilité : car ta douleur, ta fatigue, tes faillites, Dieu les transforme en richesse, en onguent et en sacrement. Souviens-toi ce que nous avons médité ensemble le jour de la Fête-Dieu : il existe une fragilité, l'Eucharistie, qui cache le secret du partage. Il y a une fragmentation qui permet, grâce au tendre geste du don de soi, de nourrir, d'unifier, de conférer du sens à la vie. Dans cette fête de Saint Pie X, puisses-tu, en prière, présenter au Seigneur tes fatigues et tes lassitudes, comme celles de ces personnes que le Seigneur a mises sur ton chemin, et laisser le Seigneur embrasser ta fragilité, ta boue, pour la transformer en puissance évangélisatrice et en source de force. Ainsi l'a expérimenté l'apôtre Paul :

« Nous sommes aux prises, mais non pas écrasés ; ne sachant qu'espérer, mais non désespérés ; harcelés, mais non abandonnés ; terrassés, mais non vaincus. Nous portons partout et toujours en notre corps les souffrances de mort de Jésus, pour que la vie de Jésus soit, elle aussi, manifestée dans notre corps » (2 Corinthiens 4, 8-10).

C'est dans la fragilité que nous sommes appelés à être catéchistes. La vocation ne serait pas entière si elle excluait notre boue, nos chutes, nos échecs, nos luttes quotidiennes : c'est en elle que la vie de Jésus se manifeste et que se produit l'annonce salvatrice. Grâce à elle, nous découvrons que les douleurs du frère sont les nôtres. Par elle, la voix du prophète devient Bonne Nouvelle pour tous :

« Fortifiez les mains affaiblies, affermissez les genoux qui chancellent. Dites aux cœurs défaillants : “Soyez forts, ne craignez pas ; voici votre Dieu. C'est la vengeance qui vient, la rétribution divine. C'est lui qui vient vous sauver." Alors se dessilleront les yeux des aveugles, et les oreilles des sourds s'ouvriront. Alors le boiteux bondira comme un cerf, et la langue du muet criera sa joie » (Isaïe 35, 3-6).

Que Marie nous permette de valoriser le trésor qu'est notre boue, pour pouvoir chanter avec elle le Magnificat de notre petitesse auprès de la grandeur de Dieu.

Ne cesse pas de prier pour moi afin que je vive aussi cette expérience de limite et de grâce. Que Jésus te bénisse et que la Sainte Vierge te protège. Avec affection.

Lettre aux catéchistes, août 2003

« Lève-toi et mange, autrement le chemin sera trop long pour toi »

Les prochaines Assemblées du peuple de Dieu constituent un des moments forts de l'Esprit, sur le chemin que nous suivons en tant qu'Église diocésaine. Je souhaite que ce temps de préparation soit l'occasion, par la prière, d'emprunter un chemin de discernement communautaire.

En tant qu'Église d'Argentine, nous faisons le pèlerinage jusqu'à Corrientes où, dans quelques jours, nous nous réunirons comme peuple fidèle autour de l'Eucharistie, pour demander au Seigneur que la célébration quotidienne nous aide à rendre réel le rêve tant de fois retardé d'une Nation vraiment réconciliée et solidaire. Nous le faisons avec la triste constatation qu'il existe des gens qui n'ont pas de quoi manger, dans la terre bénie du pain.

Identité, mémoire, appartenance à un peuple qui se sait en pèlerinage, en chemin.

Dans cette réalité dynamique de l'Église, je veux, à l'approche de la fête de saint Pie X, vous faire parvenir mon salut et mon affection en ce jour des catéchistes. Je souhaite partager avec vous quelques réflexions qui ont été ces derniers temps l'objet de ma prière, en résonance avec ce que j'écrivais le mercredi des Cendres, lorsque je vous invitais à veiller sur la fragilité du frère à partir de l'audace propre des disciples de Jésus qui croient en sa présence de Ressuscité.

Notre Église de Buenos Aires a besoin de cette audace et de cette ferveur, œuvre du Saint-Esprit, qui nous amène à annoncer, à crier Jésus-Christ de tout notre cœur. Beaucoup d'audace et de courage sont nécessaires pour continuer notre marche à l'heure où tant de perplexité nous entoure.

La tentation existe, nous le savons, de nous laisser envahir par une peur paralysante, maquillée parfois en retraite, en calcul réaliste ou en répétition routinière. Mais celle-ci cache toujours l'appel lâche et conformiste d'une culture minimaliste habituée à suivre un chemin tout tracé.

L'audace apostolique impliquera recherche, créativité, navigation au grand large !

Dans cette spiritualité du chemin, la tentation est grande aussi de trahir l'appel à marcher comme peuple et de renoncer au mandat du pèlerinage pour courir étourdiment le marathon du succès. Agissant ainsi, nous déprécions notre action et nous ajoutons à la culture de l'exclusion, celle qui ne laisse ni place pour le vieillard ou l'enfant agaçant, ni temps pour s'arrêter au bord du chemin. La tentation est d'autant plus grande qu'elle s'appuie sur les nouveaux dogmes modernes que sont l'efficacité et le pragmatisme. Il faut donc beaucoup d'audace pour aller à contre-courant et ne pas renoncer à l'utopie possible qu'est précisément l'insertion lorsqu'elle imprime style et rythme à nos pas.

Marcher en tant que peuple est toujours plus lent. De plus, personne n'ignore que le chemin est long et difficile. Comme lors de l'expérience fondatrice du peuple de Dieu à travers le désert, la fatigue et la perplexité ne nous seront pas épargnés.

Chacun d'entre nous s'est déjà retrouvé arrêté et désorienté sur son chemin, sans savoir comment avancer. La plupart du temps, la réalité nous est imposée, elle est verrouillée, sans espoir. Nous doutons, comme le peuple d'Israël, des promesses et de la présence du Seigneur de l'histoire et nous nous laissons gagner par la mentalité positiviste qui prétend se constituer en une clé interprétative de la réalité. Nous renonçons à notre vocation de faire l'histoire, pour nous joindre au chœur nostalgique des plaintes et des reproches. « Ne te disions-nous pas en Égypte : Laisse-nous servir les Égyptiens, car mieux vaut pour nous servir les Égyptiens que de mourir dans le désert ? » (Exode 14, 12). La ferveur apostolique nous aidera à nous souvenir, à ne pas renoncer à la liberté, à marcher comme peuple de l'Alliance : « Garde-toi d'oublier Yahvé qui t'a fait sortir du pays d'Égypte, de la maison de servitude » (Deutéronome 6, 12). Catéchistes, en ces temps difficiles, vous devez demander à Dieu l'audace et la ferveur qui permettent d'aider à se souvenir ! « Sois attentif et prends garde à toi pour ne pas oublier les choses que tu as vues avec tes propres yeux... Mais prends garde ! Garde bien ta vie, ne va pas oublier ces choses que tes yeux ont vues » (Deutéronome 4, 9). C'est en transmettant et en louant leur mémoire que nous trouverons, en tant que peuple, la force nécessaire pour ne pas sombrer dans la peur paralysante et angoissante.

Cette marche du peuple de Dieu reconnaît les temps, les rythmes, les tentations et les épreuves, les actions de grâce dans lesquels il est nécessaire de renouveler l'alliance.

Aujourd'hui aussi, dans notre marche en tant qu'Église de Buenos Aires, nous vivons un moment très particulier que nous nous encourageons à entrevoir comme un temps de grâce. Nous voulons nous ouvrir à l'Esprit, permettre qu'Il nous anime spirituellement afin que les prochaines Assemblées diocésaines soient un « véritable Temps de Dieu », pendant lequel, en présence du Seigneur, nous pouvons nous plonger dans notre identité et prendre conscience de notre mission. Pouvoir faire une expérience amicale de discernement communautaire et fraternel dans laquelle la prière et le dialogue nous permettent de dépasser le désaccord et de grandir en sainteté communautaire et missionnaire.

Toute marche nous oblige à nous mettre en mouvement, nous déstabilise et nous place en situation de luttes spirituelles. Nous devons être particulièrement attentifs à ce qui se passe au fond du cœur, et prêter attention aux divers mouvements de l'esprit (le bon, le mauvais, le personnel). Afin de pouvoir discerner et trouver la volonté de Dieu.

Sur ce chemin que nous commençons à emprunter, il ne faudra pas s'étonner de voir apparaître la tentation subtile de la séduction « alternative », celle qui empêche d'accepter le chemin commun et qui propose dans l'absolu toujours d'autres choix. Il ne s'agit pas alors d'un pluralisme sain et enrichissant, ou de nuances, à l'heure du discernement communautaire, mais d'une incapacité à suivre un chemin avec d'autres parce que, du fond du cœur, il est préférable d'aller solitairement par des sentiers élitistes qui, dans de nombreux cas, conduisent à se replier égoïstement sur soi-même. Au contraire, la sagesse du catéchiste, du catéchiste véritable, se forge dans la proximité des autres et dans la richesse de tous ces visages et de toutes ces histoires partagées qui l'éloignent de toutes les versions mises à jour de la « connaissance ».

Il ne faudra pas non plus s'étonner de rencontrer sur le chemin le mauvais esprit, celui qui se refuse à toute nouveauté. Celui qui se cramponne aux acquis et préfère les certitudes de l'Égypte aux promesses du Seigneur. Ce mauvais esprit nous amène à nous délecter des difficultés, à parier d'emblée sur l'échec, à prendre congé des foules « avec réalisme » parce que nous ne savons pas, nous ne pouvons pas et, dans le fond, nous ne voulons pas les accueillir. Personne n'échappe à ce mauvais esprit.

En conséquence, que l'invitation à renouveler la ferveur soit une invitation à demander à Dieu une grâce pour notre Église de Buenos Aires : « La grâce de l'audace apostolique, audace forte et fervente de l'Esprit. »

Nous savons que ce renouvellement spirituel ne peut être le résultat d'un mouvement de volonté ou d'un simple changement d'état d'esprit. C'est la grâce, le renouvellement intérieur, la transformation profonde qui, en se fondant et en s'appuyant sur une Présence comme celle de cet après-midi du premier jour de notre histoire nouvelle, fait son chemin avec nous pour commuer nos peurs en ardeur, notre tristesse en joie, notre fuite en annonce.

Il faut encore le reconnaître comme à Emmaüs. Il continue de rompre le pain afin qu'ils nous reconnaissent aussi, en rompant le pain. Et si nous manquons d'audace pour assumer le défi de donner nous-mêmes le pain, faisons nôtre le mandat de Dieu envers le prophète Élie, fatigué, épuisé : « Lève-toi et mange, autrement le chemin sera trop long pour toi » (1 Roi 19, 7).

En te rendant grâce pour tout ton chemin de catéchiste, je demande au Seigneur Eucharistie qu'il renouvelle ton ardeur et ta ferveur apostolique afin que tu ne t'habitues jamais aux visages de tous ces enfants qui ne connaissent pas Jésus, aux visages de tous ces jeunes qui errent désorientés dans la vie, aux visages de ces foules exclues qui, avec leurs familles, leurs vieillards, luttent pour être en communauté et dont la déambulation quotidienne à travers notre ville nous fait souffrir et nous interpelle.

Plus que jamais, nous avons besoin de ton regard proche de catéchiste qui contemple, s'émeut et s'arrête autant de fois que nécessaire pour donner à notre marche le rythme sain de « prochaineté ». Tu pourras ainsi faire l'expérience de la vraie compassion, celle de Jésus, qui, loin de paralyser, mobilise et pousse à aller avec plus de force et plus d'audace annoncer, guérir, libérer (cf. Luc 4, 16-22).

Plus que jamais, nous avons besoin de ton cœur délicat de catéchiste qui apporte, grâce à ton expérience de l'accompagnement, la sagesse de la vie et de processus qui combinent la prudence, la capacité de compréhension, l'art d'espérer, le sens de l'appartenance, pour protéger ainsi – entre tous – les brebis qu'on nous a confiées des loups savants qui tentent de disperser le troupeau.

Plus que jamais, nous avons besoin de ta personne et de ton ministère catéchistique afin que, avec tes gestes créatifs, tu apportes tel David la musique et l'allégresse à la marche fatiguée de notre peuple (2 Samuel 6, 14-15).

Je te demande, s'il te plaît, de prier pour moi afin que je sois un bon catéchiste. Que Jésus te bénisse et que la Sainte Vierge te protège.

Lettre aux catéchistes, août 2004

« Puis il gravit la montagne et il appelle à Lui ceux qu'il voulait. Ils vinrent à Lui »

« Et il en institua Douze pour être ses compagnons et pour les envoyer prêcher… » (Marc 3, 14). Le texte de Marc permet de nous situer dans la perspective de l'appel.

Derrière chaque catéchiste, derrière chacun de vous, il y a un appel, une élection, une vocation. C'est la vérité fondatrice de notre identité : nous avons été appelés par Dieu, nous avons été élus par Lui. Nous croyons et nous confessons l'initiative d'amour qui se trouve à l'origine de ce que nous sommes. Nous nous reconnaissons comme don, comme grâce…

Et nous avons été appelés pour être avec Lui. Pour cela, nous nous disons chrétiens, nous nous reconnaissons dans cette étroite relation avec le Christ… Avec l'apôtre Paul, nous pouvons dire : « … et ce n'est plus moi qui vis, mais le Christ qui vit en moi… » (Galates 2, 20). Ce vivre avec le Christ est réellement une nouvelle vie, la vie du chrétien, et il détermine tout ce que vous êtes et faites. Voilà pourquoi tout catéchiste doit faire en sorte de demeurer dans le Seigneur (Jean 15, 4) et de protéger, par la prière, son cœur transformé par la grâce, car c'est ce qu'il a à offrir et là où se trouve son véritable « trésor » (cf. Luc 12, 34).

Certains pensent peut-être en leur for intérieur : « Ce qu'il nous raconte pourrait s'appliquer à chaque chrétien. » Oui, c'est vrai. C'est justement ce que j'aimerais partager avec vous ce matin. Tout catéchiste est avant tout un chrétien.

Cela devrait sembler évident… Pourtant, l'un des problèmes les plus sérieux de l'Église, qui hypothèque très souvent sa tâche évangélisatrice, réside justement dans le fait que nous, les pasteurs qui avons l'habitude des « choses de Dieu », nous qui sommes parties intégrantes du monde ecclésiastique, eh bien nous oublions fréquemment d'être de bons chrétiens. Vient alors la tentation de définir de manière absolue la spiritualité par des qualificatifs tels que : la spiritualité du laïc, du catéchiste, du prêtre… au risque d'en perdre l'origine et la simplicité évangélique. Une fois l'horizon chrétien commun perdu, nous nous exposons à la tentation du snobisme, de l'affectation, de ce qui entretient et fait grossir sans nourrir ni aider à grandir. Les parties se transforment en particularités et, en privilégiant les particularités, nous oublions facilement le principal : nous formons un seul peuple. Ainsi naissent les mouvements centrifuges qui n'ont rien de missionnaire, bien au contraire : ils nous dispersent, nous distraient et, paradoxalement, nous embrouillent dans une pratique interne et égoïste. N'oublions pas : le tout est supérieur aux parties.

Il me semble important d'insister sur cet aspect car la tentation subtile du Malin peut nous faire oublier notre appartenance commune, dont l'origine est le baptême. À perdre notre identité de fils, de frères et de membres du peuple de Dieu, nous cultivons une « pseudo-spiritualité » artificielle, élitiste… Nous cessons de transhumer par les pâturages verts et frais et nous nous laissons acculer dans les sophismes paralysants d'un « christianisme d'éprouvette ». Nous ne sommes plus que des « élites éclairées » aux idées chrétiennes.

Cela étant bien souligné, nous pouvons signaler certaines caractéristiques spécifiques.

Le catéchiste est l'homme de la Parole. De la Parole en majuscule. C'est précisément par la parole que notre Seigneur conquit le cœur des gens. « Et l'on venait à lui de toutes parts » (Marc 1, 45). « Ils restaient émerveillés, buvant ses enseignements » (Marc 6, 2). Ils sentaient qu'on leur parlait avec « un enseignement nouveau, donné d'autorité » (Marc 1, 27). C'est avec la parole que les apôtres, institués par Lui, « Douze pour être ses compagnons et pour les envoyer prêcher » (Marc 3, 14), attirèrent au sein de l'Église tous les peuples (cf. Marc 16, 15-20).

Dans cette relation de la catéchèse avec la Parole, il ne s'agit pas tant de « faire » que d'« être ». Il ne peut y avoir de véritable catéchisme sans une centralité et une référence réelle à la Parole de Dieu qui encourage, soutienne et féconde tout ce qui est à faire. Le catéchiste s'engage, face à la communauté, à méditer et à ruminer la Parole de Dieu, à y revenir sans cesse afin que ses paroles en soient l'écho. Il l'accueille donc avec la joie que donne l'Esprit (1 Thessaloniciens 1, 6), il l'intériorise et la rend chair et geste comme Marie (Luc 2, 19). Il trouve dans la Parole la sagesse d'en haut qui lui permettra d'avoir le discernement nécessaire et précis, tant personnel que communautaire.

« Vivante, en effet, est la parole de Dieu, efficace et plus incisive qu'aucun glaive à deux tranchants, elle pénètre jusqu'au point de division de l'âme et de l'esprit, des articulations et des moelles, elle peut juger les sentiments et les pensées du cœur » (Hébreux 4, 12).

Le catéchiste est un serviteur de la Parole, il se laisse éduquer par elle et trouve en elle la confiance sereine d'une fécondité qui excède ses forces : « … elle ne revient pas vers moi sans effet, sans avoir accompli ce que j'ai voulu et réalisé l'objet de sa mission » (Isaïe 55, 11). Le catéchiste peut s'approprier ce que Jean-Paul II écrit sur le prêtre : « … il devra être le premier à croire à la Parole dans la pleine conscience que les paroles de son ministère ne sont pas “siennes”, mais celles de Celui qui l'a envoyé. De cette Parole, il n'est pas maître : il en est le serviteur… » (*Pastores dabo vobis* 26).

Pour rendre possible cette écoute de la Parole, le catéchiste doit être un homme ou une femme qui apprécie le silence. Oui ! Le catéchiste, parce qu'il est l'homme de la Parole, devra aussi être celui du silence… Silence contemplatif, qui lui permettra de se libérer de l'inflation de paroles appauvrissantes qui réduisent son ministère à des palabres creuses, identiques à celles, nombreuses, que nous offre la société actuelle. Silence dans le dialogue qui rendra possible l'écoute respectueuse de l'autre, embellissant l'Église par la diaconie de la parole offerte comme réponse. Silence débordant de « prochaineté », qui complétera la parole avec des gestes décidés qui facilitent la rencontre et rendent possible « la théophanie du nous ». Pour cela, je souhaite vous inviter, vous, hommes et femmes de la Parole : aimez le silence, cherchez le silence, rendez le silence fécond dans votre ministère !

Mais la caractéristique la plus singulière du catéchiste réside dans son regard. Le catéchiste, selon le Directoire général pour la catéchèse, est un homme expert dans l'art de communiquer. « Le but essentiel de la formation des catéchistes est leur aptitude, et leur habileté à communiquer le message évangélique » (235). Le catéchiste est appelé à être un pédagogue de la communication. Il cherche avant tout à rendre vivant le message. Et ce sans déprécier pour autant tous les apports des sciences actuelles sur la communication. En Jésus, nous avons toujours le modèle, le chemin, la vie. Comme le bon Maître, chaque catéchiste devra rendre présent « le regard amoureux » qui est le commencement et la condition de toute rencontre véritablement humaine. Les Évangiles n'ont pas lésiné sur les versets pour documenter la trace profonde qu'a laissée, chez les premiers disciples, le regard de Jésus. Ne vous lassez pas de regarder avec les yeux de Dieu !

Dans une civilisation paradoxalement à la fois blessée par l'anonymat et impudiquement malade d'une curiosité malsaine pour l'autre, l'Église a besoin du regard proche du catéchiste qui contemple, s'émeut et s'arrête autant de fois que nécessaire, pour donner à notre chemin le rythme sain de la « prochaineté ». Dans ce monde précisément, le catéchiste devra rendre présente l'essence du regard du cœur de Jésus. Il devra initier ses frères à cet « art de l'accompagnement », afin que grands et petits apprennent toujours à ôter leurs sandales face à la terre sainte de l'autre (cf. Exode 3, 5). Regard respectueux, regard qui guérit, regard empli de compassion face au sombre spectacle de l'omnipotence manipulatrice des médias, du pas tyrannique et irrespectueux de ceux qui, en tant que gourous de la pensée unique, veulent depuis leurs bureaux officiels, nous faire vaciller dans la défense de la dignité de la personne en nous inculquant l'incapacité d'aimer.

Voilà pourquoi je vous demande, à vous, les catéchistes : Prenez soin de votre regard ! Gardez sans vaciller ce regard qui rend digne. Ne fermez jamais les yeux face au visage d'un enfant qui ne connaît pas Jésus. Ne déviez pas votre regard, ne faites pas les distraits, Dieu vous place, vous envoie pour aimer, regarder, caresser, enseigner… Et les visages que Dieu vous confie ne se trouvent pas seulement dans les salons de la paroisse, dans le temple… Allez plus loin : soyez ouverts à de nouveaux chemins, là où la fidélité prend le nom de créativité. Vous vous souvenez certainement du Directoire général de la catéchèse dont l'introduction porte sur la parabole du semeur. En gardant présent cet horizon biblique, ne perdez pas l'identité de votre regard de catéchiste. Parce qu'il y a manière et manière de voir… Il y a ceux qui regardent avec des yeux de statisticiens… et souvent ne voient que des chiffres, ne savent que compter… Il y a ceux qui regardent avec des yeux de comptables… et souvent ils ne voient que des échecs… Il y a ceux qui regardent avec des yeux d'impatients… et ils ne voient que des attentes inutiles…

Demandons à celui qui nous a mis à semer de nous faire bénéficier de son regard, celui du semeur bon et « débordant » de tendresse. Un regard de confiance, de longue haleine, qui ne cède pas à la tentation stérile de surveiller chaque jour les cultures, car il sait que la semence grandit seule, qu'il dorme ou qu'il veille…

Un regard d'espérance et d'amour, qui, lorsqu'il voit poindre l'ivraie parmi le blé, ne se plaint ni ne s'alarme, car il sait et conserve la mémoire de la fécondité gratuite de la charité.

Mais l'un des traits caractéristiques du catéchiste est de se reconnaître comme l'homme ou la femme qui « annonce ». S'il est certain que tout chrétien doit participer à la mission prophétique de l'Église, le catéchiste le fait de manière très particulière.

Que signifie annoncer ? C'est plus que dire, plus que raconter quelque chose, plus qu'enseigner quelque chose. Annoncer, c'est affirmer, crier, communiquer, transmettre de toutes ses forces. C'est rendre l'autre plus proche de son propre acte de foi, qui, pour être global, devient geste, parole, visite, communion... Nous n'annonçons pas un message froid ou un simple corps doctrinal. Nous annonçons surtout une Personne, un événement : Christ nous aime et a donné sa vie pour nous (cf. Éphésiens 2, 1-9). Le catéchiste, comme tout chrétien, annonce et témoigne d'une certitude : Christ est ressuscité et vivant parmi nous (cf. Actes des Apôtres 10, 34-44). Le catéchiste offre son temps, son cœur, ses dons et sa créativité pour que cette certitude prenne vie dans l'autre, pour que le projet de Dieu devienne histoire en l'autre. Le catéchiste œuvre aussi pour que cette annonce qui a pour centre une personne, le Christ, soit de plus annonce de son message, de ses enseignements, de ses doctrines. La catéchèse est enseignement. Il faut le dire sans complexe. N'oubliez pas que, en tant que catéchistes, vous complétez l'action missionnaire de l'Église. Sans une présentation systématique de la foi, notre accompagnement du Seigneur sera incomplet. Il deviendra difficile d'expliquer ce que nous croyons, et nombreux sont ceux qui n'atteindront pas la maturité de la foi, par notre faute.

Dans l'histoire de l'Église, kérygme et catéchèse ont été, à certaines époques, séparés, trop séparés. Aujourd'hui, il faut les unir sans pour autant les confondre. En ces temps d'incroyance et d'indifférence généralisées, la catéchèse doit comporter une forte empreinte kérygmatique. Mais elle ne doit pas seulement être kérygme, au risque, à long terme, de cesser d'être catéchèse. Elle doit crier et annoncer : Jésus est le Seigneur ! Mais elle doit aussi, peu à peu et pédagogiquement, amener le catéchumène à connaître et à aimer Dieu, à pénétrer dans son intimité, en l'initiant aux sacrements et à la vie du disciple...

Ne cessez pas d'annoncer que Jésus est le Seigneur… contribuez justement à ce qu'il soit réellement « le Seigneur » de vos catéchisants… En les aidant à prier profondément, à pénétrer dans ses mystères, à aimer sa présence… Ne videz pas la catéchèse de son contenu, mais ne la réduisez pas non plus à de simples idées, lesquelles, lorsqu'elles sortent de leur enchâssure humaine, de leur enracinement dans la personne, dans le peuple de Dieu et dans l'histoire de l'Église, sont porteuses de maladies. Ainsi comprises, les idées s'achèvent toujours en discours creux et peuvent nous transformer en nominalistes modernes, en « élites éclairées ».

Dans ce contexte, le témoignage est primordial. La catéchèse, en tant qu'éducation à la foi, en tant que transmission d'une doctrine, exige toujours un support testimonial. Ce qui est commun à tous les chrétiens, mais prend une dimension particulière chez le catéchiste. Parce qu'il se reconnaît comme appelé et convoqué par l'Église pour porter témoignage. Le témoin est celui qui, ayant vu quelque chose, veut le raconter, le narrer, le communiquer… Chez le catéchiste, la rencontre personnelle avec le Seigneur rend non seulement ses paroles crédibles, mais aussi son ministère, ce qu'il est et ce qu'il fait.

Si le catéchiste n'a pas contemplé le visage du Verbe fait chair, il ne mérite pas d'être appelé catéchiste. On pourrait même le traiter d'imposteur, car il trompe ses catéchisants.

J'ajoute : Catéchistes, vous appartenez à cette époque, à cette ville imposante qu'est Buenos Aires, à cette Église diocésaine qui marche en Assemblée… En tant que catéchistes de votre époque marquée par les crises et les changements, n'ayez pas honte de proposer des certitudes… Tout n'est pas en train de changer, tout n'est pas instable, tout n'est pas le fruit de la culture ou du consensus. Nous avons reçu un don, qui dépasse nos capacités, qui dépasse notre imagination et notre pensée. Le catéchiste doit vivre en son propre ministère, selon ce que dit l'évangéliste saint Jean : « Et nous, nous avons reconnu l'amour que Dieu a pour nous, et nous y avons cru » (1 Jean 4, 16). Nous affrontons certainement des temps difficiles, des changements tels que nous sommes tentés de parler de changement d'époque. Et le catéchiste a de quoi se sentir – souvent – questionné et perplexe face à ce nouvel et provocant horizon culturel. Sans pour autant jamais se laisser abattre. Grâce au souvenir de l'action de Dieu dans nos vies, nous pouvons prononcer ces mots avec l'apôtre : « ... je sais en qui j'ai mis ma foi... » (2 Timothée 1, 12). Face à cette croisée des chemins, à cette immense crise, l'Église a besoin de la force et de l'obstination du catéchiste qui, par sa foi modeste mais sûre, aide les nouvelles générations à dire avec le psalmiste : « ... avec toi je force l'enceinte, avec mon Dieu je saute la muraille... » (Psaume 18, 31). « Passerais-je un ravin de ténèbre, je ne crains aucun mal car tu es près de moi... » (Psaume 23, 4).

Votre tâche de catéchistes doit s'accomplir ici, à Buenos Aires, dans cette grande ville si complexe et singulière. Vous êtes des catéchistes de Buenos Aires, et sachant ce que cette ville comporte de complexité, cela suffit à vous différencier des catéchistes d'ailleurs !

Toute grande ville recèle de nombreuses richesses, offre de nombreuses possibilités, mais comporte aussi de nombreux dangers. L'un d'entre eux est l'exclusion. J'ai parfois l'impression que, en tant qu'Église diocésaine, nous pouvons nous rendre complices de cette culture de l'exclusion, celle qui ne laisse ni place pour le vieillard ou pour l'enfant agaçant, ni temps pour s'arrêter au bord du chemin. La tentation est d'autant plus grande qu'elle s'appuie sur les nouveaux dogmes modernes que sont l'efficacité et le pragmatisme. Il faut donc beaucoup d'audace pour aller à contre-courant et ne pas renoncer à l'utopie possible qu'est précisément l'insertion lorsqu'elle imprime style et rythme à nos pas.

Décidez-vous à penser la pastorale et la catéchèse à partir de la périphérie, à partir de ceux qui sont le plus éloignés, de ceux qui, d'habitude, n'accourent pas à la paroisse. Ils sont, eux aussi, invités aux Noces de l'Agneau. Il y a quelques années, je vous disais lors d'une rencontre archidiocésaine de catéchèse : Sortez de vos cavernes ! Je vous le répète aujourd'hui : Sortez de la sacristie, du secrétariat de la paroisse, des salons VIP ! Sortez !

Sortez de l'atrium, ouvrez les portes des foyers, allez dans la rue, rendez présente la pastorale ! N'attendez pas, sortez ! Et surtout faites don d'une catéchèse qui n'exclue pas, qui connaisse des rythmes différents, qui soit ouverte aux nouveaux défis de ce monde complexe. Ne vous transformez pas en fonctionnaires rigides, en fondamentalistes d'une planification qui exclut.

Dieu vous a appelés à être catéchistes. Dans cette Église de Buenos Aires par laquelle passent les temps de l'Esprit, soyez membres et acteurs de l'assemblée diocésaine, non pour « manipuler » l'autre ou vous imposer, mais pour faire ensemble l'expérience passionnante du discernement et permettre que ce soit Dieu qui écrive l'histoire.

Vous vous réunissez chaque année en tant que catéchistes de l'assemblée archidiocésaine. Et cette rencontre est synonyme de communion. Laissez de côté le travail de la paroisse pour expérimenter la richesse de la communion, la symphonie magnifique du distinct et du commun. C'est un jour pour partager, pour s'enrichir avec l'autre, pour faire l'expérience de vivre dans le patio du Colegio de La Salle[7], « la Tente de la Rencontre » de ceux qui, semaine après semaine, annoncent Jésus aux grands et aux petits. Vivez cette communion aussi avec les autres agents pastoraux, avec les autres membres du peuple fidèle. Soyez diacres, c'est-à-dire des serviteurs presque obsessionnels de la communion. Rejoignez ce souffle de l'Esprit qui nous invite à dépasser cet individualisme, caractéristique des habitants de Buenos Aires, qui porte au pinacle le « ne t'en mêle pas ». Passons-nous un moment de la mentalité nostalgique du tango, de ce « ça ne marchera pas » pour vaincre les prophètes du désespoir qui sont déjà vieux et fatigués sur le chemin…

Le monde actuel connaît encore trop de douleur et de visages attristés pour que nous, qui croyons en la Bonne Nouvelle de l'Évangile, cachions la joie pascale. Annoncez donc avec allégresse que Jésus est le Seigneur… D'une joie profonde qui prend racine justement dans le Seigneur.

Ensemble, catéchistes de tout le pays, demandez à Dieu cette grâce pour cette année de la Réunion nationale des Catéchistes. Vous marcherez donc ensemble, le 24 avril, avec les catéchistes du Grand Buenos Aires, dans le but de protéger et de préserver la fête, la joie de faire un pèlerinage avec d'autres, le bonheur de se savoir associés dans cette magnifique vocation de catéchistes. Vous le ferez, le bagage léger et le cœur empli de ferveur… Et vous le ferez à Luján, en compagnie de la Mère fidèle, pour qu'elle vous aide à retrouver son Fils et en Lui, tout le peuple de Dieu qui fait le pèlerinage dans cette terre d'Argentine…

Vous renouvellerez votre vocation, vous confirmerez votre mission. Vous demanderez la grâce d'être des instruments de communion, afin de faire de l'Église une Maison pour tous et de rendre présente la tendresse de Dieu dans les difficiles situations de la vie, et plus encore par ces temps de conflits qui, je le sais, ne sont pas loin.

Que Marie de Luján vous concède ce que vous demandez avec tous les catéchistes du pays : « Faire de votre ministère un lieu d'écoute, d'annonce et d'allégresse. »

Homélie aux catéchistes, RAC, mars 2005

Prends garde à tes pas quand tu vas dans la maison de Dieu. Approche-toi, prêt à écouter

La fête de saint Pie X et la célébration du jour des catéchistes sont une occasion propice de te manifester mon sentiment de gratitude pour ton don silencieux et engagé dans le ministère de la catéchèse :

– un ministère qui s'adresse à de si nombreux enfants, jeunes et adultes et qui est l'un des moyens de l'Église pour rendre aujourd'hui réel l'ordre du Seigneur : « Allez dans le monde entier, proclamez l'Évangile à toute la création » (Marc 16, 15) ;

– un ministère de la Parole qui comprendra beaucoup d'annonce, d'enseignement, d'éducation dans la foi, de formation de disciples, d'initiation chrétienne ;

– un ministère de l'Église servante qui désire rendre présent et proche l'unique Maître qui possède « les paroles de la vie éternelle » (Jean 6, 68) ;

– un ministère qui a besoin que nous priions (Luc 22, 46), que nous soyons heureux d'être avec Lui (Marc 3, 14). Et que, à partir de l'expérience rénovatrice et libératrice de la rencontre avec le Messie, vous puissiez être des témoins plus que des maîtres. Car, lorsque dans le centre de la catéchèse et de toute la vie de l'Église, il n'y a qu'une personne et qu'un événement – Christ, sa Pâque, son Amour… –, l'annonce se simplifie alors et acquiert force de Bonne Nouvelle.

Ainsi seulement le ministère pourra avoir l'autorité pour apporter, en ces temps si dispersés, le service inestimable de rendre présent et proche le bon Maître qui enseigne avec autorité. Non pas une autorité utilisant l'éloquence, le pouvoir ou les titres savants, comme souvent la conçoit le monde ; mais cette autorité qui suscite l'étonnement et l'admiration des hommes simples, contemporains de Jésus. Une autorité et une sagesse qui n'ont rien de commun avec ce savoir illustre qui fait se surestimer et rend autiste, mais à prendre dans le sens étymologique du terme, qui fait référence à « ce qui nourrit et fait grandir » (*Autoritas*, de *augere*). Tu es appelé, catéchiste, à accompagner, à naviguer vers des eaux tranquilles afin que la rencontre devienne source, fête, abri.

C'est pourquoi on exigera de toi que tu saches écouter et enseigner à écouter, exactement comme le fit Jésus. Pas simplement avec une attitude qui facilite la rencontre entre les personnes, mais fondamentalement comme un élément essentiel du message révélé. En effet, toute la Bible est traversée d'une invitation récurrente : Écoutez !

Une partie de ton ministère consiste donc non seulement à savoir écouter et à aider à apprendre à écouter, mais aussi principalement à montrer à Dieu que tu sais et que tu veux écouter.

C'est justement cette idée que nous avons faite prière il y a quelques jours à l'occasion de la fête de saint Gaétan. « La lecture de l'Exode nous dit quelque chose de très simple et à la fois de très beau et consolateur : Que Dieu nous écoute. Que Dieu, notre Père, écoute la clameur de son peuple. Cette clameur silencieuse de la file interminable qui passe devant saint Gaétan. Notre Père du Ciel écoute la rumeur de nos pas, de la prière que nous sommes en train de murmurer dans notre cœur, au fur et à mesure que nous approchons.

Notre Père écoute les sentiments qui nous animent au souvenir de nos êtres chéris, à la vue de la foi des autres et de leurs besoins, au souvenir des événements beaux ou tristes qui sont survenus cette année… Dieu nous écoute.

Il n'est pas comme les idoles, qui ont des oreilles mais qui n'écoutent pas. Il n'est pas comme les puissants, qui n'écoutent que ce qui les arrangent. Il écoute tout. Même les plaintes et les colères de ses fils. Et non seulement il écoute, mais il aime aussi écouter. Il aime être attentif, entendre bien, entendre tout ce qui nous arrive… »

Il n'est pas étonnant de voir apparaître de manière récurrente le thème de l'écoute sur notre chemin d'Église diocésaine, ces dernières années.

Car apprendre à écouter nous permettra de faire le premier pas pour que, dans nos communautés, le si désiré accueil cordial devienne réalité. Qui écoute sainement et recrée les liens personnels tant de fois bafoués reconnaît simplement que l'autre est important et a quelque chose à dire. L'écoute prime le dialogue et rend possible le miracle de l'empathie qui vainc les distances et les ressentiments.

Cette attitude nous libérera de certains dangers susceptibles d'hypothéquer notre style pastoral. Le danger de nous retrancher comme Église en édifiant des murs qui nous empêchent de voir l'horizon. Le danger d'être une Église autoréférentielle qui guette les carrefours de l'histoire et est capable de devenir hystérique face aux maladies internes comme face aux meilleures initiatives pastorales. Le danger d'appauvrir la catéchèse en la concevant comme un humble enseignement ou un simple endoctrinement dont les concepts sont froids et distants dans le temps.

L'attitude de l'écoute nous aidera à ne pas trahir la fraîcheur et la force de l'annonce kérygmatique en l'altérant par une morale fabriquée et insipide qui, plus que la nouveauté du « Chemin », se transforme en fange qui aveugle et embourbe.

Nous avons besoin de nous entraîner à écouter… Pour que notre action évangélique s'enracine dans l'intériorité, là où se fabrique le véritable catéchiste qui, au-delà de ses activités, sait rendre son ministère diaconie de l'accompagnement.

Écouter, c'est bien plus qu'entendre… L'un – entendre – fait partie du champ de l'information ; l'autre – écouter – de celui de la communication. C'est-à-dire qu'il s'agit de la capacité du cœur à permettre la proximité sans laquelle aucune véritable rencontre n'est possible. L'écoute nous aide à trouver le geste et la parole opportunes qui bousculent notre condition toujours plus tranquille de spectateur.

Catéchiste, veux-tu susciter de vraies rencontres de catéchèse ? J'ai demandé au Seigneur la grâce de l'écoute ! Dieu t'a appelé à être catéchiste, et non simple technicien de communication. Dieu t'a élu pour que tu rendes présente la chaleur de la Mère Église, matrice indispensable pour que Jésus soit aimé et connu de nos jours.

Écouter, c'est aussi être capable de partager des questions et des recherches, de faire le chemin ensemble, de nous éloigner de tout complexe d'omnipotence, pour nous unir dans le travail commun qui devient pèlerinage, appartenance, peuple.

Il n'est pas toujours facile d'écouter. Il est parfois plus commode de faire le sourd, de se mettre des écouteurs sur les oreilles pour n'entendre personne. Qu'il est facile de remplacer l'écoute par un mail, un petit message ou un « tchat » et de nous priver ainsi de l'écoute de la réalité des visages, des regards et des accolades. Qu'il est simple aussi de présélectionner l'écoute en n'écoutant que ceux, c'est logique, qui nous conviennent. Il ne manque pas d'adulateurs ecclésiastiques, dans nos milieux, capables de susurrer à notre oreille uniquement ce que nous voulons entendre.

Écouter, c'est accueillir, vouloir comprendre, valoriser, respecter, mettre en valeur la proposition de l'autre… Prenons les moyens de bien écouter, que tous puissent parler, de prendre en compte ce que chacun veut dire. Écouter, c'est être un peu martyr, c'est mourir un peu soi-même pour recréer le geste sacré de l'Exode : Ôte tes sandales, marche avec précaution, ne blesse pas. Tais-toi, c'est la Terre sainte, il y a quelqu'un qui a quelque chose à dire ! Savoir écouter est une grâce très grande ! C'est un don qu'il faut demander et auquel il faut s'entraîner.

Le fait que lorsqu'ils demandent à Jésus quel est le commandement principal, et qu'il répond : la « Shema », la prière juive la plus célèbre, a toujours retenu mon attention. Ce mot, qui signifie en hébreu « écoute », a donné son nom à un des textes les plus importants des Saintes Écritures.

« Écoute, Israël : Yahvé notre Dieu est le seul Yahvé. Tu aimeras Yahvé ton Dieu de tout ton cœur, de toute ton âme et de tout ton pouvoir. Que ces paroles que je te dicte aujourd'hui restent dans ton cœur ! Tu les répéteras à tes fils, tu les leur diras aussi bien assis dans ta maison que marchant sur la route, couché aussi bien que debout ; tu les attacheras à ta main comme un signe, sur ton front comme un bandeau » (Deutéronome 6, 4-8).

Cette prière est si importante pour le peuple d'Israël que les juifs pieux la conservent sur de petits rouleaux attachés sur leur front ou sur leur bras à hauteur du cœur, et qu'elle constitue l'enseignement initial et principal qui se transmet de père en fils, de génération en génération. Derrière tout cela, il y a la certitude communiquée, de génération en génération, la conscience que la seule façon d'apprendre et de transmettre l'Alliance de Dieu consiste en cela : écouter.

Jésus ajoute à ce premier commandement un autre qui le suit en importance :

« Voici le second : Tu aimeras ton prochain comme toi-même. Il n'y a pas de commandement plus grand que ceux-là » (Marc 12, 31).

Écouter pour aimer, écouter pour entrer en dialogue et répondre ; « écouter et mettre en pratique la Parole de Dieu », dira-t-Il à d'autres occasions pour parler de l'appel et de la réponse à l'amour de Dieu. Écouter, être ému sont ses attitudes permanentes face à celui qui souffre. Il n'y a pas de possibilité d'amour de Dieu et du prochain sans cette première attitude : les écouter.

Dans le même ordre d'idée, saint Benoît commence sa règle monastique, qui a eu tant d'influence sur la vie de l'Église par : « Écoute, mon fils, les préceptes du Maître et prête-moi l'oreille de ton cœur » (Règle de saint Benoît, Prologue).

Ce premier conseil de saint Benoît résume toute la sagesse monastique. Le verbe original utilisé en latin est *obsculta* qui, en plus d'« écouter », signifie « ausculte », « examine », « explore », « observe », « reconnais ». Écouter en prêtant l'oreille de notre cœur, c'est écouter avec attention, en examinant tout, en observant tout et en sachant s'ouvrir à tout ce que le Maître veut dire pour pouvoir entrer en communion avec Lui.

Tout cela pris en compte au moment où nous nous reconnaissons comme Église en Assemblée, je t'invite à assumer la pédagogie du dialogue, comme part du ministère que l'Église t'a confié. Tu rendras ainsi présent, par tes gestes et tes paroles opportunes, le visage de la Mère Église, caractéristique d'une authentique attitude de dialogue.

Dialoguer, c'est être attentif à la Parole de Dieu et se laisser questionner par Lui ; dialoguer, c'est annoncer sa Bonne Nouvelle et aussi savoir « ausculter » les interrogations, les doutes, les souffrances et les espoirs tant des frères que nous devons accompagner que de ceux que nous reconnaissons comme accompagnateurs et guides sur le chemin.

Ce sera un service ecclésiastique très courageux et une façon concrète de sortir à la rencontre des hommes et des femmes de Buenos Aires, qui, au-delà de leur condition religieuse, désirent et recherchent, comme tout être humain, des espaces de vrai dialogue.

Écouter pour rendre possible le véritable dialogue aujourd'hui ! À tous les niveaux... et dans tous les milieux. Dialogue, rencontre, respect... constances de Dieu, Sainte-Trinité et proches qui t'ont fait part de leur pédagogie du salut. N'oublie pas qu'en tant que catéchiste tu dois écouter plus que parler ; que tu es appelé à dialoguer.

Marie est experte en tout cela. Elle, mieux que personne, a fait de sa vie écoute de Dieu et regard avisé du besoin des autres. Qu'elle nous enseigne à garder attentives les oreilles du cœur pour pouvoir être, aujourd'hui, dans ce Buenos Aires convulsé et païen, des disciples de Jésus et les frères de tous.

« Le Seigneur Yahvé m'a donné une langue de disciple pour que je sache apporter à l'épuisé une parole de réconfort. Il éveille chaque matin, il éveille mon oreille pour que j'écoute comme un disciple. Le Seigneur Yahvé m'a ouvert l'oreille, et moi je n'ai pas résisté, je ne me suis pas dérobé » (Isaïe 50, 4-5).

Ne cesse pas de prier pour moi afin que je sois un bon catéchiste. Que Jésus te bénisse et que la Sainte Vierge te protège.

Lettre aux catéchistes, août 2006

Modèle du pèlerin infatigable

La vie chrétienne est toujours une marche en la présence de Dieu, qui n'est pas exempte de luttes et d'épreuves comme celles que nous narre la première lecture, où apparaît un vieillard connu de nous tous : Abraham. Figure du croyant fidèle, modèle du pèlerin infatigable, de l'homme investi par une sainte crainte de Dieu au point de ne pas lui refuser son propre fils, qui sera lui-même béni par une grande descendance...

Aujourd'hui, Abraham nous interpelle, en tant qu'Église de Buenos Aires réunie en Assemblée, sur la manière dont nous marchons en la présence de Dieu… Parce qu'il y a façon et façon de marcher en la présence de Dieu. La vraie, celle d'Abraham, irréprochable, en toute liberté, sans crainte, parce qu'il avait confiance dans le Seigneur. Dieu était sa force et sa certitude, comme nous l'avons chanté dans le psaume. Et une autre, parfois utilisée en nous disant pèlerins, alors que dans le fond, nous avons déjà décidé du chemin, du rythme, des moments… ; mais nous ne sommes pas des disciples lorsque nous nous suivons nous-mêmes ; nous ne sommes pas des frères lorsque nous agissons « pour notre compte ». En cela, peut-être avons-nous déjà appris à faire croire aux autres et parfois à nous-mêmes que c'est la volonté de Dieu.

Ainsi, le désert du carême est toujours bon : il nous permet chaque année de « faire un pèlerinage intérieur vers la source de miséricorde » (Benoît XVI) afin de purifier le cœur, d'éclairer les tentations qui surgissent sur notre chemin en tant qu'Église et, dans votre cas, les tentations qui surgissent sur votre chemin de catéchistes. Et c'est ce qui vous réunit chaque année à l'occasion de la rencontre archidiocésaine de catéchèse. Afin de regarder le Dieu fidèle dans un climat de communion et de fête, afin que la mémoire devienne identité, et la mission fraternité…

Ainsi est notre vie de chrétiens… regarder Dieu et, en Lui, nous refléter nous-mêmes… Un Dieu fidèle, mais dérangeant, exigeant, qui nous demande l'obéissance de la foi… Un chrétien qui se reconnaît pèlerin, qui expérimente dans sa vie le pas jaloux du Dieu de l'Alliance, mais qui sait en même temps marcher en la présence amoureuse du Père, s'abandonner en Lui avec une confiance infinie comme a su le faire sainte Thérèse ou le Père Charles de Foucauld… La vie de tout chrétien, de tout disciple, de tout catéchiste ne peut se passer de l'expérience du désert, de la purification intérieure, de la nuit obscure, de l'obéissance à la foi, vécue autrefois par notre père Abraham. Car c'est là que se trouve aussi l'essence du disciple, de l'abandon, de l'expérience de peuple, qui nous permet de nous reconnaître comme frères.

Vous avez vous-mêmes fait l'expérience, à petite échelle, d'être bousculés, y compris dans sa Providence… et vous avez quitté les vastes cours intérieures du Colegio de La Salle pour vivre la nouveauté de ce changement de siège. J'imagine – je peux me tromper – que certains parmi vous qui souffrent de nostalgie, dont le symptôme est l'embourgeoisement, ne jouissent pas du présent et regrettent les commodités passées.

Cela peut arriver, ce qui est bien plus grave, dans notre vie spirituelle et ecclésiale. La vie se fige lorsque l'on renonce à poursuivre son chemin et que l'on s'accroche au déjà acquis, au déjà assuré, au toujours le même. Voilà pourquoi le Seigneur te bouscule. Et il le fait sans anesthésie… Comme aujourd'hui en demandant à Abraham de lui remettre son fils, ses rêves, ses projets… Il élague sans explication, il l'initie à l'école de la générosité, pour qu'il soit authentiquement libre, pleinement disponible à ses projets, dans le but de le faire collaborer, lui et surtout le peuple qui lui a été confié, à la grande histoire, à l'histoire du salut.

Les seules paroles d'Abraham à Dieu, qui apparaissent dans le texte que nous avons écouté aujourd'hui, sont : « Je suis là. » Abraham le dit deux fois et ces paroles sont uniquement celles-là : « Je suis là. » Et il y a tout dans ces trois mots ! Comme le prophète, comme le croyant, comme le pèlerin… le « Je suis là », le « Fais-moi vivre selon ta parole », le « Amen »… sont les seules réponses possibles. Si nous ne pouvons pas prononcer de toute notre vie le « Je suis là », mieux vaut se taire, ne pas parler, ne pas se joindre à ce grand bavardage vide qui résonne dans notre ville.

Comme il nous coûte de dire « Je suis là » ! Et nous le disons souvent avec des conditions…

« Je suis là »… si cela coïncide avec ce que je pense.

« Je suis là »… si j'aime cette proposition, ce moment.

« Je suis là »… si cela ne me demande pas d'abandonner mes plans, mes projets, mes « petites affaires ».

En ce second dimanche de carême, temps de conversion intérieure, je vous invite donc à incarner dans vos vies tout ce chemin intérieur que présuppose la réunion en Assemblée : celui qui nous met en « mouvement spirituel » grâce auquel nous intégrons les critères pastoraux et les gestes adéquats qui permettront de définir une ligne commune aujourd'hui pour notre Église de Buenos Aires.

Mais rien de cela n'est possible si nous restons cramponnés à notre petit monde. Lorsque nous ne sommes plus capables de nous ouvrir à la nouveauté de l'Esprit, nous ne pouvons pas non plus répondre aux signes des temps... Ni être d'authentiques disciples et, encore moins, frères de tous... Nous devenons des « pharisiens mis au goût du jour » qui, réduisant leur capacité d'écoute, d'accueil, font de notre Église des communautés stériles, tristes et vieillies... La peur paralysante nous envahit et nous conduit souvent à trahir le message, à dire et à faire n'importe quoi, plutôt que d'annoncer la Bonne Nouvelle. Et, lorsque nous ne sommes plus ouverts à la nouveauté de l'Esprit qui a la fraîcheur de la communion, nous courons le danger de faire prospérer dans notre cœur une certaine amertume face à chaque position incontrôlable ou incompréhensible de nos frères.

Prêtons aussi attention à l'Évangile d'aujourd'hui. Le texte de Marc dit : « Pierre était si effrayé qu'il ne savait pas ce qu'il disait. » Pierre, effrayé, fermé à l'Esprit, voit naître en lui la tentation de demeurer dans la montagne, renonçant à l'appel d'être la levure de la plaine. C'est une tentation subtile de l'esprit du mal. Il n'est pas tenté par quelque chose de grossier, mais par une chose apparemment pieuse, qui va le détourner de sa mission, de ce pour quoi il a été élu par Dieu. Le regard se rétrécit, la tentation de s'installer devient aussi présente dans la vie de l'apôtre... Le fait d'être bien, rassuré, confortable, voire spirituellement comblé peut être une tentation sur le chemin de notre vie et de notre ministère de catéchistes. Rester dans nos tentes, dans nos montagnes, sur nos berges, dans nos paroisses, dans nos communautés si belles et si prodigues... peut être non pas un signe de piété et d'appartenance ecclésiale, mais, au contraire, un signe de lâcheté, de manque d'horizon, de routine... dont la cause principale provient, en général, d'avoir mal écouté le Fils aimé de Dieu, de ne pas l'avoir contemplé, de ne pas l'avoir compris...

Le Bon Dieu dans Sa Providence nous permet de conclure cette rencontre de catéchistes par l'Évangile de la Transfiguration, qui nous invite à poser notre regard sur le Seigneur, seulement sur Lui, pour pouvoir aussi dire nous-mêmes : « Je suis là. » Et nous le faisons aussi comme Église de Buenos Aires réunie en Assemblée, qui demande la grâce de « renforcer les liens de charité fraternelle, pour ainsi pouvoir recréer la conscience d'appartenir au peuple de Dieu ». Pour cela, il est nécessaire de demander, les uns pour les autres, la grâce d'une sincère conversion... Une conversion personnelle et ecclésiale, qui nous permette de nous renouveler dans l'esprit de la communion et de la participation, de dépasser les peurs paralysantes, de marcher dans la liberté de l'Esprit... Une conversion personnelle et ecclésiale, afin d'affronter les purifications, les corrections... qui nous permette de grandir en fidélité et de trouver de nouveaux chemins d'évangélisation... Une conversion personnelle et ecclésiale, pour ne pas nous laisser mener par les prophètes du « cela ne marchera pas », pour ne pas nous laisser enfermer par le cœur désillusionné qui, en même temps qu'il s'endurcit, perd le sens de la fête et de la vie, embrassant seulement les critiques et les peurs...

Que, au milieu de ce pèlerinage du carême, nous puissions redécouvrir le Christ transfiguré pour que Lui, LUI seul... avec sa présence de proximité et de tendresse, guérisse, assainisse, surmonte la crainte et la peur, parce que Lui, c'est Dieu – avec nous – l'Emmanuel. « Si Dieu est pour nous, qui sera contre nous ? » (Romains 8, 31).

Homélie aux catéchistes, RAC, mars 2007

« Il les appelle chacune par son nom et les fait sortir »

Comme tous les ans, la fête de saint Pie X est l'occasion de nous réunir et de rendre grâce à Dieu pour ce magnifique ministère ecclésial grâce auquel la Parole devient compréhensible et significative dans la vie de si nombreux enfants, jeunes et adultes. Je le fais dans le cadre toujours actuel du chemin que nous sommes en train de parcourir comme Église diocésaine réunie en Assemblée, afin de trouver les attitudes correctes qui rendent possible une évangélisation orientée vers les périphéries pour que tous et pas seulement quelques-uns aient une vie en plénitude.

Je vous écris conscient des énormes difficultés de votre tâche. La transmission de la foi n'a jamais été un travail simple, mais en ces temps de changement d'époque, le défi est encore plus grand :

« Nos traditions culturelles ne se transmettent plus d'une génération à l'autre avec la même fluidité que dans le passé. Cela affecte le noyau le plus profond de chaque culture : l'expérience religieuse devient alors difficile à transmettre aujourd'hui à travers l'éducation et la beauté des expressions culturelles, comme à travers la famille elle-même qui, comme lien de dialogue et de solidarité entre les générations, fut un des véhicules les plus importants de la transmission de la foi » (Document d'Aparecida, 39). À partir de là, il nous faut « … de nouveau, à partir du Christ, contempler Celui qui nous a révélé dans Son mystère la plénitude du sens de l'accomplissement et de la vocation humaine » (Document d'Aparecida, 41). Ce n'est qu'en posant le regard sur le Seigneur que nous pourrons accomplir Sa mission et adopter Ses attitudes.

Un des apports les plus lucides de la récente conférence d'Aparecida a été la prise de conscience que le plus grand danger sans doute couru par l'Église ne se trouve pas au-dehors mais au sein même de ses fils ; dans l'éternelle et subtile tentation de défense et d'enfermement pour rester protégé et à l'abri.

« L'Église [...] ne peut se replier face à ceux qui ne voient que confusion, dangers et menaces, ou encore ceux qui prétendent couvrir d'une cape d'idéologies éculées ou d'agressions irresponsables des situations variées et complexes. Il s'agit de confirmer, de renouveler et de revitaliser la nouveauté de l'Évangile, enracinée dans notre histoire, à partir d'une rencontre personnelle et communautaire avec Jésus-Christ, qui suscite des disciples et des missionnaires. Cela ne dépend pas tant de grands programmes et de structures que d'hommes et de femmes nouveaux qui incarnent lesdites tradition et nouveauté, en tant que disciples de Jésus-Christ et missionnaires de son Royaume, acteurs d'une vie nouvelle pour une Amérique latine qui veut se reconnaître à la lumière et avec la force de l'Esprit.

Ne résisterait pas longtemps aux assauts du temps une foi catholique réduite à un bagage, à un catalogue de quelques normes et interdictions, à des pratiques de dévotion fragmentaire, à une adhésion sélective et partiale aux vérités de la foi, à une participation occasionnelle à quelques sacrements, à la répétition de principes doctrinaux, à un moralisme mou ou crispé qui ne convertisse pas la vie des baptisés. Ce qui nous menace le plus, c'est le triste pragmatisme de la vie quotidienne de l'Église, dans lequel apparemment tout arrive normalement, alors que, en réalité, la foi s'affaiblit et dégénère en mesquinerie. Nous devons tous « repartir du Christ », reconnaissant que l'on ne commence pas à être chrétien par une décision éthique ou une grande idée, mais par la rencontre avec un événement, avec une Personne, qui donne un nouvel horizon à la vie et, avec cela, une orientation décisive » (Document d'Aparecida 11-12).

Mettre le Christ au centre de notre vie nous oblige paradoxalement à nous décentraliser. Car là où il y a une vraie vie en Christ il y a ouverture à l'autre, sortie de soi pour aller à la rencontre de l'autre au nom du Christ. C'est cela repartir du Christ ! C'est reconnaître que nous sommes appelés par Lui à être avec Lui, à être ses disciples, mais pour expérimenter la grâce d'être l'envoyé, pour sortir annoncer, pour aller à la rencontre de l'autre (cf. Marc 3, 14). Repartir du Christ, c'est regarder le bon Maître qui nous invite à sortir de notre chemin habituel pour faire, avec ce qui se passe près du chemin, au bord du chemin, à la périphérie, l'expérience de « prochaineté » et la véritable rencontre avec l'amour qui nous rend libres et comblés.

Je me souviens de ce que je partageais avec vous lors d'une des premières rencontres archidiocésaines de catéchèse, il y a bien des années… : « Une des choses qu'il faut prendre en compte pour orienter la catéchèse, c'est que ce qui est reçu doit être annoncé (cf. 1 Corinthiens 15, 3). Le cœur du catéchiste se soumet à ce double mouvement : centripète et centrifuge (recevoir et donner). Centripète lorsqu'il reçoit le kérygme comme un don, et l'accueille en son cœur. Centrifuge lorsqu'il annonce avec une nécessité existentielle ("qu'en est-il de moi si je n'évangélise pas ?"). Le cadeau du kérygme rend missionnaire : et le cœur du catéchiste se meut dans cette tension. Il s'agit d'un cœur ecclésial qui écoute religieusement la Parole de Dieu et la proclame avec courage » (Vatican II, *Dei Verbum*).

Permettez-moi d'insister sur ceci, avec vous, qui êtes catéchistes, qui accompagnez le processus de croissance de la foi, qui êtes engagés dans l'enseignement : le « tentateur » pourrait vous faire croire que votre milieu d'action se réduit à l'intra-ecclésial et vous amener à vous tourner exagérément vers le temple et l'autel. Cela arrive souvent… Si l'enfermement, le petit monde représentent les seules perspectives de nos paroles et de nos horizons, alors il ne faudra pas s'étonner de voir notre catéchèse perdre la force du kérygme et se transformer en enseignement insipide d'une doctrine, en la transmission frustrée de normes morales, en l'expérience épuisante de celui qui sème pour rien.

Pour cela, « repartir du Christ », c'est concrètement imiter le bon Maître, le seul à connaître la Parole de la Vie éternelle ;

c'est sortir mille et une fois sur les chemins à la recherche de la personne qu'elle que soit la situation.

« Repartir du Christ », c'est regarder le bon Maître ; celui qui a su se différencier des rabbins de son époque parce que son enseignement et son ministère ne demeuraient pas localisés sur l'esplanade du Temple et qui a été capable de « se faire chemin », parce qu'il est sorti à la rencontre de la vie de son peuple pour le faire participer aux prémices du Royaume de Dieu (cf. Luc 9, 57-62).

« Repartir du Christ », c'est protéger la prière au milieu d'une culture païenne agressive, afin que l'âme ne se ride pas, que le cœur ne perde pas sa chaleur et que la pusillanimité n'entrave pas l'action.

« Repartir du Christ », c'est se sentir interpellé par sa parole, par son message et ne pas céder à la tentation minimaliste qui consiste à se contenter seulement de conserver la foi ni se satisfaire que seuls quelques-uns assistent encore au catéchisme.

« Repartir du Christ » implique d'entreprendre inlassablement le pèlerinage vers la périphérie. Comme Abraham, modèle du pèlerin infatigable, empli de liberté, qui ne connaît pas la peur, parce qu'il avait confiance dans le Seigneur. Il était sa force et sa certitude, raison pour laquelle il sut ne pas s'arrêter sur son chemin parce qu'il le faisait en présence du Seigneur (cf. Genèse 17, 1).

De plus, la vie de tout chrétien, de tout disciple, de tout catéchiste ne peut se passer de l'expérience du désert, de la purification intérieure, de la nuit obscure, de l'obéissance à la foi, comme celle vécue par notre père Abraham. Car là se trouve aussi l'essence du discipulat. Les fatigues du chemin ne peuvent faire reculer ni arrêter nos pas, car cela équivaudrait à paralyser la vie. « Repartir du Christ », c'est se débrouiller pour ne pas s'accrocher à ce qui est déjà acquis, à ce qui est assuré, à ce qui est permanent. Parce que c'est seulement en Dieu que repose mon âme, je sors à la recherche des âmes.

« Repartir du Christ » suppose de ne pas avoir peur d'aller avec Lui dans les périphéries. Apprenons de Jonas, que nous avons étudié à plus d'une occasion cette année. Sa figure est paradigmatique par ces temps de changements et d'incertitudes. C'est un homme pieux, dont la vie est tranquille et ordonnée. Et, justement, ce type de spiritualité, si ordonnée, si lumineuse dans la façon de vivre la religion, peut amener à encadrer de manière rigide les lieux de la mission, à se laisser tenter par la sécurité de ce « qui s'est toujours fait ». Pour le très craintif Jonas, être envoyé à Ninive signifiait crise, bouleversement, peur. C'était en fait une invitation à approcher l'inconnu, ce qui n'a pas de réponse, la périphérie de son monde ecclésial. Pour cette raison, le disciple a voulu échapper à la mission et préféra s'enfuir…

Fuir n'est pas une solution. Nombre de fuites cachent des trahisons et des renoncements ; elles ont souvent tristes apparences et génèrent des conversations amères (cf. Luc 24, 17-18). Trouver le courage d'aller vers la périphérie, sortir des schémas : voilà ce qu'il doit y avoir dans la vie de tout chrétien, de tout disciple, de tout catéchiste ; dans le cas contraire, il ne pourra être le témoin du Maître ; de plus, sa vie se convertira en pierre et en scandales pour les autres (cf. Matthieu 16, 23).

« Repartir du Christ », c'est faire à tout moment l'expérience qu'Il est notre unique pasteur, notre unique centre. Pour cela, mettre le Christ au centre de notre vie signifie « sortir avec le Christ ». Et sortir vers la périphérie ne signifie pas s'éloigner du centre, mais bien rester dans la vie et donner en son amour le véritable fruit (Jean 15, 4). Le paradoxe chrétien exige que le disciple ait besoin de sortir pour pouvoir rester avec Dieu, de changer pour pouvoir Lui être fidèle.

Depuis cette matinée bénie du dimanche de l'histoire, les paroles de l'ange qui accompagnent l'annonce de la résurrection résonnent dans le temps et l'espace : « Mais allez dire à ses disciples et à Pierre qu'il vous précède en Galilée : c'est là que vous le verrez, comme il vous l'a dit » (Marc 16, 7). Le Maître nous précède toujours, Il va devant (Luc 19, 28) et pour cela, il nous met en marche, il nous enseigne à ne pas rester tranquilles. L'opposé de l'événement pascal serait de dire : « Nous sommes ici, qu'ils viennent. » Le véritable disciple sait et protège un ordre qui donne identité, sens et beauté à sa croyance. « Allez... » (Matthieu 28, 19). Alors oui, l'annonce sera le kérygme de la religion, la vie pleine ; le disciple, l'authentique chrétien.

Cependant, la tentation de l'enfermement, de la peur qui paralyse a elle aussi accompagné les premiers pas des admirateurs de Jésus. « ... et les portes étant closes, là où se trouvaient les disciples, par peur... » (Jean 20, 19). Aujourd'hui comme hier, nous pouvons avoir peur. Aujourd'hui, nous nous trouvons aussi souvent face à des portes closes. Reconnaissons que nous sommes en dette.

Aujourd'hui, en te rendant grâce pour tout ton engagement, cher catéchiste, j'ai une fois encore envie de te demander : sors, quitte la caverne, ouvre les portes, cherche à emprunter de nouveaux chemins. La fidélité n'est pas une habitude. Buenos Aires a besoin que tu demandes continuellement au Seigneur plus d'audace et plus de créativité pour traverser les murailles et transgresser les schémas, afin, comme dans ce geste de Paul et de Barnabé, d'entraîner l'allégresse de nombreux frères (cf. Actes des Apôtres 15, 3).

Je t'invite une fois de plus à porter ton regard et ta prière vers la Vierge de Luján. Demandons-lui qu'elle transforme notre cœur vacillant et craintif afin que, comme saint Paul, nous rendions réelle une Église fidèle qui connaisse les blessures, les dangers et les souffrances, car elle a découvert que, lorsque l'amour nous presse, il suffit de peu pour faire résonner la Bonne Nouvelle de Jésus dans la périphérie (cf. 2 Corinthiens 11, 26).

Je te demande, s'il te plaît, de prier pour moi afin que je sois un bon catéchiste. Que Jésus te bénisse et que la Sainte Vierge te protège.

Lettre aux catéchistes, août 2007

« Ma doctrine n'est pas de moi,
mais de celui qui m'a envoyé »

Jean 7, 16

Éduquer dans la culture de la rencontre

Sur le fronton d'un des édifices de l'université Harvard est inscrit : « Qu'est-ce donc le mortel, que tu t'en souviennes ? » Cette question magnifique devrait se poser à tous ceux qui, comme nous aujourd'hui, s'intéressent au domaine de l'éducation.

Mais les mots exprimés ici, qui sont extraits du Psaume 8, ne montrent pas, malgré leur poids chargé d'admiration, que c'est Dieu, l'interlocuteur du psalmiste, qui est concerné par sa créature, si on reprend la citation. Or, c'est la qualité de la protection que Dieu dispense à l'homme qui surprend le psalmiste. Et ce surcroît d'attention, l'Écriture le réunit en un mot : l'amour.

Une fois passé la surprise produite par les actions du Créateur envers son œuvre de prédilection, c'est une autre question qui surgit : la question ontologique, la question concernant le bénéficiaire de toutes ces délicatesses.

Qu'est-ce donc le mortel ? Qui sommes-nous, nous les hommes ?

La phrase biblique prise dans son contexte permet d'entrevoir une double voie d'accès, non antagonique, au mystère de l'homme : la voie théologique ; ou le chemin que nous devons gravir depuis les œuvres jusqu'au noyau d'où elles surgissent elles-mêmes : la voie de la philosophie, de la culture, des sciences.

Le premier sentier nous conduit, sans cesser d'admirer l'auteur sacré, à cette pédagogie divine envers l'humanité, où nous emmène sa Parole, qui acquiert une telle densité, une telle proximité et une telle présence que, au milieu de l'histoire, elle devient un des nôtres : Jésus-Christ. Christ révèle pleinement à l'homme le même homme et lui montre sa dignité.

La question se pose alors : pourquoi l'homme a-t-il besoin de savoir – d'une certaine manière – ce qu'il est pour apprendre à être ce qu'il est ? Il est donné comme essence, comme nature, mais il doit être terminé, il doit pouvoir se réaliser. C'est ce processus d'humanisation que nous appelons éducation.

L'homme, avec les autres hommes, exerce ses potentialités et en même temps qu'il se réalise lui-même, il génère de la culture. Dans la culture, le sujet est une communauté, un peuple qui génère un style de vie. L'éducation implique un processus de transmission de la culture.

On parle de l'homme et des peuples et de leurs œuvres, mais nous devons ajouter que nous sommes aussi ce à quoi nous aspirons. Nous devons donc être définis autant par nos aspirations que par nos réalisations.

À la fin du millénium, il a été question d'une crise culturelle ; d'une crise de valeurs. Tout cela touche le noyau de l'humain, en tant que personne, en tant que société.

Nous sommes préoccupés par ce qui se passe. Nous ne devons pas oublier que le mal surgit et s'installe seulement lorsqu'il n'y a pas ce qu'il devrait y avoir. Il faut donc du discernement.

Discernement culturel

Dans cette culture globalisée, les restes de ce que quelqu'un a appelé « la culture du naufrage » parviennent jusqu'à nos berges comme des éléments de la modernité qui s'étiole et de sa postérité qui gagne du terrain.

Tentons de reconnaître et de caractériser certains de ses traits.

Le messianisme profane. Il apparaît sous diverses formes symptomatiques des orientations sociales et politiques. Parfois, il s'agit d'un déplacement de l'*ethos* des actes de la personne vers les structures, de telle façon que ce ne sera pas l'*ethos* qui donne forme aux structures, mais les structures qui produisent l'*ethos*. Cela étant, le chemin de salut sociopolitique privilégie la voie de l'« analyse des structures » et des actions politico-économiques qui en résultent. Ce qui induit la conviction sous-jacente que l'*ethos* représente un moment fragile, alors que les structures possèdent une valeur solide et sûre. Ce fait se déplace dans la tension acte/structure. L'*ethos* ne soutient pas la tension correcte entre l'acte et la structure (on considère ce qui est actif comme venant de l'intérieur de la personne). Par conséquent, l'*ethos* se déplace vers les structures qui sont naturellement stables et plus lourdes. Le sens personnel du but (le bien des personnes, Dieu) se perd et il ne reste que la force de la « quantité » que possède la structure.

Le relativisme. Fruit de l'incertitude infectée de médiocrité, il représente la tendance actuelle à discréditer les valeurs ou, du moins, à proposer un moralisme immanent qui reporte le transcendant en le remplaçant par de fausses promesses ou des fins conjoncturelles. La déconnexion des racines chrétiennes transforme les valeurs en lieux communs ou en noms vides de sens.

Le relativisme représente la possibilité de fantasmer la réalité, de la penser comme si elle pouvait être dominée par un ordre instrumentalisé en un jeu. Il amène à valoriser et à juger à partir d'une impression seulement subjective : il ne prend pas en compte des normes pratiques, concrètes, objectives.

L'éthique et la politique sont réduites à la physique. Le bien et le mal n'existent pas en soi, mais seulement en fonction d'un calcul des avantages et des inconvénients. Le déplacement de la raison morale a pour conséquence que le droit ne peut se référer à l'image fondamentale de la justice, mais se convertit en miroir des idées dominantes.

Ce repli subjectiviste des valeurs nous induit à une « avance en fonction du consensus conjoncturel ». Nous connaissons là aussi une dégradation : en « nivelant par le bas », au moyen du consensus négociateur. Avancer à force de pactes. Au final, c'est la logique de la force qui triomphe.

Le relativisme instaure par ailleurs le règne de l'opinion. Il n'y a ni certitudes ni convictions. Tout se vaut ; et de là, au « rien n'a de valeur », il n'y a qu'un pas.

L'homme d'aujourd'hui fait l'expérience du déracinement et du désarroi. L'exaltation démesurée de l'autonomie, héritée de la modernité, l'a entraîné jusque-là. Il ne peut plus s'appuyer sur ce qui est transcendant.

Un nouveau nihilisme qui « universalise » tout, annihile et déprécie les particularismes, ou les affirme avec une telle violence qu'il réussit à les détruire. Luttes fratricides, internationalisation totale des capitaux et des médias, indifférence vis-à-vis des engagements sociopolitiques concrets et d'une réelle participation à la culture et aux valeurs.

Nous avons l'illusion d'une individualité autonome, non discriminée…, mais nous finissons par devenir un numéro dans les statistiques du marketing, une stimulation pour la publicité.

L'unilatéralité du concept moderne de la raison : seule la raison quantitative (les géométries comme sciences parfaites), la raison du calcul et de l'expérimentation ont le droit de s'appeler « raison ».

La mentalité techniciste ajoutée à la recherche du messianisme profane sont deux traits caractéristiques de l'homme d'aujourd'hui, que nous pouvons qualifier d'« homme gnostique » : possesseur du savoir mais manquant d'unité, et – d'un autre côté – ayant besoin de l'ésotérisme, dans ce cas sécularisé, c'est-à-dire, profane. En ce sens, on pourrait dire que la tentation de l'éducation est d'être gnostique et ésotérique, sans pouvoir gérer le pouvoir de la technique depuis l'unité intérieure qui surgit des fins réelles et des moyens utilisés à échelle humaine. Pour surmonter cette crise, aucun type de « retour » (de ceux que la modernité agonisante a essayés avec insistance) n'est possible. Il faut au contraire passer par la voie du débordement interne, c'est-à-dire par le noyau même de la crise, l'assumer en sa totalité, sans y rester, mais en la transcendant vers l'intérieur.

Fausse herméneutique qui instaure la suspicion. On utilise la supercherie qui est un mensonge et fascine avec sa structure apparemment indiscutable. Ses effets pernicieux se manifestent lentement.

On caricature, ou la vérité, ou les nobles sentiments, en amplifiant de manière cocasse ou cruelle une perspective et en laissant dans l'ombre les autres. C'est une façon de déprécier la bonté. Il est toujours facile, en privé ou en public, de rire, deux fois plutôt qu'une, de certaines valeurs comme l'honnêteté, la non-violence, la pudeur. Mais cela n'amène qu'à perdre le goût de ces valeurs, qu'à favoriser l'apparition d'anti-valeurs et à avilir la vie.

Ou on emploie le *slogan*, qui avec une richesse de langage verbal ou visuel utilisant les concepts les plus précieux et les plus riches, absolutise un aspect et défigure le tout.

La postmodernité n'est déjà plus porteuse de l'aversion pour la religion et n'oblige plus celle-ci à se réfugier dans la confidentialité. Nous assistons à un déisme dilué qui tend à réduire foi et religion à une seule sphère « spiritualiste » ou subjective (d'où naît une foi sans piété). Ailleurs, surgissent des postures fondamentalistes qui mettent à nu l'impuissance et la superficialité.

Cette misérable transcendance, qui ne sait prendre en charge les limites de l'immanence, existe simplement parce qu'elle n'essaie ni de toucher aucune limite, ni de panser aucune plaie.

Ce paradigme du déisme s'accompagne d'un processus qui vide les paroles de leur contenu (des mots sans poids propre, des mots qui ne deviennent pas chair). Le Christ n'entre plus comme Personne, mais comme une idée. Il y a une inflation de mots. C'est une culture nominaliste. La parole a perdu son poids, est devenue creuse. Il lui manque un appui, il lui manque l'« étincelle » qui la rend vive et qui précisément consiste au silence.

Culture de la rencontre

Je me permets de faire cette proposition : nous avons besoin de générer une culture de la rencontre.

Face à la culture du fragment, comme certains souhaitent la nommer, ou de la non-intégration, ces temps difficiles exigent encore plus que nous ne favorisions pas ceux qui prétendent capitaliser le ressentiment et l'oubli de notre histoire commune ou qui se réjouissent de fragiliser les liens.

Avec un réalisme incarné. Ne cessons jamais de nous inspirer des visages souffrants, non protégés et angoissés pour nous stimuler et nous engager à chercher, étudier, travailler et créer plus. L'homme, la femme sont ceux qui doivent être au centre de nos devoirs.

L'homme fait de chair et d'os, qui jouit d'une appartenance culturelle et historique concrète, la complexité humaine avec ses pressions et ses limitations, ne sont ni respectés ni pris en compte. C'est pourtant celui-ci qui doit être au cœur de nos soucis et de nos réflexions. La réalité humaine de la limite, de la loi et des normes concrètes et objectives, l'autorité toujours nécessaire et toujours imparfaite, l'engagement réaliste représentent des difficultés insurmontables lorsqu'on a cette mentalité décrite auparavant.

Échappons aux réalités virtuelles. Et aussi au culte de l'apparence.

On ne peut éduquer en altérant la mémoire. La mémoire est une force qui unit et intègre. Ainsi, de la même manière que la compréhension ne peut se faire sans fondement, la mémoire se révèle le noyau vital d'une famille ou d'un peuple. Une famille sans mémoire ne mérite pas son nom. Une famille qui ne respecte pas et néglige ses grands-parents, qui sont sa mémoire vive, est une famille désintégrée ; en revanche, une famille et un peuple qui se souviennent sont une famille et un peuple d'avenir.

La clé consiste à ne pas inhiber la force créative de notre propre histoire, de notre histoire « mémorieuse ». Le domaine éducatif, recherche permanente de sagesse, est un espace indiqué pour cet exercice : rerencontrer les principes qui ont permis de réaliser un désir, redécouvrir la mission cachée qui se débat pour continuer à se déployer.

Nous observons tant de mémoires malades, vagues, déchirées par des souvenirs qui empêchent d'aller au-delà de la première évidence, entretenue pas des flashes et des modes, les sentiments du moment, les opinions pleines de suffisance qui masquent la confusion. Tous ces fragments qui veulent obscurcir l'histoire et la nier.

Le changement des statuts juridiques de notre Cité ne peut signifier « effacer et recommencer ». Pour celui qui n'a pas de passé, il n'y a rien de réalisé. Tout est avenir, il faut repartir de zéro.

Des refuges culturels à la transcendance fondatrice. Il faut chercher une anthropologie qui laisse de côté un quelconque chemin de « retour » conçu – plus ou moins consciemment – comme un refuge culturel. L'homme tend, par inertie, à reconstruire le passé. Ce trait est la conséquence de ce qui précède. La modernité – en perdant des points d'appui objectifs – a recours au « classique » (dans le sens du monde classique, du monde antique ; non dans le sens que nous lui donnons) comme une expression du devoir être culturel. En se retrouvant divisé, divorcé de lui-même, il confond la nostalgie propre à l'appel de la transcendance avec le regret de médiations immanentes et déracinées. Une culture sans racines et sans unité n'est pas viable.

Un universalisme intégrateur à travers le respect pour les différences. Nous devons entrer dans cette culture de la globalisation, depuis l'horizon de l'universalité. Plutôt que d'être de simples atomes qui ne prennent sens que dans le tout, nous devons nous intégrer dans une nouvelle organisation vitale d'ordre supérieur qui assume ce qui est nôtre sans l'annuler. Incorporons-nous en harmonie sans renoncer à ce qui est nôtre, à ce qui nous transcende.

Ceci peut se faire, non par la voie d'un consensus qui nivelle vers le bas, mais par la voie du dialogue, de la confrontation des idées et de l'exercice de l'autorité.

Le dialogue est la voie la plus humaine de communication. Il est nécessaire d'instaurer, dans tous les domaines, un espace de dialogue sérieux, conducteur, sans formalisme excessif. Un échange qui met à bas les préjugés et construit en fonction de la recherche commune, du partage, et qui implique de faire interagir des volontés en faveur d'un travail commun ou d'un projet partagé.

Le dialogue requiert de la patience, de la clarté, une bonne disposition envers l'autre, et plus que jamais, à une époque où on nous dit que nous sommes « fils de l'information et orphelins de la communication ». Cela n'exclut pas la confrontation de divers points de vue, à condition que les idées soit maniées comme des lumières, non comme des armes. Ne renonçons ni à nos idées, ni nos utopies, ni à nos propriétés ni à nos droits, renonçons simplement à prétendre qu'ils sont uniques et absolus.

L'exercice de l'autorité. Diriger est toujours nécessaire, mais dans le sens de participer à la cohésion en bonne et due forme, afin que la fonction ne consiste pas à se mettre à son propre service, mais à se mettre totalement au service des autres. Quel appauvrissement de la dignité du vivre ensemble en société, que cette politique de faits consommés, qui empêche une légitime prise de position et privilégie le formel sur la réalité !

Le respect des visions du monde particulières, qui donnent une connaissance intime des domaines les plus divers du savoir, de l'initiation à la formation des enseignements, est une obligation pour ceux qui nous gouvernent, parce qu'ils font respecter le pluralisme légitime et la liberté d'enseigner et d'apprendre.

Afin que se manifeste la force que nous possédons tous en nous, qui représente lien et vie, nous devons tous, et particulièrement ceux qui détiennent un certain pouvoir politique, économique ou une quelconque influence, renoncer aux intérêts ou aux abus de ceux-là mêmes qui prétendent aller au-delà du bien commun qui nous réunit ; nous devons assumer, avec austérité et grandeur, la mission que nous impose l'époque.

L'exercice d'ouvrir des espaces de rencontre. Derrière la superficialité et le conjoncturalisme immédiat (des fleurs qui ne donnent pas de fruits), il existe un peuple à la mémoire collective qui ne renonce pas à marcher avec la noblesse qui le caractérise. Les efforts et les entreprises communautaires, la multiplication des initiatives de quartier, l'apparition d'autant de mouvements d'entraide montrent la présence d'un signe de Dieu dans un tourbillon de participations sans particularismes rarement vu dans le pays. Les membres de notre peuple qui savent s'organiser de manière spontanée et naturelle, acteurs de ce nouveau lien social, demandent un lieu de consultation, de contrôle et de participation créative dans tous les domaines de la vie sociale qui leur incombent. Nous, les dirigeants, nous devons accompagner la vitalité de ce nouveau lien. Le renforcer et le protéger peut devenir notre principale mission.

Ouverture au vécu religieux engagé, personnel et social. Le religieux est une force créative au sein de la vie de l'humanité, de son histoire, et elle dynamise chaque existence ouverte à cette expérience.

Comment comprendre que certains champs éducatifs traitent tant de grands thèmes et de grandes questions, à l'exception d'un seul, proscrit, marginalisé : Dieu ?

Au nom de la neutralité – si célébrée mais impossible –, on tait et on ampute l'éducation d'une dimension qui, loin d'être pernicieuse, peut grandement contribuer à la formation des cœurs et à la convivialité de la société.

Ce n'est pas en supprimant les différentes options légales de consciences ni le traitement libre de chaque vision du monde que nous aboutirons à une formation respectueuse de chaque personne et reconnaissant la diversité comme chemin vers l'union.

Il semblerait que l'espace public doit être *light*, bien dilué, protégé de toute justification, comme si la seule prise de position admise devait obéir à l'imprécision, à la frivolité ou aux intérêts du détenteur de la force.

Éduquer et ensuite ?... Éduquer

Face à ce panorama, non exempt de difficultés familiales endogènes et exogènes, de difficultés économiques, de violence, de désaffection, nous devrions nous demander : Comment éduquer ? Tout en excluant d'envisager : Comment ne pas éduquer ? Car comment ne pas continuer à placer notre confiance dans l'éducation ?

Il est impossible de comprendre l'institution éducative sans le maître, sans l'enseignant. Ni sans placer l'humain en son centre. Cela notamment lorsque les structures, le curriculum, les programmes, les contenus, l'évaluation, les modes de gestion sont mis au premier plan.

La culture postmoderne privilégie comme modèle l'image de la jeunesse. Est beau celui qui semble jeune, qui s'impose des traitements pour faire disparaître les traces du temps. Le modèle de beauté est un modèle juvénile, informel. Notre modèle d'adulte est adolescent.

On considère les adolescents comme détenteurs de nouvelles manières de sentir, de penser et d'agir. Mais ils sont en même temps dépourvus de sens critique pour interpréter le monde dans lequel ils vivent et pour croire dans l'avenir. Pour les jeunes, le savoir paraît démodé, dénué de sens. Ils dévalorisent ce que l'école affirme comme nécessaire pour vivre dans cette société.

Les enseignants plus expérimentés, confiants dans leur manière d'enseigner, trouvent parfois que le monde de l'adolescent est obscur et éloigné d'eux. C'est-à-dire que nous nous trouvons face à un adolescent qui dévalorise le savoir scolaire et face à un enseignant qui méconnaît les interrogations adolescentes. Cela s'appelle une incompatibilité.

Les jeunes ont aussi été invités avec insistance à rechercher le plaisir, à satisfaire leurs désirs de manière instantanée et sans douleur. Ils sont immergés dans la culture de l'image, qui est pour eux totalement naturelle. L'école leur offre un savoir qui semble peu attrayant, qu'ils considèrent comme sans importance. Elle ne met pas en valeur la satisfaction sensorielle, ni les outils qui assurent l'ascension sociale ou simplement l'accès à l'emploi.

Les jeunes ne trouvent pas à l'école ce qu'ils cherchent. L'école moderne accueille un élève postmoderne, pourrions-nous dire, avec une certaine facilité, mais ce n'est pas seulement ça.

Il y a un indispensable besoin de cohérence. Se renvoyer la balle est futile. Nous devons, en tant que société, faire toute la clarté, dépasser l'incompréhension, ne pas gaspiller les énergies en construisant d'un côté ce que nous détruisons de l'autre.

Qu'enseigner ? La diversité et l'abondance des connaissances sont incommensurables ; comment mettre de l'ordre dans cette multiplicité de ce qu'il y a à enseigner, à apprendre ? En partant seulement de ce qu'il y a à savoir, aucun point de vue ne peut vraiment mettre de l'ordre dans l'étendue de la connaissance. L'objet de connaissance n'indique pas nécessairement un objectif et une perspective. Le point de vue capable d'effectuer ce tri doit se trouver dans l'homme et dans la rencontre avec les hommes, parce que l'éducation doit servir à la formation, c'est-à-dire se conformer à la vie. Ce point de vue, bien qu'intrinsèque, doit naître d'une convergence, d'un point de rencontre où celui qui apprend et celui qui enseigne se comprennent mieux eux-mêmes. Ils se comprennent mieux eux-mêmes en relation avec leur époque, leur société, leur histoire, leur culture et le monde.

L'éducation doit éviter l'écueil d'être réduite à une simple distribution du savoir. Il ne s'agit pas seulement de sélectionner des offres concrètes de contenus ou de méthodes, mais aussi d'interprétation et de valorisation.

Enseignants et élèves doivent parvenir à une compréhension qui cimente le désir commun de vérité. Non seulement se sentir liés aux choses, mais aussi avoir une rectitude dans la façon de comprendre l'existence.

Nous avons besoin d'une éducation qui conserve le fondamental et le fondement.

Le véritable, le beau, le bon existe. L'absolu existe. Il est possible, et il faut même le connaître et le percevoir.

Nous avons besoin d'une éducation qui favorise la structure de la société civile (c'est-à-dire civilisée, c'est-à-dire citoyenne). Que l'éducation soit un lieu de rencontre et de gages communs où nous apprenons à être une société, où la société apprend à être une société solidaire. Nous devons apprendre de nouvelles méthodes pour construire la ville des hommes.

Pas seulement des paroles : la vie

Vous connaissez tous, en tant qu'élèves, ex-élèves ou parents, la nécessité croissante de l'éducation. En tant que dirigeants d'entreprises, vous avez aussi certainement des liens avec le monde scolaire, car vous vous êtes engagés dans des stages et des projets d'éducation communautaire. Votre préoccupation à l'égard de l'éducation, manifeste dans l'invitation que vous m'avez faite aujourd'hui, m'encourage à vous demander, en toute confiance, d'accompagner par un effort soutenu le développement d'un projet du Département des écoles paroissiales de l'archevêché concernant l'attention et l'aide aux secteurs structurellement faibles ou affaiblis, qui vise l'intégration des secteurs les plus démunis grâce à la construction de centres communautaires ouverts à la diversité, à la pauvreté, à la famille et à l'éducation.

L'Église est présente dans l'éducation, ici à La Plata, depuis quatre cents ans. C'est précisément un collège de la Compagnie de Jésus qui fut le premier à être érigé en ce lieu. Nous voulons continuer à dire : nous sommes présents. L'Église aspire à pouvoir offrir une éducation totalement gratuite dans les zones de notre ville où l'échec scolaire et les problématiques sont les plus graves, comme Lugano, Soldati, La Boca, Barracas[1]. Nous œuvrons dans ces secteurs, mais nous aspirons à multiplier la présence et l'accompagnement en offrant l'encadrement, la formation et le suivi dont ces enfants et ces familles ont besoin.

Chers amis, sur les questions d'éducation, les plus humbles de notre société attendent beaucoup de vous et de nous. Je connais l'effort et le travail que vous réalisez. Je connais aussi votre enthousiasme et votre capacité à vous engager, à cette heure cruciale, en faveur du devenir de l'éducation dans notre ville.

Un peuple qui veut conjurer la pauvreté du vide et le désespoir. Un peuple avec une mémoire, une mémoire qui ne peut se réduire à un simple registre. Là est la grandeur de notre peuple. Je perçois dans notre peuple argentin la conscience de sa dignité. Une conscience qui s'est forgée dans des faits significatifs. Notre peuple a une âme, et si nous pouvons parler de l'âme d'un peuple, nous pouvons parler d'une herméneutique, d'une manière de voir la réalité, d'une conscience. Aujourd'hui, au milieu des conflits, ce peuple nous enseigne qu'il ne faut faire attention ni à ceux qui prétendent distiller la réalité en idées, ni aux intellectuels sans talents, ni aux spécialistes de l'éthique sans générosité. Il faut solliciter notre dignité la plus profonde en tant que peuple, solliciter notre sagesse et nos richesses culturelles. C'est une véritable révolution, non contre un système, mais intérieure, une révolution de la mémoire et de la tendresse : mémoire des grands gestes fondateurs, héroïques… et mémoire des gestes simples appris en famille. Être fidèles à notre mission, c'est veiller ces « braises » du cœur, les protéger des cendres trompeuses de l'oubli et de la prétention de croire que notre patrie, notre ville et notre famille n'ont pas d'histoire ou ne l'ont commencée qu'avec nous. Étincelle de mémoire qui condense, telle la braise du feu, les valeurs qui nous rendent grands : la façon de célébrer et de défendre la vie, d'accepter la mort, de veiller sur la fragilité de nos frères les plus pauvres, d'ouvrir les mains solidairement face à la douleur et à la pauvreté, d'organiser des fêtes communes et de prier ; la joie de travailler ensemble et – à partir de nos pauvretés communes – amasser la solidarité.

Tous, nous sommes conviés à cette construction de la culture de la rencontre, à réaliser et à partager ce ferment nouveau qui – en même temps – est la mémoire qui ravive notre meilleure histoire de sacrifice solidaire, de lutte contre différentes servitudes et d'intégration sociale.

Soyons convaincus, une fois de plus, que le tout est supérieur aux parties, le temps supérieur à l'espace, la réalité supérieure à l'idée et l'unité supérieure au conflit.

Dernier point, nous avons l'habitude de nous poser cette question avec une certaine préoccupation : quel monde laissons-nous à nos enfants ? Mais peut-être serait-il mieux de se demander : quels enfants offrons-nous à ce monde ?

Conférence, Association chrétienne
des chefs d'entreprises, septembre 1999

« Celui qui nourrit et fait grandir »

Quelques lignes sur l'éducation

Confrontés au fait éducatif, il nous est utile de reconsidérer aujourd'hui quelques certitudes et d'étudier certaines difficultés afin de les surmonter de manière adéquate. L'art d'éduquer participe aux certitudes et aux difficultés de la culture que vous devez vivre. Je me limiterai simplement à mentionner certaines de ces certitudes et de ces difficultés et à suggérer des chemins de maturité à ceux qui vont devoir aborder ces problèmes.

Rencontre éducative et acceptation mutuelle

Première certitude : pour qu'un fait éducatif existe, il faut au moins deux personnes. L'éducation est un fait spirituel/personnel. C'est-à-dire que nous parlons de rencontre éducative. Je préfère définir l'éducateur comme une personne de rencontre, et ce dans ses deux dimensions : celui qui « extrait quelque chose de l'intérieur… » et la personne qui détient l'autorité dans le sens étymologique du terme : « celui qui nourrit et fait grandir » (*Autoritas*, de *augere*).

Bien que, en des temps postérieurs, l'autorité se soit identifiée au pouvoir, il n'en a pas toujours été ainsi. Voilà pourquoi, dans notre définition de l'éducation, l'éducateur, personne d'autorité, est celui qui conduit (*e-duca-re* de *duc* de *duce*) aux véritables nourritures ; il conduit par le chemin de l'intériorité jusqu'à la source qui nourrit, inspire, fait grandir, consolide, missionne. Deux dimensions de la rencontre, ou plutôt, deux rencontres : la rencontre avec l'intériorité de soi-même et la rencontre avec l'éducateur/autorité qui me conduit sur le chemin de cette rencontre intérieure. C'est cela que j'appelle rencontre éducative.

Nous parlons de rencontre éducative, mais bien que la rencontre prenne des allures de compagnonnage, l'un choisit d'éduquer et l'autre d'être éduqué. Il y en a un qui connaît le chemin et l'a parcouru plusieurs fois et l'autre qui, confiant en cette science et cette sagesse, se laisse conduire. Mais cela ne peut être réduit à une équation activité/passivité. L'éducateur aussi reçoit. En recevant, il se perfectionne et se purifie. La rencontre éducative nécessite donc un acquiescement mutuel. Sans cette acceptation mutuelle, il est impossible d'obtenir une coopération conjuguant les efforts des uns et des autres à la recherche de hautes finalités éducatives.

Surmonter les divisions

Une telle rencontre permet de dépasser la situation fréquente, pas forcément notoire, mais bien réelle, de « deux bandes en conflit ». Tenons compte du fait que toute rencontre humaine et vitalement engagée finit par devenir conflictuelle parce qu'elle exige abnégation et renoncement à ses propres égoïsmes.

Cette rencontre est menacée de nos jours pour la simple raison que les agents éducatifs (pères, élèves, enseignants, directeurs, corporation, État) ne développent pas un objectif commun et unique. Donc, comme d'habitude dans notre patrie attristée, les agents mentionnés se dispersent ou s'enferrent chacun dans leurs propres buts, empêchant sérieusement l'édification d'un socle qui accueille le fait éducatif et lui donne toute sa splendeur et son efficacité.

L'éducation souffre actuellement d'une constante érosion. La plupart des recherches d'unité et de rencontres sont neutralisées par des intérêts éloignés, dans la majorité des cas, de l'éducation même. Il est devenu très problématique de réussir l'unité de plusieurs et la complémentarité des opposés. Les solutions les plus communes sont : l'absorption d'une des réalités en opposition par une partie de l'autre ; la synthèse des deux dans un « pactisme » de type hégélien. La voie la plus difficile, et la seule constructive, consiste au contraire à régler le conflit sur un plan supérieur où les réalités en opposition restent virtuelles. Dans ce sens, nous pouvons dire que la force et la vitalité d'un quelconque processus d'apprentissage s'appuient sur des accords non « pactistes », dans le cadre d'une attitude de confiance mutuelle : des accords qui s'exercent entre l'institution, les enseignants, les élèves, l'État et les corporations. Ainsi, seulement, nous nous préparerons à former le citoyen dont a besoin notre patrie à l'avenir. Des accords permettant une rencontre préalable entre des partis opposés qui dialoguent et se réconcilient, en vue du bien commun.

Acteurs ou spectateurs

L'érosion, que je viens d'évoquer, due à un jeu d'intérêts étrangers à l'éducation, a aussi d'autres effets : elle nous a transformés en spectateurs. Nous avons cessé d'être les acteurs de notre propre histoire et de notre vie. On opine beaucoup, mais on agit peu. On regarde et on juge tout événement « de l'extérieur ». En disant « de l'extérieur », je signale une position extrêmement subjective. Cette forme de jugement qui ne peut se détacher de la subjectivité est arbitraire ; elle est souvent très stricte avec les autres et trop condescendante avec soi-même. De là, il n'y a qu'un pas à franchir pour se retrouver dans un processus injuste, ou parfois anarchique. Aucun des agents mentionnés plus haut n'échappe à cette attitude.

En prenant une direction opposée au chemin de la rencontre que ce soit dans un sens ou l'autre, nous nous isolons, nous devenons spectateurs et non plus acteurs de notre propre histoire personnelle. Nous vivons en nous regardant et en nous jugeant selon un paradigme plus proche de l'image à laquelle nous prétendons ou de ce que nous désirons être que de ce que nous sommes réellement. Épris de conditionnements psychologiques ou prisonniers d'eux, il devient difficile de distinguer des horizons plus vastes qui « obligent », d'une certaine manière, à sortir « de soi-même » et à rejoindre « l'autre » dans une rencontre qui est le ciment de l'édification personnelle et qui devient chaque jour plus nécessaire à la l'édification d'un pays. L'« exode de soi-même » est une condition indispensable pour réussir la rencontre.

Le prochain nous attend

Surmonter les divisions et être acteur : deux attitudes pour la rencontre. Et comment se réalise-t-elle ? « Sortir de soi et aller vers le prochain » sont des nécessités vitales qui exigent une ambiance fraternelle et affective : dans le cas contraire, la rencontre aura lieu de manière compulsive, entraînant un désordre de la personnalité qui n'est bénéfique ni pour le sujet lui-même, directement acteur de l'éducation, ni pour ceux qui l'accompagnent. Les désordres naissent par exemple artificiellement, que ce soit par des actions ponctuelles, soit en invoquant des raisons de justice transformées alors en injustices, soit par le recours connu, systématique à la plainte ou aux réclamations judiciaires. C'est dire qu'il se crée un climat dont le pôle d'attraction correspond à la dispersion des forces mobilisées par des intérêts ponctuels. On assiste alors à un contresens qui fait recourir à des moyens artificiels pour parvenir en paix à la rencontre. Le secret de la véritable paix intérieure et durable, de la plénitude à laquelle nous aspirons consiste à se mettre en quatre pour que les autres vivent l'amour. L'amour fraternel. La rencontre dans un climat d'amour fraternel. Comment décrire cet amour fraternel par comparaison avec les moyens artificiels ?

Il ne s'agit pas de l'*éros* des Grecs, de cet amour qui, plus qu'aucune autre notion, nous parle de romance. Même s'il a tendance à nous faire penser à la seule chair, l'*Éros* ne fait pas uniquement référence au sensuel, il inclut aussi le désir de l'union avec l'être aimé et la possession exclusive.

Il ne s'agit pas plus de l'*agapao*, amour chargé d'abnégation, capable de donner indéfiniment sans rien espérer en retour, proche, d'un certain point de vue, de l'amour désintéressé de Dieu et de la charité chrétienne.

Je parle ici de *phileo*, que nous connaissons sous la forme des adjectifs « filial » ou « fraternel », un amour qui a de l'affection pour l'être aimé, mais qui attend toujours une réponse. C'est un amour de relation, de participation, de communication, d'amitié. L'amour filial/fraternel lie des amis qui apprécient vivement la proximité et l'amitié. Ils partagent les mêmes intérêts et peuvent ou non partager leur temps. La plénitude de l'amour filial/fraternel nécessite évidemment deux personnes, car pour que cet amour s'entretienne, il faut y répondre de part et d'autre. Il s'agit d'être les meilleurs amis de l'un et de l'autre. C'est ce défi qui montre que le domaine de la rencontre est utile à l'éducation.

Il n'est pas seulement question de techniques

Dans le cadre de l'enseignement, la possibilité qu'il n'y ait pas de rencontre, qu'il y ait seulement des spectateurs et non pas des protagonistes, se perçoit très facilement à partir du moment où il existe un excès de confiance dans la technique ou dans l'application de la technique.

Un enseignant n'est pas un technicien : il peut aussi prendre le rôle – et ce n'est pas le moindre – de mère ou de père. Lorsque la technique prime, il n'y a pas de rencontre éducative ou de culture de la rencontre ; les personnes en présence (qu'elles soient deux ou plus) ne sont alors pas unies par des liens indéfectibles. Elles deviennent de simples relations, qui se côtoient de manière fortuite, par l'intermédiaire des moyens mécaniques supplémentaires que représente la technique.

La conséquence la plus caractéristique de cette perception de l'éducation est qu'on se préoccupe plus de la réussite de la personne que l'on voudrait former que de la personne qu'on a devant nous. Nous nous retrouvons ainsi face à des têtes trop pleines, pourvues de cœurs rachitiques qui s'émeuvent peu (ou seulement du sort de certains). Impossible alors de forger une rencontre entre deux personnes qui ont chacune quelque chose à donner et à recevoir.

Il est clair que la rencontre existe, mais elle finit à long terme par être périphérique, externe. Les personnes s'investissent de manière superficielle : elle utilisent une méthode pour obtenir des résultats. Pas pour établir des relations affectives et durables.

La colonne vertébrale entre les mains des parents

Les parents (ou ceux qui occupent leur place) le reconnaissent, ils ont eux aussi perdu leur rôle dans l'éducation de leurs enfants et sont devenus de simples spectateurs. En grande partie parce qu'ils n'ont pas pris en charge leurs enfants, par doute, par méconnaissance ou pour bien d'autres motifs. Là encore, il est question d'un déphasage de l'autorité vers un « dialogue superficiel », qui, au fond, évite la rencontre.

La formation intérieure, celle du cœur, la plus intime des enfants et des jeunes, a changé de mains. Elle n'est plus aux mains des parents, mais des professionnels. Face à un problème d'apprentissage, on fait appel au psychologue. Même quand les causes sont déjà connues, on soigne bien souvent en recourant à de nouveaux professionnels qui ne sont pas enseignants. Je ne dénigre ni ne rejette l'aide professionnelle. Je mentionne simplement ce « changement de mains » dans la conduite harmonique intérieure.

Il est souvent admis que, autrefois, le père effectuait un transfert d'autorité en emmenant son fils à l'école. Il le confiait au maître en ajoutant souvent de ne pas ménager les « baffes ». Vous vous imaginez cela aujourd'hui ? De retour à la maison, le transfert d'autorité se renforçait et on était au courant de tout ce qui se passait à l'école, sans pouvoir pour autant accéder aux contenus utilisés par le maître dans la salle de classe.

Aujourd'hui, les parents, ou ceux qui les remplacent, peuvent interagir, s'ils le veulent, sur ce qui se passe en cours, mais la colonne vertébrale de la formation leur échappe. Cette dernière est désormais entre les mains d'autrui, hors de la famille et finalement éloignée de la réalité personnelle. Sans autorité paternelle, il n'y a plus de transparence de l'autorité et le cœur des enfants devient (je dépolitise le mot) étymologiquement anarchiste.

Restaurer les liens

Il me semble, pour les raisons que j'ai énumérées, que le chemin pédagogique a été vidé de sa substance par l'application de modèles importés ou de techniques simples et que nous avons rompu les liens de cette rencontre éducative, patrimoine de l'école argentine (et son orgueil pendant des décennies). En brisant le lien principal qui reliait intérieurement l'enseignant à l'élève, nous avons perdu la relation affective avec le pays, avec la patrie, avec nos frères. Je vous invite à la remettre en œuvre. Pour retrouver cette rencontre éducative, nous avons besoin, nous les enseignants, d'affection plus que de techniques : fiez-vous à vos affects. Aimez ce que vous faites et aimez vos élèves.

Par cette affection fraternelle, ou paternelle/maternelle, qui configure un regard empreint de sagesse, vous formerez, chez vos élèves, un cœur qui aime sa patrie et sa terre, sans avoir besoin de la connaître de ses yeux. Un cœur qui admire ses héros parce qu'ils illuminent un chemin qui n'est pas simple, mais qui n'est pas impossible à parcourir. Un cœur qui connaît et aime ses traditions et son folklore ; un cœur reconnaissant de ce qu'il est et de ce qu'il a et qui n'a pas peur de marcher et de progresser continuellement vers les horizons plus grands qui le défient.

Cours de recteurs, février 2006

Nous sommes un peuple à la vocation de grandeur

« … tu n'es ni froid ni chaud – que n'es-tu l'un ou l'autre ! – Ainsi, puisque te voilà tiède, ni chaud ni froid, je vais te vomir de ma bouche » (Apocalypse 3, 15). Cette tiédeur se déguise parfois en médiocrité, en indifférence mesquine ou en ce « ne t'en mêle pas » ou « ce n'est pas moi » qui a fait tant de mal parmi nous.

Quand il s'agit de la rencontre et de la convivialité entre les hommes, il n'y a pas de demi-mesures. Nous sommes un peuple. Nous sommes avec les autres et nous sommes par les autres ; cela étant, nous sommes pour les autres. Parce que nous sommes pour les autres, avec les autres, par les autres, nous sommes un peuple et rien de moins qu'un peuple.

Nous sommes des hommes et des femmes aux capacités infinies, avec une conscience critique, avec une soif de justice et de fraternité. Avec un désir de savoir afin de ne pas être manipulé, avec un goût pour la fête, l'amitié et la beauté. Nous sommes un peuple qui marche, qui chante et qui loue. Nous sommes un peuple blessé et un peuple aux bras ouverts, qui chemine avec espérance, qui « supporte » le pire et gâche parfois le meilleur un peu rapidement. Nous sommes un peuple à la vocation de grandeur.

Un Dieu engagé à fond dans ce qui est humain

Nous nous retrouvons une fois de plus, à l'heure de commencer ce cycle de cours, pour partager ce qui nous stimule dans notre tâche et constitue le noyau de notre identité chrétienne et l'horizon ultime de notre existence : la foi dans le Christ ressuscité. Ce Jésus, que nous reconnaissons comme Christ, a été Quelqu'un qui a donné et qui a demandé des réponses : qui a pris parti. Il a élu le plus faible, il n'a pas négocié la vérité, il ne s'est pas installé… Il a vécu en paix, il a défendu la paix, il n'a pas reculé, même piétiné par ceux qui sentaient sa Présence comme une gêne, afin que le peuple puisse expérimenter un nouveau message, puisse découvrir la force cachée dans ses entrailles par Celui qui les a aimés depuis le début et voulait leur montrer qu'il les aimerait jusqu'à la fin.

En Lui nous est révélée l'identité du Dieu dans lequel nous croyons : Quelqu'un de réel qui, pour venir à notre rencontre d'une façon pleine et définitive, s'est fait homme dans notre histoire concrète de manière *indivisa* et *inconfusa*[2], il a parlé notre langue et partagé nos préoccupations. En Jésus de Nazareth, Dieu a lié (re-lié) les difficiles questions de la transcendance et le sens ultime du quotidien des hommes et des femmes qui se préoccupent de leur pain, de leur amour, de leur toit, de leur descendance ; de leur douleur, de leurs joies et de leurs fautes, de l'avenir de leurs enfants et de leur propre avenir, de la perte d'êtres chers et de la responsabilité de chacun ; de ce qui convient et de ce qui ne convient pas, de ce que nous devons et de ce qui n'est pas dû, de ce que nous espérons et de ce qui nous attend.

Ainsi, il ne nous est pas possible de nous occuper des choses « du Ciel » sans être immédiatement renvoyés à celles « de la Terre ». Lorsque le concile Vatican II affirmait que « les joies et les espérances, les tristesses et les angoisses des hommes de notre époque, surtout des pauvres et de ceux qui souffrent, sont à la fois les joies et les espérances, les tristesses et les angoisses des disciples du Christ. Il n'y a rien de vraiment humain qui ne rencontre d'écho dans leur cœur » (*Gaudium et Spes* 1), il ne faisait rien d'autre que de prolonger la méditation de saint Jean à propos du commandement (et du don comme le soulignait Benoît XVI) de l'amour : « Si quelqu'un dit : "J'aime Dieu" et qu'il déteste son frère, c'est un menteur : celui qui n'aime pas son frère, qu'il voit, ne saurait aimer le Dieu qu'il ne voit pas » (1 Jean 4, 20).

Tel est le motif pour lequel je me dirige chaque année vers vous, pour partager ces réflexions à propos des « choses de la Terre », qui sont la visibilité et une avance « des choses du Ciel ». La tâche à laquelle vous vous consacrez permet certes de bâtir la ville terrestre, en formant des hommes et des femmes, des citoyens et des citoyennes de la patrie, des membres de la société, des scientifiques, des artistes, des travailleurs dans tous les domaines de la vie humaine. Mais en construisant la ville terrestre, et parce que cette mission représente pour vous la forme concrète d'amener la vocation chrétienne à rénover le monde par la force de l'Évangile, vous semez aussi la graine de la Jérusalem céleste, en tant que collaborateurs de l'œuvre définitive de Dieu.

Cette mystérieuse imbrication du temporel et du céleste fonde la présence de l'Église dans le domaine de l'éducation, au-delà de tout élan humanitaire ou altruiste. C'est précisément le sens ultime de la mission éducative de l'Église qui motive ces messages que je prépare à votre intention chaque année.

Une fois de plus, je vous invite à réfléchir à la responsabilité qui vous incombe, en tant qu'éducateurs, dans la construction de la société terrestre. Je souhaite, particulièrement cette année, me focaliser sur ce défi de former des personnes qui soient des citoyens solidaires pourvus d'un sens historique et collectif de la communauté, qui se sentent responsables, au plus profond de leur identité et de leur conscience personnelle, du destin commun de leur peuple.

Pourquoi choisir ce thème ? À cela, deux raisons. D'abord parce que c'est un élément central du devoir d'enseignement. La fonction de l'école inclut un principe fondamental de socialisation, de création de lien social qui fait que chaque personne constitue aussi une communauté, un peuple, une nation. La tâche de l'école ne s'arrête pas à la transmission des connaissances ou à la seule instruction des valeurs. Ces dimensions sont intimement liées à celle que je mettais en évidence au début. Car le peuple n'est pas une masse, ni de sujets, ni de consommateurs, ni de clients, ni d'électeurs. Le second motif qui me pousse à prendre cette question comme thème de réflexion cette année est justement la nécessité de renforcer, voire de refonder, le lien social. En ces temps de mondialisation, de postmodernité et de néolibéralisme, les liens qui ont façonné nos nations ont tendance à se distendre, parfois même à se briser, donnant lieu à des pratiques et des mentalités individualistes, au « sauve-qui-peut », à réduire la vie sociale à un simple donnant/donnant pragmatique et égoïste. Les conséquences qui en découlent sont sérieuses, tout devient de plus en plus compliqué, violent et douloureux au moment où on veut en pallier les effets. On tombe ainsi dans un cercle vicieux où la dégradation du lien social accentue l'anomie, l'indifférence et l'isolement.

Qu'est-ce qu'être un peuple ?

En entamant cette réflexion sur le lien social, ses crises et les chemins pour le renforcer, un mot saute aux yeux, car il traverse l'histoire de notre pays de part en part : le peuple.

Le « peuple » est une catégorie plus mystique que logique. Le peuple qui, en 1810, réuni sur la Plaza Mayor[3] veut « savoir de quoi il s'agit », comme nous l'avons appris dans les vieux manuels scolaires. Un groupe de voisins actifs, participant à la chose publique en plein milieu de la crise de la métropole. La foule qui manifeste massivement dans les rues tout au long du XXe siècle avec comme mot d'ordre « Si ceci n'est pas le peuple, où donc est le peuple ? »... Des groupes militant pour des causes politiques et sociales, marchant avec la conviction que « le peuple uni jamais ne sera vaincu »...

Un mot qui est donc bien plus qu'un concept. Un mot chargé de tant de sens, d'émotion, mêlé à tant d'histoires de lutte, d'espoir, de vie, de mort et même de trahison. Un mot si contradictoire et si controversé qu'à une époque « sans idéologies », de « postmodernité » et d'attitude *light* face à la vie, il a été remisé sur l'étagère la plus haute du placard, entre les affaires de la grand-mère et les photos qu'on ne veut pas voir, mais que personne n'ose jeter.

N'oublions pas le cri parfois poussé avec force autour de nous : « Qu'ils s'en aillent tous[4] ! » Et lors de ces nuits de veille et de feux de camp, il a manqué de voix plus fortes pour dire, en nombre et avec suffisamment de vigueur : « Je suis là, je m'engage ! »

C'est précisément de cela qu'il s'agit dans la question de « peuple ». Si nous pouvions (et nous ne pouvons pas toujours, ni ne devons) abstraire l'appellation « peuple » des différents (et souvent antagoniques) contextes, dans lesquels elle a été utilisée et a réussi à mobiliser des volontés dans notre histoire nationale, nous réussirions, je pense, à recueillir un sens fondamental : on ne peut parler de peuple que s'il y a engagement, participation. Ce vocable, qui porte en lui tant de charges émotionnelles, tant de projections d'espoirs et d'utopies, est dénaturé s'il est considéré comme simple question « objective », externe à ce qu'il inclut dans son discours. Plus qu'un mot, c'est un appel à sortir de l'enfermement individualiste, de l'intérêt personnel et limité, de son petit lac personnel, une exhortation à se jeter dans le large lit d'un fleuve qui roule en avant, et qui unit en lui la vie et l'histoire du vaste territoire qu'il traverse et vivifie.

Un mot autant critiqué que craint pour toutes ces raisons : pour la force de convocation qu'il libère en faveur du bien ou en faveur du mal, en quête de causes collectives, de celles qui font l'histoire, ou aussi d'illusions qui s'achèvent en scandales et en douleurs. Le peuple. Comment ne pas frissonner de passion ou d'indignation, tout dépend des circonstances, en entendant résonner ce mot ?

Chers éducateurs, je vous invite à approfondir encore un peu la signification du mot « peuple », en tant qu'appel à la présence, à la participation, à l'action engagée. Redécouvrir le sens du « peuple » avec, en toile de fond, cette consigne qui oriente chacun de nous dans notre recherche : « Je suis là. Je m'engage ! » Et avec une conviction : aujourd'hui plus que jamais, il faut être peuple et oser éduquer. Lorsque les structures éducatives sont dépassées par des forces sans visages, qui mettent en circulation des propositions, des messages, des modèles, des biens de consommation, sans en assumer les conséquences qu'elles produisent chez les plus petits, les adolescents, nous devons continuer à être présents. Et, afin de mieux pénétrer la signification du mot « peuple », réfléchissons selon deux directions : 1. une géographie et une histoire ; 2. une décision et un destin.

Une géographie et une histoire

En premier lieu, un peuple est lié à une géographie. C'est-à-dire : à une terre. On dit parfois qu'il y a les peuples de la plaine, les peuples de montagnards… et bien d'autres aux caractéristiques environnementales qui, sans cesser d'avoir du sens, sont amplement dépassées par la dynamique des sociétés modernes à prédominance urbaine et traversées par toutes sortes de métissages, d'entrecroisements et de mutations. Mais malgré tout, la géographie conserve une force d'attraction, à la fois comme un paysage, plus existentiel que « touristique », et comme une matrice de références symboliques qui, en étant partagées, génèrent des significations et des valeurs collectives.

Nous pourrions peut-être relire cette dimension en nous projetant dans la grande ville, en pensant au quartier comme à un lieu d'enracinement et de vie quotidienne. Si la croissance de la grande ville et le rythme de vie font perdre une grande partie de la force de gravité que le quartier avait autrefois, nombre de ses éléments restent encore valides même face au tourbillon de la fragmentation. Parce que le quartier (ou la terre), en tant qu'espace commun, suppose une variété de couleurs, de saveurs, d'images, de souvenirs et de sons qui constituent la trame du quotidien ; précisément parce que ce qui est petit et quasi invisible est indispensable. Les figures du quartier, les couleurs du club de football, la grand-place qui a vu passer tant de transformations, d'histoires, de jeux, d'amours et de camaraderie, les lieux de rencontres, la mémoire des grands-parents, les sons de la rue, la musique, la texture de la lumière de tel pâté de maisons, de tel coin de rue, tout cela créé un sentiment d'identité. Une identité qui est personnelle et partagée, ou, mieux, qui est personnelle autant que partagée.

La fonctionnalisation de tous ces espaces selon la logique de la croissance sauvage et du mercantilisme va-t-elle condamner à mort la dimension de l'enracinement ? Sommes-nous sur le point de transiter uniquement à travers des espaces virtuels ou virtualisés, à travers des écrans et des autoroutes ? Ou allons-nous trouver de nouvelles formes d'implanter des symboles autour de nous, de donner sens à l'espace, de l'habiter ?

Être un peuple, c'est habiter ensemble dans un espace. Nous avons donc là une première voie par laquelle relancer notre réponse à l'appel : ouvrir les yeux face à ce qui nous entoure au quotidien et face à qui nous entoure. Retrouver le voisinage, l'attention, le salut. Abattre la première barrière de l'égoïsme mortel en reconnaissant que nous vivons ensemble, avec les autres, des autres qui sont dignes de notre attention, de notre amabilité, de notre affection. Il n'y a pas de lien social sans cette première dimension quotidienne, presque microscopique : être ensemble en voisins, en nous croisant à différents moments de la journée, en nous préoccupant de tout ce qui nous affecte tous, en nous secourant mutuellement dans les petites choses de tous les jours.

Voici un point de réflexion qui nous concerne particulièrement : l'école du quartier contribue activement à créer des liens, de l'identité, à valoriser les espaces partagés. L'école met en relation les familles entre elles et avec la grande communauté du quartier, avec les institutions, avec les réseaux qui composent la vie de la ville. L'école est un point de référence et le cœur du quartier pour de nombreuses familles – à condition, toujours, que l'école soit bien ancrée dans la réalité du quartier et ne constitue pas un îlot préoccupé par ses seuls problèmes intramuros.

La dimension spatiale, est, par ailleurs, instantanément reliée à une autre, aussi, si ce n'est plus, fondamentale : celle du temps fait histoire. Le quartier de notre enfance, le quartier où les enfants vivent la leur et dont ils se souviendront demain. La patrie évoque aussi ce fragment d'espace où sont enterrés les parents. Au-delà des questions pratiques immédiates, ce qui nous unit dans l'espace partagé, c'est l'héritage de ceux qui y ont vécu avant nous et la responsabilité envers ceux qui nous suivent. Héritage et responsabilité qui se modèlent dans des valeurs et des symboles partagés.

Un peuple, c'est donc une réalité historique qui se constitue à travers les générations, qui a la capacité de durer au-delà des crises. Le temps humain s'écoule aussi par la transmission d'une génération à une autre. La transmission générationnelle est toujours à la fois continue et discontinue. Le fils est à la fois semblable au père et distinct de lui. Un fils n'est pas un clone : d'une génération à l'autre, des éléments perdurent et d'autres s'ajoutent, évoluent. Un peuple est nécessairement dynamique. La culture d'un peuple, les valeurs et les symboles communs qui l'identifient, ne se fondent pas sur la répétition sclérosée des mêmes choses, mais grâce à une créativité vitale provenant de ce qui est reçu. Cette culture n'est donc jamais uniforme, bien au contraire, car elle évolue à de multiples niveaux et inclut en elle-même la diversité. Seules les expressions qui tentent de « fixer » ou de « figer » la vie d'un peuple finissent par exclure. La culture vivante a tendance à s'ouvrir, à intégrer, à multiplier, à partager, à dialoguer, à donner et à recevoir au sein même d'un peuple et avec les autres peuples rencontrés.

La reconstruction du lien social, la réponse à l'appel d'être un peuple, de « se mettre » à faire quelque chose dans le domaine du bien commun, demande à la fois une écoute attentive de l'héritage de ceux qui nous ont précédés et une grande ouverture aux nouvelles idées générées ou proposées par ceux qui nous succèdent. Il s'agit d'un engagement historique. Il n'y a pas de société viable si l'on contracte le temps au seul présent. Être un peuple exige d'avoir un regard ample et vaste, afin d'englober le plus de gens possible et de construire sa propre identité grâce à une créativité fidèle à ce qui a été et à ce qui continue d'être, même renouvelé, et qui se nourrit de ce qui n'est pas encore mais qui se pressent de multiples manières dans un présent enraciné dans ce qui a été.

Comment ne pas considérer nos écoles comme un lieu privilégié de dialogue entre les générations ? Il ne s'agit pas de se contenter d'organiser des « réunions de parents » pour les impliquer dans notre tâche d'enseignant ou pour contribuer à résoudre les problématiques de leurs enfants. Mais aussi de penser à de nouvelles manières de promouvoir la conscience de l'histoire commune, la perception de son sens et l'appropriation des valeurs engrangées. Il s'agit aussi de trouver la manière d'intéresser les plus jeunes aux questions et aux désirs hérités des plus vieux (et des encore plus vieux), telle une œuvre ouverte, et de donner les ressources à ceux qui débutent à peine pour réaliser de manière créative (voire critique, si nécessaire) leurs rêves.

Une décision et un destin

Cependant, la dimension historique du sens du peuple ne se réfère pas seulement à un passé compris et assumé à partir du présent, mais aussi à l'ouverture vers un avenir engagé dans un destin commun.

Il s'agit de l'affirmation maintes fois proclamée, mais plus rarement vécue : « Personne ne peut se sauver seul. » Penser la possibilité de la réalisation et de la transcendance comme une entreprise de toute la collectivité, et jamais en dehors d'elle, permet de faire de « beaucoup » (et de chacun) une communauté. Car l'expérience de la vie réelle montre que la diversité humaine peut être vécue comme une division et les différences appréhendées comme des ennemies.

Nul besoin de révélation divine particulière pour se rendre compte que l'humanité est traversée par toutes sortes de divisions qui se traduisent en méfiances mutuelles, en combats pour la suprématie des uns sur les autres, en guerres et en exterminations, en tromperies et en mensonges divers. D'autant plus dans un pays comme le nôtre, caractérisé depuis sa naissance par le mélange des races, des cultures et des religions, portant le poids de l'ambiguïté (« lumières et ombres ») de l'histoire humaine.

Par ailleurs, être un peuple ne signifie pas qu'il faille anéantir l'individu (ni la subjectivité, ni les désirs, ni la liberté, ni la conscience de chacun) en faveur d'une prétendue « totalité » qui ne serait, en réalité, que la domination des uns sur les autres. Le « commun » de la communauté du peuple n'appartient à « tous » qu'à la condition d'appartenir à « chacun ». Symboliquement, nous pouvons dire qu'il n'existe pas de « langue unique », mais au contraire une capacité inédite à nous comprendre chacun dans notre propre idiome, comme cela est arrivé à la Pentecôte (Actes des Apôtres 2, 1-11).

Ce qui nous unit, ce qui nous permet de percer la carapace de l'égoïsme pour nous reconnaître dans le présent et reconstruire rétrospectivement notre histoire passée, est à la fois notre origine et la possibilité d'un avenir commun. C'est elle qui impulse la mise en œuvre des médiations nécessaires qui permettent de commencer à construire l'avenir dans le présent : institutions, critères d'évaluation, productions (par exemple scientifiques ou artistiques) tenant compte du sens du vécu et de l'attendu, fonctionnant tel un phare dans la mer d'ambiguïté que constitue le temps des hommes. Tout cela exige une attitude semblable à celle du semeur : planifier à long terme sans jamais cesser d'agir au moment juste et surtout dans le présent. Une façon de penser ; d'évaluer les situations, de gérer et d'éduquer ; d'agir ici et maintenant sans perdre de vue l'horizon désiré.

Pour reconstruire le lien social, il est alors indispensable de commencer à penser non seulement à « moyen et long terme », mais aussi « en grand ». Le meilleur avenir dont nous pouvons rêver dépend de l'orientation de nos actions et de la qualité de nos apports. « Ample » (pour tous et avec tous) et « effectif » (générant les dispositifs et médiations nécessaires pour cheminer vers ces fins). Nous parlons de médiations politiques (dont la plus importante est celle de l'État, quelles que soient leurs portées concrètes) ; juridiques, sociales, éducatives et culturelles, sans écarter les religieuses, dont l'apport peut aller même bien au-delà du simple cercle des croyants.

Nous reviendrons sur ces questions un peu plus loin, plus en détail. Pour l'instant, j'aimerais indiquer une dernière idée, en guise de conclusion.

Dans notre tentative de cerner les fondements de l'existence d'un peuple et de renforcer les liens qui le constituent, nous nous souvenons de la définition de saint Augustin : « Le peuple est un ensemble d'êtres rationnels associés pour la concorde dans la communauté des objets aimés. » Et cette « concorde dans la communauté » se modèle, comme nous l'avons déjà signalé, dans des actions communes (valeurs, attitudes fondamentales face à la vie, symboles) qui, génération après génération, définissent le profil propre à cette collectivité.

Mais parler de « concorde dans la communauté » ou de « destin commun » implique, en plus d'une série d'habitudes, la volonté déterminée de cheminer dans cette voie, sans laquelle tout le reste apparaît sans issue. Cela nécessite une ouverture modeste et contemplative au mystère de l'autre, qui devient respect, pleine acceptation, grâce, non à une simple « indifférence tolérante », mais à la pratique engagée de l'amour qui affirme et promeut la liberté de chaque être humain et permet de construire ensemble un lien durable et vivant.

Ainsi, nous pouvons placer la question d'« être un peuple » à partir de la racine qui la constitue essentiellement, en tout cas selon notre perspective : l'amour en tant que réalité la plus profonde du lien social. Ce qui nous autorise à continuer la réflexion sur une voie que je considère comme incontournable.

« Quel est mon prochain ? »

Je veux éclaircir un point : ce message ne prétend pas être un fondement philosophique du lien social des nouveaux temps. D'autres sont capables de le faire et le font sans doute mieux que moi. En fait, ce qui m'intéresse est de vous inviter à vous poser des questions sur les racines fondatrices et sur ce que nous avons perdu avec ce changement d'époque. Pour quelles raisons les grandes avancées des dernières décennies ne nous ont-elles pas rendus plus heureux comme peuple, pourquoi n'ont-elles fait ni prospérer l'amitié sociale ni favorisé la paix ? Cela nous permettra peut-être de découvrir certaines clés et d'apporter notre grain de sable (comme enseignants, comme parents, comme citoyens) à une construction alternative. En utilisant la belle expression du pape Paul VI : « pour la construction d'une civilisation de l'amour ».

Permettez-moi de vous suggérer quelques pistes trouvées dans l'Évangile.

La première concerne un enseignement de Jésus que j'ose qualifier de fondamental : la parabole du bon Samaritain (Luc 10,

29-37). J'ai déjà commenté ce texte en diverses occasions, mais il me semble que l'on n'y revient jamais assez. Car la seule façon de reconstruire le lien social pour vivre en amitié et en paix, c'est de commencer à reconnaître l'autre comme son prochain, c'est-à-dire à aimer son prochain comme soi-même. Qu'est-ce que cela signifie ? L'éthique fondamentale, qui nous a fourni des éléments inestimables telle l'idée de « droits de l'homme », propose de considérer l'homme comme une fin, jamais comme un moyen. C'est dire qu'on ne peut donner une valeur à l'autre, ni le reconnaître en fonction de ce qu'il peut nous donner, ou de ce à quoi il peut nous servir. Le reconnaître pour son utilité sociale ou pour sa productivité économique. Cela reviendrait à l'envisager comme un moyen. Considérer l'homme toujours comme une fin revient à reconnaître que tout être humain, par ce seul fait, est mon semblable, mon prochain. Et non pas mon rival, ni mon ennemi, ni mon agresseur potentiel. Cette reconnaissance doit être prise comme un principe, une position fondamentale à adopter face à tout être humain et, dans la pratique, guider notre attitude et notre action.

Mais pourquoi considérer cette personne dont je ne sais rien, qui n'a rien à voir avec moi, comme mon semblable ? Qu'a-t-elle de semblable à moi ? Qu'est-ce que cela m'apporte de faire d'elle mon prochain ? La parabole du bon Samaritain ajoute à la formulation moderne une dimension sans laquelle, à mon avis, elle courrait le risque de devenir un impératif abstrait, un appel formel ou une responsabilité autosuffisante : la motivation interne.

Pourquoi le bon Samaritain « porte-t-il le blessé sur son épaule » puis s'assure-t-il que celui-ci reçoit le soin, l'attention que d'autres, plus versés dans la Loi et les obligations, lui ont refusés ? Dans le contexte de l'Évangile, la parabole apparaît comme une explication de l'enseignement de l'amour envers Dieu et son prochain dans les deux dimensions fondamentales et inséparables de la Loi. Et si la Loi, loin d'être une simple obligation externe ou le fruit d'une « négociation » pragmatique, était ce qui nous constitue comme êtres humains, comme des personnes. Reconnaître l'autre comme son prochain ne « m'apporte » rien en particulier, mais cela me constitue essentiellement comme personne humaine : c'est donc sur cette base qu'une communauté humaine, et non une horde de bêtes sauvages, peut se former.

Le bon Samaritain porte le prochain sur son épaule parce que ainsi seulement il peut se considérer comme un « prochain », un individu, un être humain, un fils de Dieu. Regardez comment Jésus inverse le raisonnement : il ne s'agit pas de reconnaître l'autre comme semblable, mais de nous reconnaître nous-mêmes comme étant capables d'être semblables.

Qu'est-ce que le péché dans ce contexte des relations entre les personnes, sinon le fait de refuser l'« être prochain » ? Ainsi, l'idée de péché sort du contexte légaliste du « ne rien faire de ce qui est interdit » pour se situer dans le noyau même de la liberté de l'homme confronté à l'autre. Une liberté appelée à s'inscrire dans le sens divin des choses, de la création, de l'histoire, mais aussi tragiquement capable de parier en elle-même sur un autre sens possible qui s'achève toujours en souffrance, destruction et mort.

Première piste : la condition qui rend possible ma propre humanité est de croire que tout homme est mon frère et de me faire son prochain. À partir de là, le seul devoir qui m'incombe (j'insiste : le seul devoir) est de chercher, d'inventer, d'essayer et de perfectionner les moyens concrets de vivre cette vérité. La vocation enseignante représente un espace privilégié pour mettre en œuvre cette pratique. Vous devez inventer tous les jours, chaque matin, des formes nouvelles pour reconnaître – aimer – vos élèves et promouvoir leur reconnaissance mutuelle – l'amour entre eux. Être « maître », c'est avant tout une manière d'« exercer l'humanité ». Le maître est celui qui aime et enseigne la difficile tâche d'aimer tous les jours, en donnant l'exemple bien sûr, mais aussi en contribuant à créer des dispositifs, des stratégies, des pratiques qui permettent de faire de cette vérité fondamentale une réalité possible et effective. Parce que aimer, c'est beaucoup plus qu'éprouver de temps en temps une tendresse ou une émotion. C'est un défi à la créativité ! Il s'agit une fois de plus d'inverser le raisonnement habituel. Il s'agit d'abord de se faire soi-même le prochain de l'autre, de se dire à soi-même que l'autre est toujours digne de notre amour. Comment ? Par quel chemin ? Avec quelles énergies ? Nous le verrons. Trouver la manière (certainement différente par la suite chaque fois) d'aller au-delà des défauts, des limitations et même des méchancetés de l'autre (des élèves, dans votre cas) pour pouvoir développer un amour qui soit, concrètement, acceptation, reconnaissance, promotion, service et don.

Cela peut se faire sous la forme d'un exercice matinal (voire d'un autoexamen avant de s'endormir) : comment vais-je faire aujourd'hui pour aimer effectivement mes élèves, mes proches, mes voisins ? Quels « pièges » vais-je installer pour tromper et vaincre mon égoïsme ? Que puis-je trouver pour me soutenir ? Quels terrains vais-je préparer chez l'autre, dans les groupes auxquels je participe, dans ma propre conscience, quelles graines vais-je semer pour pouvoir enfin aimer mon prochain, et quels fruits vais-je prévoir de récolter aujourd'hui ? Faire de nous-même son prochain, alors : l'amour comme devoir. Parce que nous sommes des êtres humains qui travaillons toujours pour arriver à être ce que nous sommes depuis le début...

« Quand nous est-il arrivé de te voir affamé et de te nourrir ? »

La deuxième « piste » concerne un autre enseignement de Jésus à propos de l'amour : la parabole du Jugement dernier (Matthieu 25, 31-46). Comme le montre le bon Samaritain, l'amour de la personne face au visage qui nous est présenté est absolument indispensable pour que, nous les humains, soyons effectivement humains, pour que la communauté du peuple soit cela et non un conglomérat d'intérêt personnels. Mais il est aussi important de souligner ses limites et la nécessité de donner forme à certains « méandres » de l'amour. Car si effectivement dans l'immédiat du « face-à-face » se trouve plus grande la force de l'amour, ce n'est malgré tout pas suffisant comme nous allons le voir.

Quand nous sommes confrontés à ce visage, la précipitation peut nous empêcher de voir ce qui est important. Elle peut s'épuiser dans l'ici et maintenant. Un amour réellement efficace, une solidarité « de fond », comme je vous le disais dans mon message de l'an dernier, doit au contraire construire de manière réflexive la relation entre des situations évidemment douloureuses et injustes et les discours et pratiques qui les ont fait naître – ou les reproduisent – afin d'ajouter à l'accolade la retenue et l'accompagnement, et certains remèdes permettant au moins de limiter les souffrances.

Par ailleurs, la précipitation ne peut guider l'amour qui est donné en réponse au visage d'un frère. Car cet amour serait alors la manifestation d'un besoin de s'exhiber ou de se racheter soi-même, une faiblesse qu'on retrouve communément chez les pécheurs que nous sommes. Les paroles du Seigneur sont d'une profondeur impressionnante et révèlent une psychologie très fine lorsque celui qui fait l'aumône s'entend dire que « sa main gauche ignore ce que fait sa main droite » (Matthieu 6, 3), ou lorsqu'il critique le pharisien qui prie debout devant l'autel en se sentant satisfait de sa vertu (Luc 18, 9-14).

La parabole du Jugement dernier nous fait découvrir d'autres dimensions de l'amour qui se trouvent à la base de toute communauté humaine, de toute amitié sociale. J'aimerais attirer votre attention sur un détail du texte : ceux qui ont été déclarés « bénis » par le Fils de Dieu car ils lui ont donné à manger, à boire, l'ont logé, vêtu, ou visité ne savaient pas qu'ils avaient fait cela. Ce n'est qu'*a posteriori*, lorsque « tout est accompli », qu'on prend conscience d'avoir « touché » le Christ dans le frère, d'avoir été réellement proche du Seigneur blessé sur le bord du chemin. Nous ne savons jamais quand nous atteignons les personnes par nos actions ! Nous l'ignorons, heureusement ou malheureusement, jusqu'au moment où ces actions produisent leurs effets.

Évidemment, cela ne se réfère pas à ce que nous pouvons répondre directement lors du « face-à-face », lequel est fondamental, mais à une autre dimension qui est liée à cette première attitude. « Quand t'avons-nous donné à manger, à boire ? » Il s'agit d'un amour qui devient efficace « à long terme », à la fin d'un trajet. Je me réfère concrètement à la dimension institutionnelle de l'amour : l'amour qui passe par les institutions au sens le plus large du mot – formes historiques permettant de rendre concrets et durables les intentions et les désirs. Lesquelles, par exemple ? Les lois, les formes instituées de convivialité, les mécanismes sociaux qui font la justice, l'équité ou la participation… Les « devoirs » d'une société, qui parfois nous irritent, nous semblent inutiles, mais qui, « à long terme », rendent possible une vie en commun au sein de laquelle tout le monde peut exercer ses droits, et pas seulement ceux qui ont la force pour les imposer et les réclamer.

La parabole du Jugement dernier évoque donc aussi l'importance des institutions dans la reconnaissance et la promotion des personnes. On peut le dire ainsi : « Quand le Fils de l'homme vient en sa gloire… », il nous demandera des comptes pour toutes ces fois où nous avons, ou pas, accompli ces « devoirs » dont nous ne pouvions pas visualiser directement les conséquences sur le plan de l'amour ; ils font partie du commandement de l'amour. Incluons aussi le devoir de participer activement à « la chose publique », plutôt que de nous asseoir pour regarder et critiquer.

Il est indispensable de souligner encore, ici, la grandeur de la vocation d'enseignant, cette fonction quotidienne, généreuse, immensément importante d'un point de vue tant social que politique (au sens propre du mot) mais si peu reconnue dans certains milieux… Éduquer est un geste d'amour. L'éducation est l'expression authentique de l'amour social. La mission d'éduquer est paradoxale : plus elle s'attache au détail, au particulier, à la singularité de chaque enfant et aux possibilités de chaque jour, et plus l'action est reliée au commun, au général, à ce qui fait le peuple et la nation. Un enseignant n'a pas besoin de chercher, en dehors de son quotidien, à participer à la chose publique (ce qui n'ôte pas de valeur à d'autres formes d'activités ou d'engagement social ou politique). Au contraire : le « travail » qui consiste à aller tous les jours à l'école, à éduquer et à socialiser des enfants et des jeunes, à relever, sans jamais faiblir, jour après jour, le défi d'enseigner, est une entreprise dont l'importance sociale ne sera jamais suffisamment reconnue. « Éduquer le souverain ! » ne représente pas seulement une devise grandiloquente du passé.

Conclusion :
cinq propositions pour contribuer à recréer le lien social

Comme c'est devenu une tradition dans ces messages, je vous propose quelques idées plus « pratiques », qui, d'une certaine façon, résument et ébauchent un mode opératoire des réflexions engagées. J'espère qu'elles vous serviront à ouvrir le dialogue avec les communautés et donneront lieu à de nouvelles initiatives.

La foi chrétienne comme force de liberté. La première proposition vise à reconnaître une fois de plus l'immense capacité de rénovation de la culture que recèle l'Évangile. Notre engagement citoyen et notre devoir d'enseignant ne peuvent se passer de la foi explicite comme principe actif de sens et d'action. Certes, les conflits et les suspicions de toutes sortes ne manquent pas dans cette société qui apprend depuis peu la convivialité plurielle. Face à ces difficultés, nous, catholiques, nous serons tentés, plus d'une fois, de nous taire et de nous cacher, tentant de briser la chaîne mutuelle d'incompréhension et de condamnations à laquelle, très souvent, pourquoi ne pas le reconnaître, nous aurons contribué par nos erreurs, péchés et omissions. Ma proposition est celle-ci : faisons en sorte de retrouver le potentiel libérateur de la foi chrétienne, capable d'encourager et d'approfondir la convivialité démocratique en lui injectant une fraternité réelle et vécue. Au sein de l'Eglise d'Argentine, nous les baptisés, nous pouvons avoir honte et nous repentir d'un certain nombre de péchés. Mais nous ne manquons pas non plus de témoignages, d'exemples de dévouements, d'engagements pour la paix et la justice, de radicalités évangéliques véritables au service des pauvres, visant à offrir à nos frères une vie plus digne et une société plus libre et égalitaire. Recueillons la mémoire de tant de chrétiens qui, tout au long de notre histoire, ont offert leur temps, leur action et même leur vie. Ils sont le témoignage vivant qu'une foi assumée, vécue à fond et confessée publiquement, n'est non seulement pas incompatible avec les aspirations de la société actuelle, mais qu'elle peut aussi en réalité lui apporter la force d'humanité qui, à certains moments, semble se diluer dans la culture postmoderne. Vénérons et transmettons dans chacun de nos collèges la mémoire des si nombreuses sœurs et des si nombreux frères qui ont donné le meilleur d'eux-mêmes pour construire une patrie de justice, de liberté et de fraternité ! Cherchons activement à générer dans chacune de nos institutions de nouvelles formes de témoignages d'une foi vivante et vivifiante !

« Toutes les voix, toutes ». La reconstruction d'un lien social démocratique qui inclut véritablement et exige de nous une pratique rénovée d'écoute, d'ouverture et de dialogue, et même de cohabiter avec d'autres tendances sans pour autant cesser de privilégier l'amour universel et concret doit être le signe distinctif de nos communautés. Concrètement, je vous propose en tant qu'enseignants chrétiens d'ouvrir votre esprit et votre cœur à la diversité, caractéristique de plus en plus présente des sociétés de ce nouveau siècle. Au moment où des intolérances fondamentalistes de tout genre interviennent dans les relations entre les personnes, les groupes et les peuples, vivons et enseignons nous-mêmes la valeur du respect, de l'amour au-delà des différences,

de la priorité de la condition de fils de Dieu de tout être humain quels que soient ses idées, ses sentiments et ses pratiques, voire ses péchés. Tandis que les ghettos, les logiques fermées et la fragmentation sociale et culturelle prolifèrent dans la société actuelle, faisons nous-mêmes le premier pas pour que toutes les voix résonnent dans nos écoles. Ne nous résignons pas à vivre enfermés dans un fragment de réalité. Reconnaître, accepter et cohabiter avec toutes les formes de penser et d'être n'oblige pas à renoncer à ses propres croyances.

Acceptons la diversité à partir de notre propre identité, en témoignant qu'on peut être « soi-même » sans « éliminer » l'autre. Et luttons, dans les salles de classe et dans tous ces lieux où nous mène notre fonction d'enseigner, contre toutes les pratiques d'exclusion *a priori* de l'autre pour des motifs sociaux, économiques, politiques, religieux, culturels ou personnels. Ne laissons aucune place à l'intolérance et à l'exclusion dans notre cœur, dans nos paroles, dans nos institutions et dans nos salles de classe !

Revaloriser nos productions culturelles. Cette époque de pluralité, de diversité n'appauvrit pas la dynamique du lien social : celle-ci s'accompagne justement d'une force « centrifuge » qui unit ceux qui sont « nombreux et distincts ». Mais, sachant que notre propre histoire nous enseigne la stérilité de toute « unification compulsive », il nous faut parier sur « le long chemin », la voie du témoignage de l'identité propre grâce aussi à la force de convocation de l'art et des productions historiques. Cela implique un acte clair de confiance envers la valeur de nos œuvres d'art, de nos productions littéraires, des multiples expressions de la pensée historique, politique et esthétique, en appréciant leur authenticité et leur énergie afin de réveiller le sens et la valeur du bien commun.

Il y a déjà quelques années, je vous ai proposé une lecture « en situation » de « Martín Fierro[5] » notre poème national. Nous devons avancer en ce sens. L'Argentine a offert au monde des écrivains et des artistes de qualité (de ceux qui, y compris, en parlant du « local » touchent la fibre « universelle » de l'homme, à la manière des classiques), aussi bien dans le champ « académique » que dans celui de l'art et de la culture populaire. Pourquoi ne pas promouvoir davantage leur lecture, leur audition, leur contemplation, et récupérer de fait l'espace occupé de manière hégémonique par tant de productions creuses imposées par le marché ? Il y a tant de romans infiniment meilleurs que les best-sellers qui remplissent les gondoles des supermarchés et tant de musiques – en tout genre, des plus traditionnelles à celles qui expriment la vision des générations les plus jeunes – qui parlent de ce que nous sommes et de ce que nous voulons être !

Il y a tant de beauté incarnée par les arts plastiques, par l'architecture, il y a tant de réflexion et de polémique caractérisées par l'ironie et le brio de nos grands journalistes et de nos penseurs sur les différentes circonstances de notre histoire, tant de films qui « racontent » nos histoires et notre histoire.

Je ne suis pas en train de proposer de renflouer une idéologie chauviniste ou une prétendue supériorité du « national » sur la culture d'autres peuples. Revaloriser ce qui est à nous ne signifie en aucune manière tourner le dos à l'immense richesse de la culture universelle. Il s'agit de recréer le sens du peuple en allant réécouter et reraconter les histoires de nos frères, comme lorsque, au sein d'une famille, les enfants sont tenus d'entendre maintes fois répétés les détails de la vie de leurs parents et de leurs grands-parents. L'identité d'un peuple (comme l'identité de chaque personne) se forme en grande partie de manière narrative en situant les événements sur une ligne de temps et sur un horizon de sens. Il s'agit de recommencer à raconter, de recommencer à dire qui nous sommes. Pour cela, il faut écouter ce qui a déjà été dit, recommencer à se situer face aux traces de la vie du peuple, laissées par ses créateurs. Sur ce point, il convient d'être conscient que le processus de mondialisation peut prendre deux formes. L'une tend à l'uniformité : chaque personne constitue un point de la sphère globale et parfaite ; les singularités sont annulées. L'autre forme est constituée par l'envie d'union et de collaboration des personnes et des peuples, qui font corps globalement tout en conservant chacun leur particularité propre. La figure n'est alors plus une sphère mais un polyèdre : l'unité dans la diversité. C'est cette seconde forme de mondialisation qui est juste.

Prêter attention à la dimension institutionnelle de l'amour. Pour terminer, je souhaite insister sur l'importance des formes instituées de la participation à la vie commune. Les Argentins ont tendance à dévaloriser la loi, les normes de cohabitation, les obligations et les devoirs de la vie sociale, des « vieilles règles de courtoisie », aujourd'hui quasi inexistantes, aux obligations légales comme le paiement des impôts ou bien d'autres. Tout cela est indispensable pour que notre convivialité circule par des chemins plus fermes, plus respectueux des personnes et plus à même de créer un sens de la communauté. Les « dessous de table », les « malversations », et autres attitudes « sans-vergogne » n'aident pas à dépasser cette phase d'anomie et de fragmentation. Il est important de s'engager sans hésiter en faveur du renforcement des nombreuses instances de participation et de protection du bien commun qui se sont édifiées au cours de l'histoire de domination, de violence, d'arbitraire, d'égoïsme et d'indifférence que nous avons vécues.

Célébrer ensemble l'amour de Dieu. Pour finir, cette envie d'être proches des jeunes, cette joie émouvante de faire partie d'une expérience qui les prend en compte et leur donne une identité, peut nous indiquer un chemin permettant de leur inculquer la valeur de la célébration des mystères sacrés. Certes, la gratuité et l'apparente inutilité du culte peuvent ne pas sembler attractives dans une société qui cultive le goût de l'utile et du pragmatisme ; cependant, en s'appuyant sur la sensibilité des jeunes pour la rencontre amicale, ainsi que sur leur goût pour la musique et d'autres manifestations artistiques, il y a là, sans doute, un moyen de développer une culture ouverte à Dieu et porteuse d'empathie envers l'humain. Une culture qui sait adorer et prier et qui, en même temps, favorise un engagement intense et fort dans le monde des femmes et des hommes d'aujourd'hui. En ce sens, nous ne pouvons nous permettre de tituber ; nous devons prendre en charge le profond héritage humain que nous transmettons aux enfants et aux jeunes lorsque nous les conduisons vers l'acte sublime de l'adoration de Dieu, tant sur un mode solitaire que liturgique.

Nous voyons ainsi plus clairement combien la recréation du lien social exige un sérieux processus de conversion. Il est important de croire à nouveau dans nos institutions, d'avoir confiance à nouveau dans les mécanismes que, en tant que peuple, nous nous sommes donnés pour cheminer vers un bonheur collectif. Et il en est du devoir de tous : des gouvernants et des gouvernés, des forts et des faibles, de ceux qui ont et peuvent et de ceux qui ont peu et peuvent beaucoup moins. De tous : et pas seulement passivement, en accomplissant le minimum et en comptant sur les autres. De tous : en nous incitant à créer des situations, des possibilités, des stratégies concrètes permettant de recommencer à nous lier et à être un peuple. Nous avons vécu une si terrible histoire que « ne se mêler de rien » est devenu synonyme de sérieux et de vertu. Le moment est sans doute venu (et il n'est définitivement pas trop tard !) d'abandonner cette mentalité afin de recouvrer le désir d'être des protagonistes engagés dans les valeurs et les causes les plus nobles. Abandonnons cette mentalité totalement étrangère à un tel dialogue final :

« Seigneur, quand ne t'ai-je pas donné à manger, à boire, etc. ? »

« Lorsque, toi aussi, tu as préféré “ne te mêler de rien” pendant que je mourais de faim, de soif, de froid, que j'étais dans la rue “déscolarisé”, empoisonné par les drogues ou par la rancœur, le mépris, malade sans ressources, abandonné dans une société où chacun se préoccupe seulement de ses affaires et de sa sécurité. »

Souvenons-nous de ce que dit le Psaume, exprimons ce que nous désirons ardemment pour notre terre : « Qu'il est bon, qu'il est doux d'habiter en frères tous ensemble ! […] là Yahvé a voulu la bénédiction, la vie à jamais » (Psaume 133). À partir de cette prière qui exhorte l'amour chrétien à nous inciter à créer un peuple au sein duquel nous pouvons tous profiter de la béatitude du « avoir été là » lorsque la faim, la soif, la maladie, la solitude, l'injustice réclamaient des réponses authentiques et efficaces.

Il est encore temps. Et cette proposition nous fait réfléchir aussi à l'échec auquel nous conduirait le chemin contraire, aboutissant à la dissolution et à la mort du peuple de notre patrie. En pleine réflexion sur cette phase négative d'une contre-culture de destruction et de fragmentation, il peut être bon de réciter avec le poète du Nord[6] :

La Patrie est morte il y a longtemps
dans le petit village.
C'était une Patrie à peine adolescente,
c'était une toute jeune fille.

Nous l'avons peu veillée ; un seul petit groupe,
des enfants de l'école.
Pour la majorité des gens,
c'était un jour quelconque.

Nous avons posé sur la blouse blanche
les tresses noires de jais.
La Vierge de Luján et un médaillon
bleu et rond.

Certains hommes très sages opinaient :
« mieux valait qu'elle meure ».
« C'était seulement une Patrie », nous disaient
les gens du village.

Mais nous étions tristes. Cette Patrie
était notre Patrie.
Quelle tristesse d'être orphelin de la Patrie.
Nous nous en sommes rendu compte après.

C'est ainsi, c'est très triste
d'être orphelin de la Patrie.
N'ayons pas à nous dire
qu'« il est trop tard pour s'en rendre compte ».

Message aux communautés éducatives, 2006

Éduquer, un engagement partagé

La Pâque de Résurrection nous met en situation de plénitude afin de réfléchir à notre identité, à notre devoir et à notre mission, et nous offre l'opportunité de partager les inquiétudes et les espoirs que le travail éducatif réveille en nous. Éduquer est un engagement partagé.

L'éducation des enfants et des jeunes constitue une réalité très délicate, car elle contribue à leur formation en tant que sujets libres et responsables, en tant que personnes. Elle les aide à affirmer leur dignité, un don inaliénable surgit de notre propre réalité avec pour origine l'image de Dieu. C'est bien parce qu'elle fabrique le vrai développement humain, que l'éducation est une préoccupation et un devoir de notre Église, appelée à servir l'homme à partir du cœur de Dieu et dans l'ordre d'un destin transcendant qu'aucun fait historique ne peut ni ne pourra assombrir.

Caractère pascal de la tâche éducative

L'insistance miséricordieuse de Dieu à rendre grâce à une humanité qui, depuis le commencement, est soumise à la confusion lorsqu'il s'agit de mesurer ou de qualifier son destin se manifeste dans toute l'histoire du salut. Le livre de la Genèse, en nous présentant, déjà, sur un mode poétique les premières ébauches de cet immense tableau, situe le conflit fondamental de l'histoire dans l'acceptation ou la négation par Adam et Ève de la filiation divine et de ses implications directes : vivre la propre humanité comme un don, auquel il faut répondre par un devoir sur nous-mêmes ; et ce dans un climat de dialogue et d'écoute de la Parole de Dieu qui signale les directions et prévient des détours possibles et réels.

Une telle alternative traverse l'histoire humaine depuis le sommet pascal, qui consomme l'obéissance définitive de l'homme à la Croix et son destin dans la Résurrection, jusqu'à tous ces moments où nous mettons en jeu notre liberté personnelle et collective. Le plan de salut se réalise tout au long de l'histoire, la vie humaine chemine vers sa perspective la plus pleine entre l'offre de la grâce et la séduction du péché.

L'éducation comporte le devoir de promouvoir les libertés responsables qui permettent de choisir avec discernement et intelligence ; les personnes qui comprennent sans réticence que leur vie et celle de leur communauté sont entre leurs mains et que cette liberté est un don infini, comparable uniquement à l'ineffable mesure de leur destin transcendant.

C'est bien ce qui est en jeu lorsque vous vous rendez tous les jours dans vos écoles et que vous affrontez vos tâches quotidiennes. Rien de moins, rien de plus, même si, parfois, la fatigue et les difficultés instillent des doutes et des tentations, même si, par moments, l'effort semble insuffisant face aux difficultés colossales de tout ordre qui s'interposent sur le chemin. Face à ces doutes et à ces tentations, face aux pierres semées sur le chemin, une voix nous dit, et le répète à l'envi : « Soyez sans crainte. »

« Soyez sans crainte », car il existe une pierre qui a été retirée une fois et pour toujours : la pierre qui scellait le tombeau du Christ, confinant la foi et l'espoir de ses disciples dans les limites d'un simple souvenir nostalgique de ce qui aurait pu être et qui n'a pas été. Cette pierre qui prétendait démentir l'annonce du Royaume constituant catégoriquement l'axe et le noyau de la prédiction du Maître et réduire la nouveauté du Dieu-est-avec-nous à une autre tentative (ratée) de plus. Cette pierre qui transformait la priorité de la vie sur la mort, de l'homme sur le sabbat, de l'amour sur l'égoïsme et de la parole sur la seule force en une rengaine dérisoire propre aux faibles et aux rêveurs. Cette pierre destructrice d'espoir avait été déjà retirée par Dieu Lui-même. Il l'a détruite une fois pour toutes.

« Soyez sans crainte », a dit l'ange aux femmes qui s'étaient rendues au tombeau. Et ces trois mots ont résonné au plus profond de la mémoire, ils ont réveillé la voix aimée qui tant de fois leur avait demandé d'abandonner le doute et la crainte ; elle a ravivé aussi l'espoir qui devint immédiatement foi et joie débordante dans la rencontre avec le Ressuscité qui leur offrait le don infini de se souvenir de tout, pour attendre tout. « Soyez sans crainte, je suis avec vous pour toujours », a répété plus d'une fois le Seigneur à son petit groupe de partisans, et il le leur répète encore après que ce petit groupe a accepté le défi d'être la lumière des peuples, prémice d'un nouveau monde. « Soyez sans crainte », nous dit-Il aujourd'hui lorsque nous affrontons une tâche qui semble si difficile, dans un contexte sans certitudes et face à une réalité socioculturelle qui semble condamner toutes nos initiatives à une sorte d'échec *a priori*, ce qui n'entraîne que découragement et méfiance.

« Soyez sans crainte. » Votre devoir, éducateurs chrétiens, au-delà du lieu où il se réalise, participe à la nouveauté et à la force de la Résurrection du Christ. Le Caractère pascal ne lui enlève en rien son autonomie comme service rendu à l'homme et à la communauté nationale et locale, mais vous apporte un sens, une motivation transcendante et une force qui ne provient d'aucune considération pragmatique, mais de la source divine de l'appel et de la mission que nous avons décidé d'assumer.

Servir l'homme afin de promouvoir son authentique dignité

Vous êtes éducateurs : être éducateur, c'est s'engager à travailler pour une des formes les plus importantes de promotion de la personne humaine et de sa dignité. Et être éducateur chrétien, c'est éduquer selon une conception de l'être humain qui possède des caractéristiques qui la distinguent d'autres perspectives.

Il ne s'agit évidemment pas de susciter divisions et affrontements. En dédiant une partie de son effort, de son personnel et de son infrastructure à l'éducation, l'Église participe à une tâche qui incombe à la société tout entière et qui doit être garantie par l'État. Elle le fait, non pour se distinguer par un prosélytisme mesquin, ou pour disputer à d'autres groupes ou à l'État même l'« âme » ou l'« esprit » des personnes, mais pour apporter et partager un trésor dont elle se considère comme la dépositaire, une lumière qu'elle a reçue et qu'elle doit faire rayonner de manière ouverte. Le seul motif qui nous pousse à agir dans le domaine de l'éducation est l'espérance en une humanité nouvelle, selon le dessein divin ; l'espérance qui surgit de la sagesse chrétienne, qui, en Jésus ressuscité, nous révèle la stature divine à laquelle nous sommes appelés.

Car n'oublions pas que le Mystère du Christ « révèle pleinement l'homme à l'homme même », comme disait Jean-Paul II dans sa première encyclique. Il y a une vérité sur l'homme qui n'est ni la propriété, ni le patrimoine de l'Église, mais qui appartient à l'humanité tout entière, et l'Église a pour mission de contribuer à la révéler et à la promouvoir. Ce terrain est le vôtre, éducateurs chrétiens. Comment ne pas se gonfler d'orgueil, plus encore, d'émotion et de déférence face à la tâche délicate et fondamentale à laquelle vous avez été appelés ?

Pour vous soutenir dans cette sorte d'avancée humanisatrice à laquelle vous vous êtes engagés, partageons quelques réflexions concernant la conception chrétienne et son destin.

L'anthropologie chrétienne : une anthropologie de la transcendance

Dans son message pour la Journée mondiale de la Paix, Benoît XVII nous a proposé cette année de reconsidérer la valeur de la personne humaine et sa dignité. Je souhaite ajouter à cette méditation ecclésiale une des affirmations développées ici.

Le Pape parle d'une dignité transcendante, exprimée selon une « grammaire » naturelle qui se dégage du projet divin de la création. Ce caractère transcendant est sans doute le signe le plus caractéristique de toute conception religieuse de l'homme. La véritable mesure de ce que nous sommes ne se calcule pas seulement en fonction de facteurs naturels, biologiques, écologiques, voire sociaux ; mais selon le lien mystérieux qui, sans nous désolidariser de la création dont nous faisons partie, nous apparente au Créateur et fait que nous ne sommes pas simplement « partie » du monde mais « acmé » de celui-ci. La Création se « transcende » dans l'homme, fait à l'image et à la ressemblance de Dieu. Car l'homme n'est pas seulement Adam ; il est avant tout Christ, en qui toutes les choses ont été créées, d'abord dans le dessein divin.

Remarquez que cela donne lieu, dans le christianisme, à une conception assez caractéristique de ce qu'est la « transcendance ». Une transcendance qui n'est pas « en dehors » du monde ! En nous situant pleinement dans notre dimension transcendante, nous ne nous séparons en aucun cas des choses créées ni ne nous « élevons » au-dessus de ce monde. Cela consiste au contraire à reconnaître et à vivre la véritable « profondeur » de ce qui est créé. Le mystère de l'Incarnation marque la ligne de partage entre la transcendance chrétienne et toutes les autres formes de spiritualisme ou de transcendance gnostique.

En ce sens, le contraire d'une conception transcendante de l'homme ne serait pas seulement une vision « immanente » de celui-ci, mais aussi une vision « intranscendante ». Et ce n'est pas jouer sur les mots. Parce que « intranscendant » signifie dans le langage commun et courant quelque chose sans importance, fugace qui « ne nous laisse rien », quelque chose dont nous pourrions nous passer sans rien y perdre. Mais évitons les confusions : ce « jeu de mots » n'a rien, lui-même, d'intranscendant. Il révèle une vérité essentielle. Lorsque l'homme perd son fondement divin, sa vie et toute son existence ont tendance à s'effacer, à se diluer, à devenir « intranscendantes ». Ce qui le rend unique et indispensable s'effondre. Son fondement perd tout ce qui rend sa dignité inviolable. Et, à partir de là, un homme devenu « intranscendant » n'est rien d'autre qu'une pièce d'un casse-tête, un pion sur l'échiquier, un maillon d'une chaîne de production, un numéro de plus. Rien de transcendant, un parmi de nombreux éléments tous intranscendants, tous insignifiants. Tous interchangeables.

Ce mode intranscendant de concevoir les personnes s'observe tous les jours. Des enfants qui vivent, tombent malades et meurent dans la rue sans que personne y prête attention. Une « petite tête » de plus ou de moins, ou, pire encore, un « petit chapardeur » de moins (comme j'ai pu l'entendre, horrifié, dans la bouche d'un « présentateur » de la télévision), quelle importance ? Et pourquoi une gamine enlevée de chez elle et mise en esclavage ignominieusement dans les circuits de la prostitution qui prolifèrent impunément dans notre pays nous empêcherait-elle de dormir ? Ce n'est qu'une de plus… Un enfant à qui l'on ne permet pas de naître, une mère à laquelle personne ne tend la main pour qu'elle puisse prendre en charge la vie qui surgit en elle, un père poussé au désespoir ou à l'indifférence par l'amertume de ne pouvoir offrir à ses enfants ce qu'ils méritent… Quelle importance quand cela n'affecte ni les nombres ni les statistiques grâce auxquels nous nous consolons et nous nous tranquillisons ?

Il n'y a pas pire anthropologie que l'anthropologie de l'intranscendance selon laquelle il n'y a pas de différences : mesurer à la même aune n'importe quel objet ou n'importe quelle personne. On calcule les « coûts », les « pertes collatérales », les « dépenses »… qui ne commencent à « transcender » les décisions que lorsque les nombres s'accumulent : trop de chômeurs, trop de morts, trop de pauvres, trop de déscolarisés… face à cela, que se passe-t-il si nous nous rendons compte qu'une anthropologie de la transcendance se moque de ces nombres mesquins et soutient, sans trembler, que chacun de ces petits a une dignité infinie ? Que chacun d'eux est infiniment transcendant : et que ce qu'on fait ou qu'on ne fait pas pour chacun d'eux est ce qu'on fait pour le Christ lui-même… pour Dieu !

Grâce à cet éclairage, nous comprenons d'une manière nouvelle cette sentence du Seigneur selon laquelle « on ne peut pas servir Dieu et l'argent ». Il ne s'agit pas seulement d'une question d'ascèse personnelle, d'un item accolé à un autre dans un examen de conscience. L'argent est « la mesure universelle de toutes les choses » dans le monde moderne. Tout a un prix. La valeur intrinsèque de chaque chose devient uniforme par la magie des signes numériques. Souvenez-vous que, voilà déjà quelques années, on disait que d'un point de vue économique produire des tanks ou des bonbons revenait au même du moment que les chiffres restaient égaux. De façon identique, produire de la drogue ou des livres reviendrait donc au même pourvu que les chiffres cadrent. Si la mesure de la valeur est un nombre, tout est égal quand le nombre ne varie pas. La mesure de chaque être humain est Dieu, pas l'argent. Voilà ce que signifie « dignité transcendante ». Les personnes ne peuvent être ni « comptées », ni « comptabilisées ». Il est impossible de réduire la personne au dénominateur commun (numérique ou autre) d'autres personnes ou d'autres choses du monde.

Chacun est unique. Tous importent totalement et singulièrement. Tous doivent nous importer. On ne peut justifier aucune violation à la dignité de la femme ou de l'homme au nom d'une chose ou d'une idée. Aucune.

Faut-il ajouter que prendre cela au sérieux marquera le début d'une révolution complète de la culture, de la société, de l'économie, de la politique et même de la religion ? Faut-il nommer certaines des pratiques acceptées communément par les sociétés modernes, qui se retrouveraient privées de toute justification si réellement la dignité transcendante était placée au-dessus de toute autre considération ?

Dignité transcendante : l'homme comme partie et culmination de la création

En premier lieu, la transcendance de la personne humaine va de pair avec le respect de la nature.

Qu'est-ce que cela signifie ?

Nous, les personnes, nous avons une relation complexe avec le monde dans lequel nous vivons, précisément du fait de notre double condition de fils de la terre et fils de Dieu. Nous faisons partie de la nature ; nous sommes traversés par les mêmes dynamiques physiques, chimiques, biologiques que les autres êtres qui partagent le monde avec nous. Cette affirmation banale est pourtant souvent mal comprise, « nous faisons partie d'un tout », un élément de l'admirable équilibre de la création.

La terre est notre maison. La terre est notre corps. Nous sommes aussi la terre. Cependant, pour la civilisation moderne, l'homme est dissocié harmonieusement du monde. La nature a fini par se transformer en une mine où domine l'exploitation économique. Et ainsi notre maison, notre corps, quelque chose de nous se dégrade. La civilisation moderne comporte en elle une dimension biodégradable.

À quoi cela est-il dû ? Selon ce que nous venons de méditer, cette rupture (qui, sans doute, va nous coûter et nous coûte déjà beaucoup de souffrance, et met y compris notre survie en question) peut se comprendre comme une sorte de « transcendance dénaturalisée ». Comme si la transcendance de l'homme à propos de la nature et du monde impliquait une séparation. Nous nous sommes opposés à la nature, nous l'affrontons et nous évaluons en cela notre transcendance, notre humanité. Et voilà ce qui nous est arrivé.

Parce que la transcendance de la nature ne signifie pas que nous pouvons rompre gratuitement sa dynamique. Que nous soyons libres et que nous puissions enquêter, comprendre et modifier le monde dans lequel nous vivons ne signifie pas que tout se vaut. Nous n'avons pas établi nous-mêmes ses « lois », et nous n'allons pas les ignorer sans de sérieuses conséquences. Cela est valable aussi pour les lois intrinsèques qui régissent notre propre être dans le monde. Nous, humains, pouvons lever la tête au-dessus des déterminismes naturels... à condition d'en comprendre la richesse et le sens, de les libérer de leurs erreurs et non de les ignorer ; de réduire le hasard et non de piétiner les finalités qui se sont ajustées pendant des centaines de milliers d'années. La fonction de la science et de la technique ne peut être dissociée des profonds courants de la vie. Libres mais non dissociés de la nature qui nous a été donnée. La science et la technique ont une vocation créative. À partir de l'inculture originelle, elles créent de la culture grâce au travail et à l'intelligence. Elles transforment cette inculture en culture. Mais si on ne respecte pas les lois que la nature porte en elle, l'activité humaine devient alors dévastatrice et produit le chaos. C'est-à-dire qu'apparaît une seconde forme d'inculture, un nouveau chaos capable de détruire le monde et l'humanité.

J'ai cité le Pape s'adressant aux participants d'un congrès il y a seulement deux mois : « Tout ce qui est scientifiquement faisable n'est pas pour autant éthiquement licite. Se fier aveuglement à la technique comme seule garantie de progrès, sans offrir parallèlement un code éthique plongeant ses racines dans la réalité étudiée et développée, équivaudrait à faire violence à la nature humaine, avec des conséquences dévastatrices pour tous. »

Et c'est précisément parce que nous ne sommes pas seulement « nature » dans le sens moderne du terme, que nous ne sommes pas seulement physique, chimie, biologie, que nous pouvons nous interroger sur le sens et la structure de notre être naturel et nous situer dans sa continuité. C'est-à-dire avec sagesse et non de manière arbitraire, en créant le « cosmos » et non le « chaos ».

Réfléchissons aux multiples ramifications que comporte cette idée. En tant qu'éducateurs, vous aurez à assumer le défi de contribuer à instaurer une nouvelle sagesse écologique qui intègre la place de l'homme dans le monde et respecte l'homme qui est partie du monde. Le sens de la science et de la technique, de la production et de la consommation, du corps et de la sexualité, des moyens grâce auxquels nous faisons partie de la création et de la transformation du monde donné par Dieu mérite une méditation rigoureuse dans nos communautés et nos salles de classe ; une méditation qui n'exclut pas une conversion de l'esprit et du cœur pour aller au-delà de la dictature de la consommation, de l'image et de l'irresponsabilité. Et soulignons que je ne me réfère pas à des actions spectaculaires : pourquoi, par exemple, ne pas faire de nos écoles le lieu où mettre en place une refonte de nos habitudes de consommation ? Ne pourrait-on pas imaginer, avec les familles de notre communauté éducative, des façons nouvelles et meilleures de se nourrir, de célébrer, de se reposer, de choisir les objets qui accompagneront notre chemin en ce monde ? Revaloriser ce qui est gratuit plutôt que considérer que seulement ce qui coûte vaut, redonner de la valeur au temps et au travail partagé plutôt qu'au « déjà fait » qu'on peut évacuer rapidement. Revaloriser également la beauté plurielle et diverse des personnes au lieu de nous soumettre à la dictature des corps standardisés ou des différences comprises comme motifs de discrimination.

Un humanisme transcendant nous invite, alors, a ré-envisager la façon dont nous faisons partie de la « nature » sans nous réduire à elle. Et ce n'est pas tout.

Dignité transcendante : la transcendance de l'amour

La dignité transcendante de la personne implique aussi la transcendance en ce qui concerne l'égoïsme, l'ouverture constitutive vers l'autre.

La conception chrétienne de la « personne humaine » n'a pas beaucoup à voir avec l'intronisation postmoderne de l'individu comme seul sujet de la vie sociale. Certains auteurs appellent « individualisme compétitif » l'idéologie qui, après la « chute des certitudes de la modernité », s'est emparée des sociétés occidentales. La vie sociale et ses institutions n'auraient pour seule finalité que l'obtention du champ le plus illimité possible à la liberté des individus.

Mais, comme je vous disais lors d'un précédent message, la liberté n'est pas une fin en soi, un trou noir derrière lequel il n'y a rien, si elle ne permet pas une vie plus pleine de la personne, de tout homme et de tous les hommes. Or une vie plus pleine est une vie plus heureuse. Tout ce que l'on peut imaginer faisant partie d'une « vie heureuse » inclut mes semblables. Il n'y a pas d'humanisme réaliste et véritable si on n'inclut pas l'affirmation pleine de l'amour comme lien entre les êtres humains ; dans les différentes formes dans lesquelles il se réalise : interpersonnelles, intimes, sociales, politiques, intellectuelles, etc.

Cette affirmation pourrait sembler évidente. Mais elle ne l'est pas ! La relation primordiale de l'homme avec son semblable a été formulée différemment dans l'histoire de la pensée et de la politique. Souvenons-nous de quelques définitions : « L'homme est un loup pour l'homme » ; « sans régulation de l'État, la société est une guerre de tous contre tous » ; « le lucre est le moteur principal de toute activité humaine… » Dans ces perspectives, l'homme (l'individu humain) est surtout libre de s'emparer des biens de la Terre et de satisfaire ainsi ses désirs. Et il devient alors évident de considérer l'autre (qui désire aussi ces biens) comme une limite à sa liberté. Nous connaissons la devise : « La liberté finit là où commence celle des autres. » Ce qui signifie : « S'il n'y avait pas les autres, tu serais plus libre… » « C'est l'exaltation de l'individu "contre" les autres ; l'héritage de Caïn : si c'est à lui, ce n'est pas à moi, si c'est à moi ce ne peut être à lui. »

Cette définition « négative » de la liberté reste la seule possible lorsque nous partons de l'absolutisme de l'individu ; mais elle ne l'est plus si nous considérons que tout être humain se réfère essentiellement à son semblable et à sa communauté. En effet : s'il est vrai que la parole, un des principaux caractères distinctifs de l'individu, ne naît pas exclusivement en notre intérieur mais s'accumule dans les mots qui nous ont été transmis et nous ont convertis en ce que nous sommes (la « langue maternelle », langue et mère) ; s'il est vrai qu'il n'y a pas d'humanité sans histoire et sans communauté (parce que personne ne « s'est fait seul », comme aiment à se gargariser les idéologies de l'exploitation et de la concurrence), si notre façon de parler est toujours une réponse à une voix qui nous a parlé en premier (et en dernière instance, à la Voix qui nous a placés dans l'être), quel autre sens pourrait avoir la liberté que de nous ouvrir la possibilité d'« être avec les autres » ? Pourquoi voudrais-je construire un monde dans lequel je me retrouve seul, dans une prison de luxe ? La liberté, de ce point de vue, ne « s'achève » pas mais « commence » là où commence celle des autres. Comme tout bien spirituel, plus elle est partagée, plus elle est importante…

Mais vivre cette liberté « positive » implique aussi, comme signalé plus haut, une révolution totale dont les caractéristiques sont imprévisibles, une autre manière de comprendre la personne et la société. Une forme qui ne se focalise pas sur la possession des objets mais sur la promotion et l'amour des personnes.

Certains événements devraient nous alarmer. Par exemple : de quelle sorte de folie est-il question lorsqu'un adulte recourt à la justice pour dénoncer un enfant de cinq ans qui s'est emparé du jouet de son fils au parc (c'est effectivement arrivé il y a quelques années) ? Ni plus ni moins que la folie, plus ou moins grande, dans laquelle nous sommes tous submergés : la folie de juger toute notre vie, personnelle et sociale, en fonction des objets que nous possédons ou ne possédons pas. La logique selon laquelle un homme vaut ce qu'il a ou ce qu'il peut réussir à avoir. La logique de ce qu'il peut me donner (en parlant toujours matériellement), ou, si nous voulons être plus cruels, de ce que je peux lui arracher. La logique fondée sur l'idée que la vie humaine, personnelle et sociale, n'est pas régie par la condition de personne de chacun d'entre nous, par notre dignité et notre responsabilité (notre capacité à répondre à la parole qui nous convoque), mais par des relations centrées sur des objets inertes. C'est-à-dire l'intranscendance de la personne concernant la simple pulsion de s'emparer des choses ! Remarquez comment, par un autre chemin, nous parvenons à l'idée par laquelle nous avons débuté cette réflexion.

Cette anthropologie de l'intranscendance trouve sa justification et son bouillon de culture dans l'hyperinflation du concept de marché qui prévaut depuis quelques décennies. Une obstination (qui va, dans de nombreux cas, jusqu'à l'absolutisation) qu'on pourrait sans hésiter considérer, dans une perspective chrétienne, comme de l'idolâtrie.

Éclaircissons un peu les choses. Il ne s'agit pas de diaboliser le marché en tant que manière d'organiser nos échanges et de penser le monde de l'économie. Le problème, c'est que l'idée de « marché » ne fait allusion, depuis son origine ou presque, à rien d'autre qu'au nombre – le plus grand possible – de gens qui achètent et qui vendent. Tout ce qui n'est pas achetable ou vendable n'en fait pas partie. Or tout ne s'achète ni ne se vend. Certaines choses, « n'ont pas de prix » : par exemple, les biens que nous appelons « spirituels » : l'amour, la joie, la compassion, la vérité, la patience, le courage, etc., et d'autres parce que simplement celui qui devrait les acheter, parce qu'elles lui sont utiles ou nécessaires, n'en a pas les moyens (argent, capacité, santé, etc.).

Cela ajoute de nouveaux problèmes auxquels j'ai souvent déjà fait allusion : ainsi pour « être quelqu'un » (c'est-à-dire pour « exister » dans le monde comme marché), il faut « avoir » des choses, si je ne peux pas les avoir « honnêtement » (c'est-à-dire, si je ne possède pas quelque chose à offrir qui a de la valeur sur le marché), il ne me reste plus à accepter que « je n'existe pas », qu'il n'y a pour moi aucun lieu, même pas le dernier… sauf à tenter de les obtenir « malhonnêtement ». Et comme le monde de l'économie n'est pas régi par les besoins réels mais par les plus rentables (même s'ils sont superflus), nombreux sont ceux à « ne pas avoir » qui voudront « continuer à être ». Ainsi, ceux « qui ont » devront redoubler d'efforts pour se protéger et multiplier les grilles afin que ceux qui ont été expulsé n'essaient pas d'entrer par les fenêtres… de la société… et de leurs maisons. Une histoire qui semble connue ? Exclusion d'un côté, enfermement volontaire de l'autre sont les conséquences logiques du réductionnisme économique. Allons-nous accepter de n'avoir « récolté que ces tristes lauriers » ? Allons-nous nous décider à nous débarrasser de ces fardeaux que représentent l'intranscendance et l'individualisme pour imaginer et mettre en pratique une autre anthropologie ?

Quelle sera la clé de cette autre anthropologie ? La conscience des citoyens, diront certains. La solidarité. La conscience du peuple. Pourquoi ne pas revenir à la source, même si cela semble idiot ou romantique, et l'appeler amour ? Car voici véritablement une des clés de la dignité transcendante de la personne.

Dignité transcendante des fils de Dieu

Nous arrivons ainsi à l'ultime dimension de la transcendance humaine. Ni la nouvelle conscience écologique qui ne se réduit pas seulement au thème biologique/naturel, ni la nouvelle conscience humaniste et solidaire qui s'érige contre l'individualisme et l'utilitarisme ne suffisent. Nous, femmes et hommes, qui vivons sur la Terre, nous rêvons d'un monde nouveau que nous ne verrons probablement pas de nos propres yeux en sa plénitude, mais nous le souhaitons, nous le cherchons, nous le rêvons. Un écrivain latino-américain disait que nous avons deux yeux : un de chair et un de verre. Avec l'œil de chair, nous regardons ce que nous voyons, avec l'œil de verre, nous regardons ce dont nous rêvons. Combien est pauvre une femme, un homme, un peuple qui s'interdit de rêver, qui se ferme aux utopies. Et c'est donc pour cela qu'une partie de la dignité transcendante de l'homme est son ouverture à l'espérance.

Il y a quelques années, je vous disais que l'espoir n'est pas une « consolation spirituelle », une distraction des devoirs sérieux qui requièrent notre attention, mais une dynamique qui nous rend libres de tout déterminisme et de tout obstacle pour construire un monde de liberté, pour libérer cette histoire des traditionnelles chaînes de l'égoïsme, de l'inertie et de l'injustice qui l'asservissent avec tant de facilité. C'est une détermination d'ouverture vers l'avenir. Cette dynamique nous indique qu'il y a toujours un avenir possible. Elle nous permet de découvrir que ni les défaites d'aujourd'hui ni les succès obtenus ne sont totaux et définitifs, nous libérant ainsi du désespoir, de la sclérose et du conformisme. Elle nous révèle notre condition d'êtres non finis, toujours ouverts à plus, en marche. Et nous confirme la conscience religieuse, la certitude d'un Dieu qui s'installe dans notre vie et nous aide sur le chemin.

Cette conscience de la transcendance qui est ouverture vous est indispensable, chers éducateurs. Nous savons qu'éduquer est un pari sur l'avenir. Et l'avenir est régi par l'espoir.

Mais l'anthropologie chrétienne n'en reste pas là. Cette ouverture ne se borne pas à être, pour le croyant, une sorte d'indétermination diffuse des fins et des sens de l'histoire personnelle et collective. Car il est aussi possible et extrêmement dangereux de surmonter le découragement et le conformisme... en tombant dans une sorte de relativisme qui fait perdre toute capacité d'évaluer, de choisir, d'opter. Il ne s'agit pas seulement de construire sans garanties, ni racines mémorielles. Il faut pouvoir fonder cette construction sans se fier au hasard des inspirations instantanées, des résultats, des coïncidences ou, finalement, de la voix qui réussit à crier plus fort et à couvrir les autres.

La transcendance que nous révèle la foi nous dit, de plus, que cette histoire a un sens et un terme. L'action de Dieu qui a commencé avec la Création dont le sommet est la créature qui pouvait lui répondre comme image et comme semblable, avec laquelle il entame une relation d'amour et qui atteint son point de maturité avec l'Incarnation du Fils, doit culminer dans une réalisation pleine de cette communion de manière universelle. Tout ce qui est créé doit entrer dans cette communion définitive avec Dieu initiée par le Christ ressuscité. C'est-à-dire, nous cheminons vers un terme qui est un accomplissement, un achèvement positif de l'œuvre amoureuse de Dieu. Un terme qui n'est pas le résultat immédiat ou direct de l'action humaine, mais une action salvatrice de Dieu, la touche finale de l'œuvre d'art que Lui-même a initiée et dans laquelle il a voulu nous associer comme collaborateurs libres ; et le dernier sens de notre existence se résout dans la rencontre personnelle et communautaire avec le Dieu-amour, au-delà même de la mort.

Pour nous, chrétiens, tout n'est pas égal. Nous n'allons pas n'importe où. Nous ne sommes pas seuls dans l'univers. Ce qui peut, de prime abord, paraître très « spirituel » peut être aussi absolument décisif et donner lieu à un changement radical de notre manière de vivre, des projets que nous imaginons et que nous tentons de développer, des sens et des valeurs que nous défendons et transmettons.

Il est vrai que tous ne partagent pas nos croyances sur le sens théologique de l'histoire humaine. Ce n'est pas une raison pour changer d'un millimètre le sens de notre action. Car même si beaucoup de nos frères ne professent pas notre credo, il est fondamental de continuer à agir. Fondamental pour nous, mais aussi pour eux, même s'ils ne s'en rendent pas compte. Car c'est sur ce chemin que nous collaborerons à l'avènement du Royaume pour tous, y compris pour ceux qui n'ont pas su le reconnaître dans les signes ecclésiaux.

La certitude de l'action eschatologique de Dieu qui instaurera son Royaume à la fin des temps a un effet direct sur notre manière de vivre et d'agir au sein de la société. Elle nous interdit tout type de conformisme, elle ôte toute excuse aux ambiguïtés, laisse sans justification les compromis et les « courbettes ». Nous savons qu'il y a un Jugement et ce Jugement est le triomphe de la justice, de l'amour, de la fraternité et de la dignité de chaque être humain, à commencer par les plus faibles et les plus humiliés. Nous n'avons donc pas de raisons de jouer les étourdis. Nous savons de quel côté nous tenir face aux alternatives qui nous sont proposées : respecter les lois ou les esquiver avec une « vivacité toute locale », dire la vérité ou la manipuler à notre convenance, apporter une réponse aux nécessiteux rencontrés dans la vie ou leur fermer la porte au nez, chercher et occuper le lieu qui nous correspond dans la lutte pour la justice et le bien commun en fonction des possibilités et les compétences de chacun, ou « nous effacer de manière olympique » en construisant notre propre bulle. Nous savons quels doivent être nos choix face à chaque questionnement quotidien. Et par les temps qui courent, ce n'est pas rien.

Une nouvelle humanité ui peut commencer dans chaque école

Professer une croyance et soutenir une manière déterminée de voir la personne et d'aimer être des êtres humains n'est pas une attitude très médiatique par ces temps de relativisme et d'effondrement des certitudes. « Le malheur des uns fait le bonheur des autres » : il y a moins de certitudes et donc plus d'espace pour qu'on nous persuade que ce qu'offrent les slogans du consumérisme et de l'image est solide et certain.

Cependant, nous retrancher de manière défensive et nous lamenter amèrement sur l'état du monde est la dernière des choses à faire. Cela ne nous convient pas de nous transformer en « méfiants » *a priori* (ce qui est différent d'avoir une pensée critique, c'est la version obtuse) et nous féliciter entre nous, dans notre petit monde fermé, de notre clarté doctrinale et de notre incorruptible défense des vérités... défense qui ne sert finalement que notre propre satisfaction. Il s'agit d'autre chose : d'apporter des choses positives. Il s'agit d'annoncer ; de commencer à vivre en plénitude d'une autre manière, en nous convertissant en témoins et en constructeurs d'une autre forme d'êtres humains, ce qui ne va pas se faire, soyons honnêtes, avec des regards austères et des temples de critiqueurs. Il s'agit de faire fructifier notre vocation, sans enterrer nos talents, mais en sortant convaincus, non seulement que les choses peuvent changer, mais aussi qu'il faut les changer et que nous pouvons les changer.

Jonas est une figure de la Bible qui peut nous inspirer par ces temps de changements et d'incertitudes ; c'est un personnage qui peut refléter nos attitudes, celle de nombreux éducateurs qui ont accumulé de l'expérience avec des styles et des formes estimables. Sa vie était tranquille et rangée. Il avait des idées très claires sur le bien et le mal, sur la manière dont Dieu agit et sur ce qu'il veut à chaque moment ; sur qui est fidèle à l'alliance et qui ne l'est pas. Tant d'ordre le mena à encadrer rigoureusement les lieux où il devait exercer sa mission de prophète. Jonas avait la recette et les conditions pour être un bon prophète et continuer la tradition prophétique dans la ligne de « ce qui a toujours été fait ».

Bientôt Dieu a bouleversé son ordre en faisant irruption dans sa vie comme un torrent, balayant toutes ses certitudes et ses commodités pour l'envoyer à la grande ville proclamer ce que Lui-même lui dira. C'était une invitation à s'approcher au plus près de ses limites, d'aller à la périphérie. Il l'envoie à Ninive, « la grande ville », symbole de tous ceux qui sont séparés, éloignés et perdus. Jonas constate qu'on lui confie la mission de rappeler à tous ces gens égarés que les bras de Dieu sont ouverts, attendant qu'ils reviennent pour les soigner avec son pardon et les nourrir de sa tendresse. Mais cela ne cadre pas tout à fait avec ce que Jonas était capable de comprendre et il s'est enfui. Dieu l'envoyait à Ninive et il est parti à l'opposé, à Tarsis, vers l'Espagne.

Prendre la fuite n'est jamais la solution. L'embarras fait que nous ne sommes pas assez attentifs et tout peut se transformer en obstacle. Alors que Jonas vogue vers Tarsis, une tempête se lève et les marins le jettent à la mer parce qu'il confesse que c'est sa faute. Dans l'eau, il est avalé par un poisson. Jonas, qui a toujours été très clair, très sérieux, très ordonné, n'avait pas pris en compte que le Dieu de l'alliance ne revient pas sur ses promesses et qu'il insiste « lourdement » lorsqu'il s'agit du bien de ses enfants. Pour cela, lorsque notre patience est à bout, Il commence à attendre en faisant résonner sa parole cordiale de Père.

Comme Jonas, nous pouvons écouter un appel persistant qui recommence à nous inviter à courir l'aventure de Ninive, à accepter le risque d'être les protagonistes d'une nouvelle éducation, fruit de la rencontre avec Dieu qui toujours est nouveauté et qui nous pousse à rompre, à partir et à nous déplacer pour aller au-delà du connu, vers les périphéries et les frontières, là où se trouve l'humanité la plus blessée et là où les filles et les garçons, sous l'apparence de la superficialité et du conformisme, continuent de chercher une réponse à la question sur le sens de la vie. En aidant nos frères à trouver une réponse, nous aussi nous renouvellerons le sens de toute notre action et la joie de notre vocation, le lieu de toute notre prière et la valeur de notre don tout entier.

Permettez-moi de terminer mon message, comme les autres années, par quelques suggestions qui, ajoutées à d'autres auxquelles vous pensez, peuvent contribuer à faire avancer ces désirs et ces intentions. Je le ferai sous forme de questions.

Pourquoi n'essayons-nous pas de vivre et de transmettre la priorité des valeurs non quantifiables : l'amitié (si chère – cette fois-ci dans le meilleur sens du terme – à nos adolescents), la capacité de festoyer et de profiter simplement des bons moments (même si certaines fourmis chuchotent contre le chant des cigales !), la sincérité, celle qui produit paix et confiance et la confiance qui alimente la sincérité ? Facile à dire, cela semble si poétique… mais excessivement difficile à vivre, puisque cela implique de nous arracher de cette époque d'efficacité et de matérialisme incrustée dans nos croyances les plus enracinées…

Libérons-nous de la soumission et de l'adoration du dieu de « la gestion réussie ».

Pourquoi n'inventons-nous pas de nouvelles formes de rencontres entre nous, sans intentions cachées ? Pourquoi ne cherchons-nous pas comment multiplier les potentialités de l'espace dont nous disposons dans les collèges, imaginant comment recevoir la collaboration et les idées de beaucoup, faisant de nos maisons les lieux d'insertion et de rencontre des familles, des jeunes, des personnes âgées et des enfants ? Ce ne sera pas facile : cela exige de prendre en compte et de résoudre une multitude de questions pratiques. Mais avoir à les résoudre revient à les résoudre et ne pas renoncer est essayer de le faire.

Pourquoi n'osons-nous pas intégrer à nos cours davantage de témoignages de chrétiens et de personnes de bonne volonté qui ont rêvé d'une humanité différente, sans prétendre à une correspondance exhaustive avec certaines normes préétablies, quelles qu'elles soient ? Nous savons que ces sortes de figures ont une force énorme comme symboles de l'utopie et de l'espoir, plus que comme modèles à suivre à la lettre. Pourquoi ne pas nous réjouir de ce que l'humanité ait donné des fils qui ont permis à des générations entières de garder la tête haute ? Rappeler et célébrer, en fonction, la culture et l'histoire de chaque communauté, des femmes et des hommes qui ont brillé, non pour leurs millions ou pour les lumières « fictives » avec lesquelles on les a illuminés, mais pour la force même de leur vertu et de leur allégresse, pour la qualité débordante de leur dignité transcendante… Évidemment, nous venons d'une histoire faite de méfiances, d'exclusions, de soupçons mutuels, de disqualifications… Ne serait-il pas temps de nous rendre compte que le pire qui peut nous arriver, ce n'est pas de susciter des rêves et réveiller des espoirs qui ensuite pourront être mûris et réalisés, mais de faire subsister une pauvreté intellectuelle mortelle selon laquelle rien n'a d'importance, rien n'a de transcendance ; persister dans la culture de la bêtise ?

Dernier point : pourquoi ne pas chercher à ce que chaque personne retrouve ou ne perde plus ce qui lui est le plus propre, le signe par excellence de son esprit, ce qui s'enracine dans son être mondain et le transcende jusqu'au point de le placer en position de dialoguer avec son Créateur ? Ce n'est pas la peine d'en dire beaucoup plus : je me réfère au don de la parole. Un don qui exige beaucoup de notre part : responsabilité, créativité, cohérence... Des exigences qui ne nous exemptent pas de vouloir prendre la parole et surtout, chers éducateurs, de la donner. Prenons et donnons la parole afin de développer l'espace dans lequel cette parole grandit, se fortifie, prend racine, s'élève sur les lèvres de nos garçons et de nos filles. Accueillons cette parole qui est parfois gênante, contestataire, blessante, mais aussi créative, purificatrice, nouvelle...

Une parole humaine qui prend de l'importance lorsqu'elle se fait dialogue avec Dieu lui-même, qui nous rend grands dans notre humilité, qui nous rend libres face à n'importe quel pouvoir parce qu'elle nous habitue au rapport avec Lui qui est celui qui peut le plus, qui développe en nous une sensibilité particulière qui élargit les horizons, qui nous éblouit et nous rend amoureux. Cette chère possibilité de prier est un droit que tous les enfants, tous les jeunes sont en condition d'exercer. Eh bien, allons-nous prier ? Allons-nous enseigner à prier à nos enfants et à nos jeunes ?

Essayons de faire nôtres ces propositions et d'autres encore. Nous verrons qu'une nouvelle humanité se manifestera alors, au-delà des tendances réductionnistes actuelles qui ont amoindri notre espérance. Il ne suffit pas de constater ce qu'il manque, ce qui a été perdu : il faut que nous apprenions à construire ce que la culture ne donne pas par elle-même, que nous nous encouragions à le matérialiser, même en tâtonnant, même sans sécurité totale. Voilà ce qui doit pouvoir se trouver dans nos écoles catholiques. Demandons-nous des miracles ? Et pourquoi pas ?

Message aux communautés éducatives, 2007

« Voici ta mère. Dès cette heure-là,
le disciple l'accueillit comme chez lui »

Jean 19, 27

Nous avons besoin de son regard tendre

Écoutons comment Jésus a regardé sa Mère. Sur la croix, il la regarde, nous désigne tous et lui dit : « Voici ton fils et voici tes fils. » Et Marie, en sentant ce regard de Jésus, se sera rappelé que, lorsqu'elle était jeune femme, une trentaine d'années auparavant, elle sentit cet autre regard qui la fit chanter de jubilation : le regard du Père. Elle sentit que le Père regardait son humilité. La petite Marie, notre Mère que nous venons voir aujourd'hui, pour nous retrouver dans son regard. Car son regard est comme le prolongement du regard du Père qui la vit petite et la fit Mère de Dieu. Comme le regard du Fils sur la croix, qui en fit notre Mère, est ce regard avec lequel elle nous regarde aujourd'hui. Et aujourd'hui nous venons, après un long chemin, dans ce lieu de repos – parce que le regard de la Vierge est un lieu de repos –, lui raconter nos histoires.

Nous avons besoin de son regard tendre, de son regard de Mère, celui qui nous découvre l'âme. Son regard est rempli de compassion et d'attention. Pour cela, nous lui disons aujourd'hui : Mère, donne-nous ton regard. Car le regard de la Vierge est un don, il ne s'achète pas. C'est un don d'Elle. C'est un don du Père et un don de Jésus en croix. Mère, donne-nous ton regard.

Nous venons emplis de reconnaissance, parce que son regard est dans nos histoires. Dans celle que chacun de nous connaît, l'histoire cachée de nos vies. Cette histoire avec ses problèmes et ses joies. Et après ce long chemin, fatigués, nous rencontrons son regard qui nous console et nous lui disons : Mère, donne-nous ton regard.

Le regard de la Vierge est pour nous un don permanent. C'est le don de la miséricorde de Dieu, qui la regarda petite et la fit Mère. De la miséricorde de Dieu qui l'a regardée depuis la croix et en fit notre Mère. Cette miséricorde du Père bon, qui nous attend à chaque tournant de notre chemin. Et pour rencontrer ce père, aujourd'hui nous disons à notre Mère : Mère, donne-nous ton regard.

Mais nous ne sommes pas seuls, nous sommes nombreux, nous sommes un peuple et le regard de la Vierge nous aide à nous regarder entre nous d'une autre manière. Apprenons à être plus fraternels parce que la Mère nous regarde. À avoir ce regard qui cherche à sauver, à accompagner, à protéger. Apprenons à nous regarder dans son regard de Mère.

Le regard de la Vierge nous enseigne à regarder ceux que, instinctivement, nous regardons le moins et qui en ont le plus besoin : les plus désemparés, ceux qui sont seuls, les malades, ceux qui n'ont pas de quoi vivre, les enfants des rues, ceux qui ne connaissent pas Jésus, ceux qui ne connaissent pas la tendresse de la Vierge, les jeunes qui vont mal.

N'ayons pas peur de sortir et de regarder nos frères avec ce regard de la Vierge qui nous unit pour tisser, avec nos cœurs et notre regard, cette culture de la rencontre dont nous avons tant besoin, dont a tant besoin notre patrie.

Finalement, ne laissons rien s'interposer entre nous et le regard de la Vierge. Mère, donne-nous ton regard. Que personne ne me le cache. Que mon cœur de fils sache le défendre de tous ces beaux parleurs qui promettent des illusions ; de ceux qui ont le regard avide d'une vie facile et de promesses qui ne peuvent être tenues. Qu'ils ne nous volent pas le regard de la Vierge qui est plein de tendresse et qui nous donne la force intérieure. Un regard qui renforce notre lien, qui nous rend frères, qui nous rend solidaires. Mère, ne détourne pas ton regard de moi, nous te le demandons... donne-le-moi, Mère. Ne doute jamais que tu me regardes avec la tendresse de toujours et que ce regard m'aide à regarder mieux les autres, à rencontrer Jésus-Christ, à m'efforcer d'être davantage fraternel, davantage solidaire, davantage à la rencontre des autres. Et ainsi, ensemble, nous pouvons venir dans cette maison de repos sous la tendresse de ton regard, Mère, donne-nous ton regard.

Homélie, 25e pèlerinage des jeunes
au sanctuaire de Luján, 1999

« Aide-nous à rencontrer Jésus dans chaque frère »

Notre visite dans la maison de la Vierge revêt cette année une signification particulière, nous lui avons demandé de pouvoir rencontrer son Fils dans chaque frère.

Nous avons marché de nombreux kilomètres parce que cet amour nous coûte, mais nous lui demandons, nous avons besoin de son aide pour rencontrer Jésus dans chaque frère ; nous ne voulons pas nous détruire entre frères. Nous voulons nous retrouver comme des frères, œuvrer pour que cette culture fraternelle de la rencontre devienne réalité. Et, sur ce chemin, nous faisons des efforts pour changer dans nos cœurs ce qui nous empêche d'être plus fraternels.

Nous voulons être généreux et parfois nous souffrons de ne pouvoir l'être et pour cela nous demandons à notre Mère : « Aide-nous à trouver Jésus dans chaque frère. »

Comme les autres années, nous venons la regarder et nous reposer avec Elle. Nombre de choses nous épuisent dans la vie, mais nous savons qu'Elle nous attend ici, qu'Elle nous accueille sans nous demander pourquoi nous venons. Elle sait que nous marchons parce que nous avons besoin de cette rencontre. Elle sait aussi que nous accomplissons un long chemin afin de nous regarder et de nous rencontrer, afin d'être plus fraternels.

Elle aussi a accompli un long chemin et nous a amené Jésus ; en cette année sainte que nous sommes en train de vivre, célébrons d'une façon particulière la naissance de Jésus. Elle, avec sa vie, nous montre le chemin pour le rencontrer Lui et c'est le chemin des frères.

Vous les jeunes, qui êtes toujours disposés à donner, à sortir, à marcher comme aujourd'hui jusqu'à Luján.

Vous qui voulez être fidèles et qui vivez tout avec passion, éveillez-vous et vivez ce chemin de l'amour avec Jésus, de cet amour entre frères. Ce chemin de rencontre dont nous avons tant besoin, nous, les Argentins.

Jésus et sa Mère vous accueillent ici, à Luján, ils veulent vous accompagner et vous invitent à la constance sur ce chemin. À ne pas boitiller à l'heure de la fraternité de la rencontre. Nous venons nous rencontrer avec cet amour sincère, offert par Jésus, qui laisse toujours une trace dans notre cœur, une trace d'espérance pour continuer à marcher. Nous avons besoin de cette espérance.

Nous nous disons et nous lui disons : « Mère, faites que nous voyions Jésus dans chaque frère. »

Nous en avons besoin, cela nous fait du bien.

Homélie, 26e pèlerinage des jeunes
au sanctuaire de Luján, 2000

« Mère aide-nous. Nous voulons être un seul peuple »

Cela fait trente ans que nous, peuple croyant, partageons ce rite d'aller jusqu'à la maison de notre Mère. Nous le faisons avec la confiance mise en Elle, qui nous accueille et nous protège. Il y a trente ans, la jeunesse a fait un pèlerinage jusqu'ici, pour réclamer une patrie pour tous. Aujourd'hui, le même sentiment nous unit : vouloir être un seul peuple. Et nous sommes ici, ensemble, recevant les mêmes attentions de la Mère.

Nous célébrons d'avoir marché tous ces kilomètres, d'être passés en silence devant son image, de l'avoir regardée et ce que cela signifie. Nous lui racontons ce que nous avons trouvé sur le chemin. Ce que nombreux nous ont demandé de lui dire en la voyant. Ce qui se partage dans sa maison, qui est notre maison, la maison de notre famille, la maison de notre peuple.

Beaucoup d'entre nous ont été accompagné ici, dès l'enfance, pour recevoir le baptême ou pour se voir enseigner l'image de Celle qui est restée pour nous accueillir. Ainsi, nous avons connu cette maison, elle nous est devenue familière, et nous avons pris l'habitude de rendre visite à la Vierge, d'être auprès d'Elle, à cette rencontre qui nous repose.

C'est avec ces choses simples et profondes que notre peuple a grandi. D'innombrables histoires de vies se sont reconstruites ici. Notre peuple plonge ses racines dans le désir fraternel et l'amour familial. Nous venons aujourd'hui dire à la Mère que nous voulons être un seul peuple ; que nous ne voulons pas nous battre entre nous ; qu'elle nous défende contre ceux qui veulent nous diviser. Que nous voulons être une famille et que pour cela nous n'avons besoin d'aucune idéologie revancharde qui prétende nous acheter. Sa tendresse de mère nous suffit et nous lui demandons, à Elle : « Mère, nous voulons être un seul peuple. »

Ne cessons pas d'être reconnaissants car l'image de son immaculée Conception est restée miraculeusement sur les rives du fleuve Luján pour fonder cette ville. Et nous nous rendons bien compte que si nous grandissons en tant que peuple pèlerin, c'est bien parce que, ici, il y a quelqu'un qui nous invite et qui nous réunit. Voyant cela, sa maison est notre maison, nous lui disons : « Mère, nous voulons être un seul peuple. »

Nous savons que Marie, après la croix, a porté le corps de Jésus. C'est un moment triste et sacré, dont le souvenir nous donne de l'espérance, parce qu'il représente l'immense tendresse de notre Mère chérie. Là est la grandeur de Dieu. Dans les moments où tout semble perdu, Dieu, dans son immense grandeur, manifeste l'amour qui nous rend forts. C'est l'amour que nous portons aujourd'hui dans notre cœur, c'est la bénédiction qui nous comble et fait que nous aussi nous porterons le fardeau de tant de nos frères qui auront certainement besoin d'être sauvés au retour de cette visite. Avec ce désir de nous aider les uns les autres, nous lui disons : « Mère, nous voulons être un seul peuple. »

Que rien ne nous sépare de tout ce en quoi nous croyons tant. Que personne ne vienne nous tromper et nous diviser. Ce sont les grandeurs de Dieu, Il les a voulues ainsi. Dans le silence du miracle des charrettes[1], un miracle sans parole a été construit, un miracle dit à chacun, tout doucement, par la Vierge, adressé au cœur de ses fils pendant ces pèlerinages. Nous sommes venus pour nous reposer sur notre chemin, c'est un repos du cœur. Nous retournons régénérés à la maison. Ici, nous laissons tout ce qu'il nous coûte de porter seuls tous les jours. Nous apportons dans nos cœurs la joie d'avoir été proches de celle qui a voulu rester pour nous protéger. Et avec beaucoup de foi, nous disons ensemble : « Mère, aide-nous, nous voulons être un seul peuple. »

Homélie, 30e pèlerinage des jeunes
au sanctuaire de Luján, 2004

« Mère, aide-nous à protéger la vie »

Le XXXIe pèlerinage des jeunes au sanctuaire de Luján a pour thème : « Mère, aide-nous à protéger la vie. » Nous demandons à notre Mère cette grâce : qu'elle nous aide à protéger toute vie et toute la vie. Nous le faisons avec le cri filial de la prière et la confiance que nous donne la Vierge. Elle l'a dit à saint Jean Diego : « Ne suis-je pas là, moi qui suis ta mère ? » Connaître la proximité de sa tendresse maternelle nous donne de la force pour continuer à lui demander, avec un cœur d'enfant : « Mère, aide-nous à protéger la vie. » Et à la lumière de cette prière filiale, je veux vous proposer une réflexion sur un problème vital qui affecte notre ville.

Ces dernières années, le paysage urbain a connu de nouvelles réalités : rues barrées, manifestations, gens vivant sur les trottoirs... La réalité qui me semble la plus douloureuse et qui s'est imposée dans ce paysage est celle dont les enfants sont les protagonistes. Nous sommes frappés et émus par les situations injustes et à risques dont sont victimes nos garçons et nos filles, nos adolescents.

Des enfants et des jeunes dans la rue, mendiants, dormant dans des stations de métro ou des gares, sur les seuils, sous les arcades ; parfois « sniffant » seuls ou en groupe. Situations banales du paysage urbain quotidien.

Des enfants et des adolescents récupérant des cartons, fouillant dans les poubelles à la recherche, sans doute, de leur unique nourriture quotidienne, même en pleine nuit.

Des enfants et des adolescents, très souvent surveillés par des adultes qui leur donnent des ordres, occupés à divers travaux formels ou informels : vendant, jonglant, lavant les pare-brises, ouvrant les portières des automobiles ou distribuant des images dans le métro.

À Buenos Aires, la « traction à cheval » est interdite. Une carriole de « cartonniers » tirée par un cheval peut donc être confisquée... Mais il y a des centaines de carrioles de « cartonniers » qui circulent partout (j'en vois tous les jours dans le centre) et comme elles ne peuvent pas être tirées par des chevaux, ce sont souvent les enfants qui s'en chargent. Et ces enfants sont moins considérés que des animaux ?

Le 13 août dernier, nous avons appris par les journaux qu'un réseau de pédophilie fonctionnait dans les quartiers de Chacarita, Floresta, Congreso, Recoleta, San Telmo, Montserrat, Núñez, Palermo et Caballito. Il s'agit de garçons et de filles âgés de 5 à 15 ans ayant des relations avec des adultes. Quelques années plus tôt, nous avions crié au loup en apprenant que des sexe-tours organisés en Europe à destination de certaines régions d'Asie proposaient du sexe avec des enfants... Et aujourd'hui nous y avons droit ici, y compris au menu de certaines résidences de luxe.

L'utilisation croissante d'enfants et d'adolescents dans le trafic de drogue est une réalité douloureuse. La consommation massive d'alcool par des enfants et des jeunes, avec la complicité de commerçants peu scrupuleux, est elle aussi aberrante. On observe que l'ingestion de boissons alcoolisées est même une pratique courante chez des enfants très jeunes.

Par ailleurs, les statistiques nous indiquent que la majorité de nos enfants sont pauvres et que près de 50 % des pauvres sont des enfants. Les niveaux de pauvreté auxquels nous sommes confrontés actuellement et dans un avenir proche entraînent, c'est certain, des carences nutritives, des problèmes environnementaux, de l'insalubrité, de la violence et une promiscuité qui conditionnent leur croissance, rendent problématiques leurs relations personnelles et difficile leur insertion sociale et communautaire. Quelle horreur de savoir que certaines agences de tourisme proposent aux étrangers, dans leurs circuits touristiques, la visite des bidonvilles de Buenos Aires, où vivent des enfants indigents, comme des sites d'observation.

La production culturelle, et particulièrement télévisuelle, met à la disposition de nos enfants et de nos jeunes, comme l'ont déjà signalé de prestigieuses institutions et personnalités de notre société, des programmes où la dégradation et la frivolité de la sexualité, la dévalorisation de la famille, la promotion de valeurs négatives maquillées artificiellement en valeurs, l'exaltation de la violence, une liberté irresponsable et « l'appât du gain » sont des constantes, proposant des règles de conduite, qui sont ensuite érigées en exemples par notre jeunesse, face à la passivité des organismes de contrôle et le financement complice des entreprises et des institutions.

Cette réalité montre une dégradation morale de plus en plus profonde qui nous amène à nous demander comment faire pour récupérer le respect de la vie et de la dignité de nos enfants. Ils sont si nombreux à voir leur enfance volée, leur avenir hypothéqué et le nôtre aussi : c'est une responsabilité que nous partageons en tant que société et qui pèse d'autant plus sur ceux qui ont davantage de pouvoir, d'éducation et de richesse.

Et si nous regardons la réalité religieuse, combien d'enfants ne savent pas prier ! Combien d'entre eux n'ont pas appris à chercher et à contempler le visage du Père du Ciel, qui les aime et les préfère ! Grave carence dans l'être même d'une personne.

Toutes ces réalités nous bouleversent et confrontent notre responsabilité de chrétiens avec notre obligation de citoyens, avec notre solidarité en tant que membres d'une communauté que nous voulons chaque jour plus fraternelle, plus digne et plus en accord avec la dignité humaine et de la société.

Face à la réalité de nos enfants et adolescents, les réactions sont diverses. Elles se manifestent le plus souvent par une habitude progressive et croissante de passivité et d'indifférence, par une sorte de normalité de l'injustice à leur égard ; ou, au contraire, par une attitude faussement normative qui vise censément le bien commun et prône la répression et un contrôle croissant sur eux : il va de l'abaissement de l'âge de la responsabilité pénale jusqu'à la séparation forcée d'avec la famille, soumettant parfois injustement des jeunes issus de foyers en grande précarité au système judiciaire ou en les plaçant en institution de manière discrétionnaire et abusive.

Et nous pourrions poursuivre notre description, qui appelle à une prise de conscience. Nous devons prendre conscience de la situation d'urgence dans laquelle se trouvent nos enfants et notre jeunesse. Nous devons affronter nos responsabilités personnelles et sociales face à l'urgence. Nous devons assumer à la lettre les mandats constitutionnels en la matière.

Nous devons prendre conscience que chaque enfant marginalisé, abandonné ou vivant dans la rue, qui n'a pas accès aux bienfaits de l'éducation et de la santé, représente non seulement l'expression exacte d'une injustice, mais encore un échec institutionnel qui inclut aussi bien la famille que les voisins, les institutions de quartier, la paroisse ou les divers établissements publics sous toutes leurs formes. Beaucoup de ces situations réclament une réponse urgente, immédiate, mais qui ne doit cependant pas se consumer à la vitesse d'un feu de Bengale. La quête et la mise en place de réponses mal digérées ne doivent pas faire oublier que nous avons besoin de changer notre cœur et nos mentalités pour redonner de la valeur et de dignité à de ces enfants tout au long de leur vie, depuis le sein de leur mère jusqu'à ce qu'ils reposent avec Dieu le Père et ce, en agissant chaque jour en conséquence.

Nous devons pénétrer plus avant dans le cœur de Dieu et commencer à écouter la voix des plus faibles, de ces enfants et adolescents, et nous souvenir des paroles du Seigneur : « Quiconque accueille un petit enfant tel que lui à cause de mon nom, c'est moi qu'il accueille » (Matthieu, 18, 5) ; et « Gardez-vous de mépriser aucun de ces petits : car, je vous le dis, leurs anges aux cieux voient constamment la face de mon Père qui est aux cieux » (Matthieu, 18, 10). Leurs voix comme la parole du Seigneur devraient nous émouvoir dans notre engagement et dans notre action :

Jamais d'enfants abandonnés dans notre ville.

Jamais d'adolescents ou de jeunes marginalisés dans notre ville.

Aucun chrétien, aucune paroisse, aucune autorité indolente ou indifférente face au *via crucis* de nos familles et de nos enfants.

Aucun égoïsme, intérêt personnel ou sectoriel diminuant l'effort et l'engagement, retardant l'unité et la coordination nécessaire de l'urgence.

Je suis préoccupé et affligé par cette situation. C'est pourquoi j'ai voulu vous écrire cette lettre. J'ai évoqué ce thème avec quelques spécialistes, avec le Vicariat épiscopal des enfants, avec la Commission de l'enfance et de l'adolescence en danger, avec certains juges et législateurs. Je joins ci-après en annexe un résumé des réflexions que j'ai menées avec eux. Cela nous aidera à réfléchir à cette réalité et je sais que ce sera tout particulièrement utile sur le chemin de l'Assemblée archidiocésaine. Mais, surtout, je voudrais que nos yeux ne s'habituent pas à ce nouveau paysage urbain dont les protagonistes sont des enfants. Je vous demande, s'il vous plaît, d'ouvrir nos cœurs à cette réalité affligeante… Les Hérode d'aujourd'hui ont des visages très différents, mais la réalité est la même : on tue des enfants, on tue leurs sourires, on tue l'espoir… ils sont de la chair à canon. Regardons avec des yeux neufs les enfants de notre ville et autorisons-nous à pleurer. Regardons la Vierge et disons-lui notre cœur en larmes : « Mère, aide-nous à protéger la vie. »

Avec une affection paternelle et fraternelle.

ANNEXE

L'existence décriée d'un système étatique de soin et de protection de l'enfance et de l'adolescence que nous pouvons qualifier de « système en crise » met en évidence une réalité dans laquelle les carences systématiques sont habituelles, cultivant un imaginaire social sur le sujet et mettant à nu notre conduite en tant que société.

Cette situation existe dans un contexte où, en dépit du redémarrage de la croissance économique, la redistribution injuste des richesses qui a fortement affecté les familles argentines dans un passé pas si lointain perdure dans notre réalité quotidienne. La concentration des richesses aux mains des plus puissants et des plus riches reste la tendance, malgré les mesures officielles pour changer cet état de fait qui, en tant que société, nous humilie et nous mortifie.

Les politiques étatiques doivent avoir pour but la croissance économique et une juste répartition des revenus, mais veiller à ce que le développement des pays ne nuise pas à la qualité de vie de ses habitants.

« La véritable et pleine protection des enfants signifie que ceux-ci puissent profiter amplement de tous leurs droits, parmi lesquels les droits économiques, sociaux, culturels reconnus par diverses instances internationales. Les États membres des traités internationaux relatifs aux droits de l'homme ont l'obligation d'adopter des mesures positives pour assurer la protection de tous les droits de l'enfant » (Cour interaméricaine des droits de l'homme, opinion consultative OC-17-2002, « Condition juridique et droits humains de l'enfant », 28 août 2002, point 8 de la partie dispositif).

L'activité de l'État ne peut donc se réduire à la simple réussite d'une réforme de la législation dans le domaine de l'enfance adaptée à la convention sur les droits de l'enfant. Elle devrait aussi mettre l'accent sur l'application de cette Convention grâce à une gestion contrôlée des politiques publiques destinées à rétablir les droits violés (besoins insatisfaits). Il ne s'agit pas seulement d'édicter des lois, mais aussi de les faire respecter de manière adéquate grâce à une gestion efficace, dans un cadre de redistribution de la richesse et de création d'emplois.

Souvenons-nous, pour finir, de la conclusion principale de la Commission de travail numéro 8 « Enfants et Jeunes en situation à risque » lors des VIIIe Journées de la pastorale sociale (25 juin 2005) : « Les politiques sur l'enfance et la famille doivent être des politiques d'État, créant, contrôlant et transformant les programmes sociaux concernés, qui à leur tour doivent prendre en compte le renforcement et le développement de la vie familiale en articulant et en cogérant les ressources publiques avec la société civile et en renforçant la capacité des membres de la famille à affronter l'adversité et à progresser. »

Des efforts doivent être entrepris pour revaloriser la culture du travail porteuse de l'apprentissage de l'effort et du sacrifice, de la conduite et de la discipline.

Le travail est une obligation, mais aussi un droit qui sert d'exemple aux enfants : en voyant leurs parents travailler, les enfants visualisent leur potentiel de développement de croissance et de maturité.

En période de crise économique, lorsque le chômage augmente, les États ont tendance à subventionner l'emploi ou à distribuer des aides sociales qui permettent aux personnes de subsister. Ces politiques doivent être des outils transitoires et ne pas se transformer en politique d'État.

Sans une forte politique d'État pour le développement industriel, il n'y aura pas de croissance d'emploi, une des seules façons d'assurer aux habitants de la nation la justice commutative.

C'est à partir de là qu'on mesure le niveau d'éducation, la santé, la justice, la culture, le sport, la consolidation de la famille, la croissance et le développement des enfants, la protection des personnes âgées.

Il est nécessaire de protéger le travail des hommes. Comment le protège-t-on ? En offrant instruction, culture, motivation, protection légale digne, repos, lieu de divertissement, assurance, conditions pour vieillir dans la dignité et un système de santé qui protège de manière adéquate des aléas du travail.

Comme l'affirmait l'abbé Sieyès, l'un des inspirateurs de la Déclaration des droits de l'homme et du citoyen, les travailleurs ne sont pas « des instruments bipèdes sans liberté et sans moralité, ne possédant que des mains peu gagnantes et une âme absorbée ».

Grâce à la promotion et au renforcement du travail des adultes nous réussirons à éviter le travail des enfants. Il est rare qu'un enfant cherche du travail lorsque ses parents ont un emploi digne qui pourvoit aux besoins de la famille.

De plus, l'enfant et l'adolescent auront alors tendance à affluer en masse dans les centres éducatifs et à y rester, afin de satisfaire à leur devoir essentiel – qui est aussi un droit : étudier.

Il est nécessaire de développer des programmes favorisant l'accès permanent à l'école dans lesquels professeurs, familles et enfants soient impliqués.

L'école est le principal mécanisme de l'insertion. Ceux qui quittent l'école perdent tout espoir, car l'école est le lieu où les enfants peuvent élaborer un projet de vie et commencer à forger leur identité. Actuellement, l'absentéisme scolaire n'amène les jeunes à aucun travail et les entraîne sur le terrain de l'exclusion sociale : l'absentéisme scolaire fait notamment basculer les adolescents dans un monde où ils seront plus vulnérables, exposés à la violence urbaine, à l'abus et à l'addiction des drogues ou de l'alcool. L'école n'évacue évidemment pas tous ces problèmes, mais elle semble constituer la dernière frontière où l'État, les familles et les adultes s'occupent des jeunes. Un lieu où ont encore cours des valeurs et des normes porteuses d'humanité, de citoyenneté et d'un avenir qui n'est pas encore mort, même si c'est parfois à grand-peine.

La fonction essentielle de l'école est de former des citoyens libres, capables de défendre leurs droits et de remplir leurs obligations. Cependant, maintenir l'enfant ou l'adolescent à l'école n'implique pas de vider l'école de son contenu. La Constitution garantit le droit à l'éducation, non le droit à la scolarisation. Ce n'est pas seulement en inaugurant des écoles, en distribuant des livres ou des fournitures que celui-ci sera respecté. Cela demande un effort commun de la communauté éducative. Un effort qui prend en compte, d'une part, la motivation du jeune, pas seulement pour rester à l'école, mais aussi pour apprendre, se former ; et, de l'autre, en cherchant à renforcer et à revaloriser le rôle de l'enseignant afin que celui-ci puisse affronter les nouvelles réalités qui se présentent dans sa classe.

Pour comprendre les causes de l'absentéisme et de l'échec scolaire, nous devons tenir compte d'une variable importante : la dénutrition infantile. L'enfance est une période caractérisée par la croissance corporelle, qui requiert une quantité déterminée d'aliments afin de synthétiser les nouveaux tissus ou d'achever des étapes importantes comme le développement neurologique.

Des carences alimentaires, de la conception dans le ventre de la mère jusqu'à l'âge de trois ans où se développe le système nerveux, produisent des lésions physiques ou psychiques irrémédiables. Il est indispensable d'assurer le suivi des enfants à partir du moment où la maman, enceinte, s'inscrit à l'hôpital afin de réduire le risque que naissent des bébés en sous-poid et de diminuer la mortalité infantile.

Distribuer des cartons de nourriture ne résout pas le problème de la dénutrition infantile dans notre ville, cela ne prend pas en compte les facteurs sociaux, économiques, anthropologiques et culturels. Nous devons éduquer et créer de bonnes habitudes alimentaires pour prévenir les problèmes de développement de nos enfants.

Par ailleurs, l'amélioration de la situation des enfants exposés à la pauvreté ne peut exister sans politiques publiques générales destinées à toute la société. Les politiques distributives élaborées dans les années 1950 dans les pays d'Amérique latine ont permis précisément de réduire l'« institutionnalisation » des enfants à une époque où il n'existait même pas une législation consacrant l'enfant comme sujet de droit.

Il apparaît peu valorisant pour l'ensemble de la société, et plus encore pour les éducateurs et ceux qu'ils éduquent, que l'école soit, dans les faits, principalement un lieu dans lequel on se rend pour s'alimenter, ce qui dénature le concept essentiel de l'enseignement.

Les écoles doivent être remplies d'élèves en situation d'apprentissage, de formation et ne doivent en aucune manière se substituer aux familles dont une des fonctions primordiales est de nourrir leurs enfants.

Les problèmes les plus significatifs concernant la population infanto-juvénile, comme nous l'avons analysé, sont la dénutrition, l'absentéisme scolaire et l'entrée prématurée dans le monde du travail. Des problèmes plus aigus existent par ailleurs comme les grossesses adolescentes.

Il est nécessaire de travailler avec les adolescents, en les accompagnant tout au long de ce processus, en renforçant leur estime de soi, leur sens de la responsabilité, l'attention à accorder à leur santé et en leur offrant des projets de vie alternatifs.

Nous croyons qu'il est fondamental de renforcer les liens familiaux pour éviter que les enfants se retrouvent à la rue ou dans des institutions.

La demande sociale pour les placer en institution existe certes, mais les traitements qui prévoient une longue privation de liberté n'ont jamais donné de bons résultats. À preuve : sur dix détenus adultes, huit sont passés par des Instituts pour mineurs. Et il est aussi préoccupant de constater que seuls quatre enfants sur dix y sont admis pour des délits relevant du pénal, le reste étant là parce que leurs familles ne peuvent les prendre en charge ou parce qu'ils sont victimes de violence.

Ces faits sont intimement liés au manque d'actualisation de la législation dans ce domaine, où la loi Agote[2], toujours en vigueur, progressiste en son temps, ne reflète plus les changements de notre société, ni un regard centré sur les enfants et les jeunes comme sujets de droits. Ce nouveau regard est exprimé exactement par la Convention des droits de l'enfant qui, approuvée avec des réserves dans notre pays par la loi 23849, est entrée dans la Constitution à partir de la réforme de 1994.

La Convention des droits de l'enfant est le traité des droits de l'homme le plus ratifié par les États membres du système des Nations unies, y compris par l'État du Vatican. Elle constitue non seulement un engagement des signataires au niveau international, mais redéfinit aussi fondamentalement les obligations irréductibles des politiques publiques relatives à l'enfance, l'adolescence, la jeunesse et les familles.

Dans son préambule, elle souligne, entre autres affirmations, pour démontrer le besoin et de la validité de la Convention : « Convaincus que la famille, unité fondamentale de la société et milieu naturel pour la croissance et le bien-être de tous ses membres et en particulier des enfants, doit recevoir la protection et l'assistance dont elle a besoin pour pouvoir jouer pleinement son rôle dans la communauté » et ajoute : « Reconnaissant que l'enfant, pour l'épanouissement harmonieux de sa personnalité, doit grandir dans le milieu familial, dans un climat de bonheur, d'amour et de compréhension. »

L'amélioration des conditions socio-économiques des enfants doit aller de pair avec la prise en compte de l'histoire de chaque famille, qui représente le soutien psycho-socio-culturel nécéssaire à la croissance de tout enfant. On a vu dernièrement des programmes destinés aux seuls enfants, comme si on pouvait améliorer leur situation sans améliorer celle de leur famille. Souvenons-nous à ce propos que : « La famille constitue le milieu primordial pour le développement de l'enfant et l'exercice de ses droits. Pour cela, l'État doit soutenir et renforcer la famille à travers les diverses mesures que celle-ci requiert pour le meilleur accomplissement de sa fonction naturelle dans ce domaine » (Cour interaméricaine des droits de l'homme opinion consultative OC-17/2002 : « Condition juridique et droits humains de l'enfant », 28 août 2002, point 4 du dispositif).

Adopter la Convention implique d'établir une relation entre l'État et les citoyens et les citoyennes, entre l'État et les enfants et les jeunes, c'est-à-dire, définir une vision du monde entre l'État et les membres de la communauté. Cela ne s'agit pas se limiter à générer une nouvelle rhétorique, ni se constituer uniquement dans un cadre éthique. Adopter la Convention implique de dépasser la traditionnelle perspective de satisfaire des besoins déterminés pour proposer un objectif de droits où universalité, intégralité et exigibilité constituent le trépied qui définit la relation de l'État avec l'enfance et l'adolescence.

Dans ce but, l'État doit orienter toutes les ressources disponibles vers des plans, des programmes et des actions dont la perspective est générée par cette nouvelle légalité.

Face à cette réalité, en tant que chrétiens et hommes de bonne volonté, nous ne pouvons nous contenter d'être inactifs ou nous éparpiller en menant des actions individuelles ou collectives qui, bien que courageuses et exemplaires, manquent d'efficacité et d'impact pour parvenir à transformer la réalité.

N'oublions pas les nombreux exemples d'abnégation, de solidarité, de responsabilité et de témoignage fournis, jour après jour, par les familles, institutions et jeunes confrontés à l'effort quotidien de survivre et de résister et à l'obligation de construire une société plus juste.

Le chemin est ardu, mais le mandat ne peut être délégué. Il est temps d'assumer nos propres responsabilités face aux enfants et aux jeunes, en tant que chrétiens, citoyens, hommes et femmes de bonne volonté. Il est temps que les institutions en charge de l'enfance et de la jeunesse soient écoutées et prises en compte. Il est temps que l'État, en tant que garant du bien commun, assume sa responsabilité et son obligation dans la défense de la vie, de la protection de sa croissance et de son développement ; dans l'amélioration de la condition humaine et sociale des personnes, des familles et des institutions.

Il faut mettre en œuvre rapidement des politiques d'État destinées au développement des familles à faibles ressources.

Le budget de la Ville doit envisager, prioritairement, l'affectation de crédits spécifiques à la promotion de l'emploi et à la croissance économique, de telle manière que ses habitants obtiennent un travail qu'ils jugent digne.

Les dirigeants, aussi bien ceux qui administrent les affaires de la Ville que ceux qui sont dans l'opposition, doivent élaborer un plan destiné à abolir toutes les pratiques de travail des enfants et toutes les formes d'exploitation de l'enfance.

En même temps, ces dirigeants doivent de manière consensuelle mettre en œuvre rapidement des politiques relatives à l'éducation publique pour que les enseignants, percevant un salaire qui correspond à leurs besoins, puissent se consacrer pleinement à l'instruction, l'éducation et à la motivation des plus jeunes afin que ceux-ci découvrent les valeurs essentielles de la vie.

Ces mêmes dirigeants doivent décider et appliquer rapidement un plan systématisé destiné à protéger la santé des familles à faibles ressources afin que les enfants soient pris en charge dès leur conception dans le giron maternel, puis suivis tout au long de leur évolution et de leur croissance.

Une société digne de ce nom ne peut ignorer les valeurs qui conduisent à l'épanouissement de l'homme. Et, parmi ces valeurs, il faut distinguer la dimension religieuse. L'homme est à l'image de Dieu et est appelé à communier avec Lui.

Les politiques mises en œuvre jusqu'à aujourd'hui ont généré de graves dommages au début et à la fin de la vie, précisément chez les personnes les plus vulnérables de cette société : les enfants et les personnes âgées.

Ne remettons pas à demain le remboursement de ces dettes, le jour et l'heure c'est aujourd'hui ou jamais.

Lettre sur l'enfance, 31e pèlerinage des jeunes
au sanctuaire de Luján, 2005

« Mère, nous vous le disons, nous avons besoin de vivre comme des frères »

Nous étions ici près de la croix de Jésus, pendant qu'Il payait pour nous, Elle, sa Mère, et Lui regardant Jean, nous l'a offerte à tous pour mère, et nous fit fils. C'est notre Mère et nous sommes frères. Frères de Père Dieu et frères de Marie, notre Mère. Et ici, aujourd'hui, ils sont nombreux à être venus, ils ont marché depuis hier matin, et ils seront plus nombreux encore, d'autres arriveront ce soir et d'autres encore demain matin. Nous sommes venus exprimer un besoin, un besoin qui nous renvoie à cette scène de l'Évangile. Mère, nous vous le disons, nous avons besoin de vivre comme des frères, ce qui n'est pas facile mais nous vous le disons du fond du cœur. Mère, nous en avons autant besoin que d'air et d'eau, nous avons besoin de vivre comme des frères ; que le climat fraternel ne nous fasse pas défaut, que nous apprenions à vivre en famille, telle est la nécessité que nous apportons aujourd'hui.

Et remarquez que près de la croix de Jésus, il y avait des hommes qui semaient la discorde, qui disaient à Jésus : « Descends, Descends », et à la foule : « Vous voyez qu'il ne descend pas, ce n'est pas Dieu. » Ce qui nous empêche de vivre comme des frères, ce sont la discorde, la jalousie, comme le disait Mgr l'Archevêque, et la violence. Mère, chassez la violence parce que nous avons besoin de vivre comme des frères, c'est ce que nous vous disons aujourd'hui.

Au moment de la croix déjà, certains semaient la discorde, tout au long de l'histoire ils ont toujours été là. Le démon ne reste jamais tranquille, c'est le père du mensonge, le père de la discorde, le père de la division, le père de la violence. Et ce père, nous ne l'aimons pas parce que ce père ne nous rend pas frères et nous divise. Mère, nous avons besoin de vivre comme des frères. Mère, nous avons besoin de recouvrer la mémoire, la mémoire de savoir vivre comme des frères : qu'Elle nous donne cette grâce de recouvrer la mémoire de savoir vivre comme des frères.

« Et depuis ce jour, dit l'Évangile, le disciple Jean l'emmena chez lui », la protégea. Il la protégeait et elle veillait sur les disciples. Un des traits les plus notables dans une famille est qu'on veille les uns sur les autres, et ce qui nous caractérise le plus en tant que frères est de veiller les uns sur les autres. Comme ce Samaritain qui a rencontré cet homme attaqué sur le chemin de Jérusalem à Jéricho ; il l'a soigné, l'a chargé sur son âne, l'a amené à l'hôtellerie et l'a veillé. Veiller sur nous, Mère, enseigne-nous à veiller sur nous, comme tu veilles sur nous. C'est ce que nous lui demandons à Elle, aujourd'hui aussi.

Nous sommes venus exprimer ce besoin, non pas un désir mais un besoin. Mère, nous avons besoin de vivre comme des frères. Et pour cela nous lui demandons de chasser toute la zizanie de la discorde, la jalousie, la haine, la violence qui peut se trouver dans nos cœurs. Mère, nous avons besoin de vivre comme des frères. Et pour cela nous lui demandons la grâce de recouvrer la mémoire, de savoir comment vivre comme des frères. Mère, nous avons besoin de vivre comme des frères. Et pour cela nous te demandons, Mère, la grâce de savoir veiller les uns sur les autres parce que nous sommes ta chair, Mère.

Homélie, 32e pèlerinage des jeunes
au sanctuaire de Luján, 2006

« Soyez sans crainte,
car voici que je vous annonce
une grande joie, qui sera celle de tout le peuple :
aujourd'hui vous est né un Sauveur »

Luc 2, 10-11

« Dieu avec nous »

Qu'il est beau d'écouter tous ensemble, ici, en silence, l'Évangile qui nous rappelle comment Dieu vint pour être « Dieu avec nous » (Matthieu 1, 23) ; comment il a été reçu par Marie et Joseph. Exaltons, jubilants, la Sainte-Trinité qui brille, humble et cachée, dans cette Famille Sacrée. Pendant que le Saint-Esprit œuvre à l'Incarnation en Marie (qui est pure disponibilité, pur laisser faire ce que Dieu veut), le Père – représenté par cet « Ange de Dieu » – règle les détails avec saint Joseph (qui est pure obéissance, à peine est-il levé qu'il fait ce qu'on lui a ordonné). Et tous tournent autour de l'Enfant Jésus, le Fils prodigue du Père, celui qui est oint par le Saint-Esprit, attendu par les Nations. Celui qui est venu sauver son peuple des péchés. Celui qui vient tous les jours pour être avec nous, à chaque Eucharistie. Jésus, dans lequel nous croyons et que nous attendons jusqu'à ce qu'il revienne.

Le jubilé est l'anniversaire de Jésus. Les premiers Noëls étaient de simples fêtes familiales. Joseph et Marie avaient célébré seul, dans l'exil, les premiers anniversaires de Jésus. Le « Dieu avec nous » semblait n'être que pour eux seuls ; mais – si nous écoutons le Magnificat –, nous nous rendons compte que Marie a toujours aimé Jésus avec un cœur de peuple, avec un cœur d'Église. Et c'est ainsi que, après la Résurrection du Seigneur, Noël devint une fête pour tout le peuple fidèle à Dieu.

Deux mille Noëls se sont écoulés. Sept cents ans auparavant, Isaïe avait prophétisé qu'un Enfant naîtrait appelé Emmanuel,

« Dieu avec nous ». Un Dieu avec nous qui, depuis toujours, veut être un Dieu avec tous.

Deux mille Noëls et l'Enfant n'est pas déçu par son peuple fidèle, par nous. Il continue de remettre son sort entre nos mains, dans ce geste de don qu'est l'Eucharistie : « Je suis le Dieu avec Vous », répète-t-il en silence avec un goût de pain.

« Dieu avec nous » est un nom de Dieu magnifique. C'est comme son nom de famille. Son prénom est Jésus, ou Père, ou Esprit… mais son nom de famille est « Dieu avec nous ».

Pour parler de Lui, nous devons dire « nous ». C'est seulement en le laissant être avec nous, comme l'ont fait Marie et Joseph, que la culture de la rencontre devient possible, celle où personne n'est exclu, celle en laquelle nous nous voyons tous comme des frères. Parce que c'est précisément dans la proximité et dans la rencontre que naît Jésus, l'amour. Cet amour qui s'enracine dans la mémoire d'une grâce partagée : « Aujourd'hui vous est né un Sauveur, qui est le Christ Seigneur, dans la ville de David. Et ceci vous servira de signe : vous trouverez un nouveau-né enveloppé de langes et couché dans une crèche » (Luc 2, 11-12). L'amour se nourrit de l'espoir commun, de la Ville sainte qui nous accueille tous, dont la meilleure image est celle du pain partagé.

Pour cela, aujourd'hui, en recevant l'Eucharistie, nous sentons aussi quelqu'un à côté, nous sentons aussi la présence de tous et nous disons : « Dieu avec nous. » Souvenons-nous de saint Joseph et de la Vierge et disons : « Dieu avec nous. » Pensons à l'espoir d'Isaïe et des Prophètes, à notre père Abraham et aux Patriarches et disons : « Dieu avec nous. » Jouissons de la tendresse des Saints, de cette foule d'hommes et de femmes qui « ont vécu dans Son amitié à travers les siècles » et prions avec eux : « Dieu avec nous. » Cherchons les plus pauvres pour dire avec eux : « Dieu avec nous. » Prenons nos enfants par la main et disons : « Dieu avec nous. » Cajolons nos anciens et confessons avec eux : « Dieu avec nous. »

Unis par le souvenir et l'espérance de Bethléem, la maison du Pain, du Pain de la Vie que le Père nous a offert il y a deux mille ans, du pain quotidien qu'il nous donne aujourd'hui et du Pain que Jésus lui-même rompra avec nous dans le banquet des cieux, maintenant tous ensemble, comme des frères professons notre foi en Dieu avec nous : je crois en Dieu le Père...

Homélie, Noël du Millénaire 1999

Une lumière qui est l'espoir du peuple de Dieu

« Le peuple qui marchait dans les ténèbres vit une grande lumière. » La prophétie d'Isaïe promet, au milieu des ténèbres, une grande lumière. Une lumière qui est l'espoir du peuple de Dieu. Une lumière qui est le fondement de sa foi, de sa fidélité à Dieu. Cette lumière naît à Bethléem, elle est recueillie par les mains maternelles de Marie, par la tendresse de Joseph, par la rapidité des bergers à accourir. Et ils se font porteurs de l'espérance de tout un peuple. Marie l'a portée dans sa solitude et dans sa surprise lorsque l'Ange lui a dit : « Rien n'est impossible à Dieu », et elle l'a cru et a porté l'espoir. Joseph est porteur d'espoir lorsqu'il remarque les signes de la maternité et, décidant de garder le secret, écoute la voix de l'Ange et prend Marie avec lui malgré l'incompréhension de son cœur. Tous deux en ont porté le fardeau en cette triste nuit où toutes les portes étaient fermées. Ils ont cru que cet enfant était l'espoir et ils l'ont veillé dans l'adversité. Ils l'ont porté lorsqu'ils ont accouru au Temple et ont reconnu dans ces deux vieillards la sagesse de tout un peuple. Joseph et Marie ont porté l'espoir, face à l'ordre : « Lève-toi, prends l'enfant et sa mère et fuis l'Égypte... car Hérode va chercher l'enfant pour le tuer. » Joseph et Marie ont porté l'espoir pendant ces trois jours d'angoisse quand l'Enfant est resté dans le Temple ; et elle – après tant d'années – recommence à porter l'espoir dans cette journée obscure du calvaire.

Aujourd'hui elle nous demande, face à cet Enfant qui est la lumière qui illumine les ténèbres, qui est l'espoir promis, que nous le portions comme ils l'ont porté tous les deux, que nous portions l'espoir en croyant que pour Dieu rien n'est impossible, que nous le portions au milieu de la désolation et de la destruction, des portes fermées. Bâtir, tel doit être le but de nos efforts et de notre action. On nous demande de veiller sur nos vieux, qui sont l'espoir d'un peuple parce qu'ils représentent la sagesse, sur nos enfants, « écrasés » par cette civilisation du consensus qui nivelle par le bas et leur ôte la foi. Porter l'espoir, c'est marcher avec Jésus dans les moments les plus obscurs de la croix, dans les moments où les choses ne s'expliquent pas et où nous ne savons pas comment continuer. Aujourd'hui, nous, les Argentins, ne comprenons pas grand-chose, et nous ne savons pas non plus comment continuer Aujourd'hui, il est bon qu'en regardant l'Enfant, Marie et Joseph, nous entendions comme une voix : « Levez-vous, prenez l'Enfant et sa mère, marchez sur le chemin de l'espoir. » Portons l'espérance. C'est ce que je veux demander ce soir, aussi simplement. Jésus est l'espoir : portons cet espoir. En travaillant, en priant, en adorant Dieu, en luttant, en ne baissant pas les bras, en cherchant ceux pour qui les portes se ferment afin de leur en ouvrir d'autres ; en visitant nos vieillards qui, aujourd'hui, souffrent tant et en leur demandant de partager leur sagesse. En veillant sur les enfants.

Aujourd'hui, au milieu de cette obscurité qui frappe les Argentins, une lumière voit le jour, et ce n'est pas n'importe qui : c'est Jésus-Christ. Le seul qui donne l'espoir, qui ne trompe pas. Prenons soin de Jésus-Christ, de cet espoir avec toutes ses conséquences, comme l'ont pris en charge Marie et Joseph. Et aujourd'hui, je veux prier avec mon peuple, en disant cette prière écrite, une triste nuit de Noël, par un des grands poètes[1] de notre patrie, et demander au Seigneur qu'il nous accorde de porter nos espoirs.

Seigneur, qui ne m'as jamais rien refusé,
je ne quémande rien pour moi ; je t'implore
seulement pour chaque frère en souffrance
pour chaque pauvre de ma terre aimée
Je t'implore pour son pain et pour sa journée
pour sa peine d'oiseau découragé
pour son rire, son chant et son sifflotement
aujourd'hui car la maison est silencieuse.
Je quémande, avec des mots dits à genoux,
une miette de tes prodiges
un croûton d'amour pour ses mains
une illusion, rien qu'une porte ouverte ;
aujourd'hui car la table est restée déserte
et mes frères pleurent, dans la nuit.

Ainsi soit-il.

Homélie, Noël 2001

« Le peuple qui marchait dans les ténèbres a vu une grande lumière »

L'annonce prophétique marque le début : « Le peuple qui marchait dans les ténèbres a vu une grande lumière » (Isaïe 9, 1), un nouveau chemin pour toute la vie, un chemin de toute l'histoire qui nous maintient aux ordres « pendant que nous attendons l'heureux espoir et la manifestation de la gloire de notre grand Dieu et Sauveur, Christ-Jésus ». Ténèbres et lumières, chemin et espoir, idée et manifestation. C'est la prophétie de l'élection, de la promesse et de l'alliance. C'est le chemin qui conduit de ce coucher de soleil où les ténèbres s'étendirent sur le paradis terrestre jusqu'à cette nuit où l'explosion de « la gloire du Seigneur enveloppa (les bergers) de sa lumière ».

Et nous aussi, pèlerins de l'élection, de la promesse et de l'alliance, nous nous approchons de l'autel de Dieu avec la peine de tant de ténèbres et l'espoir de rencontrer la lumière. Nous nous approchons de l'autel où la Gloire se cache dans une crèche et se manifeste aux cœurs simples qui écoutent sans voix le chant céleste « Gloire à Dieu au plus haut des cieux et sur la terre, paix aux hommes objets de sa complaisance » et croient – avec cette foi de ceux qui ne bradent pas leur conscience – qu'est « né un Sauveur [...] un nouveau-né enveloppé de langes et couché dans une crèche ». Et nous aussi, cette nuit, en ouvrant notre cœur, nous avons la possibilité de contempler le miracle de la lumière au milieu de nos ténèbres, le miracle de la force de Dieu dans la fragilité, le miracle de la suprême grandeur dans l'humilité.

Cheminons de « foi en foi », à la recherche de la plénitude et du sens de notre vie. Et ce chemin est vrai quand il n'est pas piégé par des propositions passagères ou mensongères, assourdissantes. Nous faisons partie du peuple de Dieu qui, jour après jour, veut sortir des ténèbres et avancer vers la lumière. Nous avons tous envie de rencontrer cette lumière, cette Gloire cachée, et nous en avons envie parce que ce Dieu même qui nous a créés a semé ce désir dans notre cœur. Mais parfois notre cœur devient dur, capricieux ou, pire encore, il gonfle d'orgueil. Le désir de voir la Gloire de la lumière se noie et la vie court le risque de s'écouler sans n'avoir aucun sens, de s'épuiser dans les ténèbres. Et ainsi le fait que Dieu n'a pas de lieu se répète, comme cette nuit où Marie « le coucha dans une crêche, parce qu'ils manquaient de place dans la salle ».

C'est le drame de l'âme qui s'impatiente d'attendre et se berce des fausses promesses de lumière faites par le démon que Jésus nomme « le père du mensonge », « le prince des ténèbres ». On perd alors peu à peu l'espoir en la promesse, la certitude de l'alliance avec un Dieu qui ne ment pas parce qu'« il ne peut se renier lui-même ». On perd peu à peu le profond sentiment d'être élu par la tendresse du Père. Les portes se ferment et, aujourd'hui comme toujours, dans le monde, dans notre ville, dans nos cœurs, nombreuses sont les portes qui se ferment à Jésus. Il est plus facile de se divertir avec les lumières d'un sapin de Noël que de s'abîmer dans la contemplation de la Gloire de la crèche. Et cet anti-chemin, c'est-à-dire, ce sentier qui ferme les portes, conduit à l'indifférence, puis à la mort d'innocents. Il n'y a pas beaucoup de différences entre ceux qui fermèrent la porte à Joseph et à Marie parce qu'ils étaient de pauvres étrangers et Hérode qui « tue des enfants parce que la peur lui a tué le cœur ». Il n'y a pas de demi-mesure : la lumière ou les ténèbres, l'orgueil ou l'humilité, la vérité ou le mensonge, ou nous ouvrons la porte à Jésus qui vient nous sauver ou nous nous renfermons dans la prétention et l'orgueil de nous sauver nous-mêmes.

En cette nuit sainte, je vous demande de regarder la crèche : là « le peuple qui marchait dans les ténèbres a vu une grande lumière »... le peuple l'a vue, c'est-à-dire celui qui était simple et ouvert au Don de Dieu. Ceux qui se suffisent à eux-mêmes ne l'ont pas vue, ni les orgueilleux, ni ceux qui fabriquent leur propre loi à leur mesure, ni ceux qui ferment les portes. Regardons la crèche et implorons Dieu pour notre peuple qui souffre tant. Regardons la crèche et disons à la Mère : « Marie, montre-nous Jésus. »

Homélie, Noël 2003

Fais-nous voir un signe

Lorsque nous nous représentons Jésus au milieu des fatigues et des travaux, en plein conflit avec les élites éclairées de cette époque (les pharisiens, les sadducéens), nous réalisons que souvent ils lui demandaient un signe : « Nous désirons que tu nous fasses voir un signe » (Matthieu 12, 38). Jésus prêchait et les gens le suivaient comme un seul homme, il soignait, il ressuscitait... mais ils demandaient un signe. Ce qu'ils voyaient ne leur suffisait pas. On peut penser que cela ne leur suffisait pas parce que ces élites éclairées fermaient leur conscience ; c'est une explication valable. Mais il y a quelque chose de plus : même l'homme le plus fermé à la voix de Dieu n'est pas privé de l'instinct de savoir où Il est et jusqu'où il doit chercher. Ils sentaient que ressusciter les morts, soigner les malades n'étaient pas « le signe », et c'est pour ça que Jésus leur dit qu'il allait leur faire voir le signe de Jonas (c'est-à-dire la résurrection). Ils demandaient le signe transcendant et caractéristique de Dieu se manifestant dans sa plénitude et, en cela, ils ne se trompaient pas, même ceux qui étaient les plus éloignés, même Hérode. Ils étaient effrayés et aiguillonnés par cet instinct religieux du cœur qui pousse à chercher et à distinguer où est Dieu.

Ils quémandaient le signe… cela arrivait d'ailleurs aussi aux saints. Saint Jean-Baptiste, en prison, souffrait beaucoup, il voyait que Jésus prêchait, mais il se sentait confus ; dans la solitude de sa cellule, il commença à douter et demanda que l'on pose la question à Jésus : « Es-tu celui qui doit venir ou devons-nous en attendre un autre ? » Il quémandait le signe, il cherchait le signe de la manifestation de Dieu, celle qu'avaient proclamée les Prophètes et que le peuple d'Israël attendait depuis cent ans. Ils quémandaient « le grand signe ».

Dans le récit de la naissance de Jésus que nous venons d'écouter, lorsque les anges annoncent aux bergers que le Rédempteur est né, ils disent : « Et ceci vous servira de signe : vous trouverez un nouveau-né enveloppé de langes et couché dans une crèche. » Le signe, c'est l'humilité totale de Dieu. Le signe, c'est que cette nuit Dieu tomba amoureux de notre humilité et se fit tendresse ; tendresse envers toute fragilité, toute souffrance, toute angoisse, toute recherche, toute limite. Le signe est la tendresse de Dieu ; et le message qu'attendaient tous ceux qui quémandaient des signes à Jésus, tous ceux qui étaient désorientés, tous ceux qui étaient même des ennemis de Jésus et le cherchaient du fond de l'âme était ceci : chercher la tendresse de Dieu, Dieu fait tendresse, Dieu caressant notre misère, Dieu amoureux de notre petitesse.

Aujourd'hui, la tendresse de Dieu nous est proclamée. Le monde continue de tourner, les hommes continuent de chercher

Dieu, mais le signe est toujours le même. Contemplant le nouveau-né dans la crèche, contemplant ce Dieu fait enfant, amoureux de notre petitesse, la question se pose cette nuit : Quelle est la tendresse de Dieu envers vous ? Te laisses-tu caresser par la tendresse d'un Dieu qui t'aime, par un Dieu fait tendresse ? Ou es-tu farouche et ne te laisses-tu pas rechercher par ce Dieu ? – Non, je cherche Dieu, pourrais-tu dire, mais le plus important, ce n'est pas que tu cherches Dieu, le plus important, c'est de te laisser chercher par Lui dans la caresse, la tendresse. Ainsi est la première question que nous pose cet Enfant par sa seule présence : nous laissons-nous aimer par cette tendresse ? Et plus encore : t'encourages-tu aussi à te faire tendresse pour tes proches ou préfères-tu la solution bureaucratique, exécutive, froide, efficace, non évangélisatrice ? S'il en est ainsi, crains-tu la tendresse que Dieu exerce sur toi ? Et c'est la seconde question d'aujourd'hui : Portons-nous, par nos comportements, cette tendresse qui doit nous accompagner le long de la vie, dans les moments de joie, de tristesse, de croix, de travail, de conflit et de lutte ?

La réponse du chrétien ne peut être différente de la réponse même de Dieu à notre petitesse : tendresse, mansuétude. Souvenez-vous de cette fois, lorsqu'un village de Samarie refusa d'accueillir Jésus et ses Apôtres et que Jean proposa à Jésus : « ... faisons-nous tomber le feu du ciel ?... », ce qui revient à dire « entrons et détruisons tout ». Et Jésus leur répond : « Ils ne savent pas de quel esprit vous êtes animés. » Il leur lance un défi ; si c'était aujourd'hui, il leur dirait que ce n'est pas chrétien. Souvenez-vous aussi de cette nuit où ils arrêtent Jésus. Pierre tire alors son épée, Hérault, défenseur de l'Église naissante, défenseur malheureux (car, quelques heures plus tard, il le trahit) et Jésus lui dit : « Rengaine ton glaive ; [...] Penses-tu donc que je ne puisse faire appel à mon Père, qui me fournirait sur-le-champ plus de douze légions d'anges ? » (Matthieu 26, 52-53), mais mon chemin est autre, c'est la tendresse. Et cela l'est plus encore dans les moments de conflits, dans les moments où l'on te donne des coups ; si quelqu'un te frappe sur une joue, tends-lui l'autre, maintiens la tendresse. Voici ce que la nuit de Noël nous apporte. Lorsque nous voyons Dieu tomber amoureux de notre petitesse, se faire tendresse pour mieux nous caresser, un Dieu qui est toute mansuétude, toute « prochaineté », il ne nous reste plus qu'à ouvrir notre cœur et à lui dire : Seigneur si tu l'as fait ainsi, aide-nous, donne-nous la grâce de la tendresse dans les situations de peines, donne-moi la grâce de la « prochaineté » devant les nécessités humaines, donne-moi la grâce de la mansuétude face à tout conflit. Implorons-le, c'est une nuit pour implorer… et j'ose vous donner une tâche pour cette nuit ou pour demain matin dans vos foyers, ne laissez pas le jour de Noël s'achever sans faire un moment de silence et vous demander : Quelle est la tendresse de Dieu envers moi ? Quelle est ma tendresse envers les autres ? Quelle est ma tendresse dans les situations limites ? Quelle est ma mansuétude au travail et lorsqu'il y a des conflits ? Et Jésus vous répondra.

Que la Vierge vous concède cette grâce.

Homélie, Noël 2004

Il est né en pleine nuit, il a été annoncé en pleine nuit

Il est né en pleine nuit, il a été annoncé en pleine nuit à « des bergers qui vivaient aux champs et gardaient leurs troupeaux durant les veilles de la nuit » (Luc 2, 8), il s'est rallié « au peuple qui marchait dans les ténèbres… » avec « les habitants du sombre pays » (Isaïe 9, 1). Et la lumière fut, « une grande lumière » (Isaïe 9, 1) qui se déverse sur les denses ténèbres, une lumière qui enveloppe tout : « et la gloire du Seigneur les enveloppa de sa clarté » (Luc 2, 9). Voici comment la liturgie d'aujourd'hui nous présente la naissance du Sauveur : comme la lumière qui entoure, pénètre toute obscurité. C'est la présence du Seigneur, au milieu de son peuple, une présence qui détruit le poids de la défaite, la tristesse de l'esclavage et sème la joie. « Soyez sans crainte, car voici que je vous annonce une grande joie, qui sera celle de tout le peuple : aujourd'hui vous est né un Sauveur, qui est le Christ Seigneur, dans la ville de David » (Luc 2, 10-11). « Vous est né » : s'il naît pour tout un peuple, il naît pour toute l'histoire en marche, il naît pour chacun de nous. Ce n'est pas un faire-part dans les pages d'un journal. Il s'agit d'une annonce qui touche le noyau même de l'histoire et met en place une autre façon de marcher, une autre façon de comprendre, une autre façon d'exister : marcher, comprendre et exister en compagnie de « Dieu avec nous ».

Tant de siècles se sont écoulés depuis que l'humanité a commencé à s'obscurcir. Je pense à cet après-midi où eut lieu le premier crime, lorsque le couteau de Caïn faucha la vie de son frère (Genèse 4, 8). Tant de siècles de crimes, de guerres, d'esclavage se sont écoulés. Et ce Dieu qui avait semé son illusion dans la chair de l'homme, fait à son image et à sa ressemblance, continuait d'espérer. Les illusions de Dieu ! Il avait un motif pour disparaître. Mais Il ne pouvait pas, Il était « réduit en esclavage », pour ainsi dire, à cause de sa fidélité, il ne pouvait se renier lui-même, le Dieu fidèle (2 Timothée 2, 13). Et ce Dieu continuait d'espérer. Ses illusions, enracinées dans sa fidélité, étaient protégées par la patience. La patience de Dieu face à la corruption des peuples et des hommes ! Seul un petit reste « humble et modeste, [...] dans le nom de Yavhé [...] cherchera refuge » (Sophonie 3, 12), accompagnait sa patience au milieu des ténèbres, partageait ses premières illusions.

Et pendant cette marche historique, cette nuit d'éclosion de la lumière au milieu des ténèbres nous annonce que Dieu est père et n'est jamais déçu. Les ténèbres du péché et de la corruption des siècles passés ne suffisent pas à le décevoir. C'est l'annonce de ce soir : Dieu a un cœur de Père et ne renie pas ses illusions envers ses fils. Notre Dieu ne peut être déçu, il ne se le permet pas. Il ne connaît ni la grossièreté, ni l'impatience ; simplement il attend, il attend toujours comme le père de la parabole (Luc 15, 20) car à tout moment, il monte à la terrasse de l'histoire pour voir de loin ses fils revenir.

Cette nuit, dans la quiétude et le silence de ce petit reste de justes, les fils commencent à revenir et ils le font dans le Fils qui accepta d'être un frère pour les accompagner sur le chemin. Ce Fils, « qui sauvera son peuple de ses péchés » (Matthieu 1, 21), avait dit l'Ange à saint Joseph. Tout est tendre, petit, silencieux : « Un enfant nous est né, un fils nous a été donné » (Isaïe 9, 5) ; « Et ceci vous servira de signe : vous trouverez un nouveau-né enveloppé de langes et couché dans une crèche » (Luc 2, 12). Le règne de l'apparence, de la vanité et de la fugacité, le règne du péché et de la corruption ; les guerres et la haine d'hier et d'aujourd'hui explosent dans la mansuétude de cette nuit silencieuse, dans la tendresse d'un enfant qui concentre en lui-même tout l'amour, toute la patience de Dieu qui ne s'autorise même pas à se décevoir lui-même. Et avec l'enfant, veillant sur les illusions de Dieu, il y a la Mère ; sa Mère et notre Mère qui, entre caresses et sourires, continue de nous dire tout au long de l'histoire : « Tout ce qu'il vous dira, faites-le » (Jean 2, 5).

C'est ce que je voudrais partager avec vous aujourd'hui dans la paix de cette nuit sainte : notre Dieu est Père, il n'est pas déçu. Il attend jusqu'à la fin. Il nous a donné son Fils pour frère afin qu'il marche avec nous, qu'il soit la lumière au milieu de l'obscurité et qu'il nous accompagne dans l'attente de « la bienheureuse espérance » définitive (Tite 2,13). Notre Dieu, celui-là même qui a semé ses illusions en nous, celui-là même qui ne s'autorise pas à être déçu par son œuvre, est notre espoir. Comme les Anges aux bergers je voudrais vous dire aujourd'hui : « Soyez sans crainte. » Ne craignez personne. Laissez venir les pluies, les tremblements de terre, les vents, la corruption, les persécutions sur le « reste » des justes… (cf. Matthieu 7, 24-25). Ne craignez point, car notre maison est fondée sur le roc de cette conviction : le Père attend, il a de la patience, il nous aime, il nous envoie son Fils pour qu'il marche avec nous, ne craignez point dès lors que nous avons la conviction que notre Dieu ne peut être déçu et nous attend. C'est la lumière qui brille cette nuit. C'est dans cet état d'esprit que je veux vous souhaiter un joyeux Noël.

Homélie, Noël 2005

Elle l'a enveloppé de langes et l'a couché dans une crèche

« Marie enfanta son fils premier-né, l'enveloppa de langes et le coucha dans une crèche, parce qu'ils manquaient de place dans la salle » (Luc 2, 7).

Le texte de Luc nous présente avec simplicité et sobriété la chronique chaleureuse de l'événement que nous célébrons chaque Noël. Prudemment, les divers personnages de cette histoire apparaissent pour recréer nos crèches, immortalisées grâce au génie de tant de peintres et de tant de poètes. La simplicité de la scène nous introduit dans la nouvelle toujours surprenante de Dieu et sa manière de se manifester au monde.

Et nous avons beau le revivre chaque année, nous avons besoin d'être surpris à nouveau par un Dieu qui choisit « la périphérie » de la ville de Bethléem et « la périphérie existentielle » des pauvres et des marginalisés du peuple de cette époque pour se manifester au monde. Et ensemble, avec eux, nous nous approchons de la crèche et là, nous voyons Marie, la femme croyante et travailleuse, qui a eu le courage d'avoir confiance en Dieu. Avec elle, il y a Joseph, l'homme juste et bon qui a préféré croire Dieu malgré ses doutes. Ainsi Dieu nous est révélé dans l'amour et l'abnégation d'un couple de simples croyants, et non dans la splendeur apparente de ceux qui comptent sur leurs propres forces.

Laissons-nous envahir par la surprise de découvrir que Dieu se manifeste à nous comme à ce groupe de pauvres bergers qui vivaient abandonnés des hommes plutôt qu'aux scrupuleux gardiens des lois et des coutumes.

Les moutons, l'âne, le bœuf, ces créatures simples auxquelles Dieu s'est manifesté aussi plutôt qu'au fourbe Hérode qui ensuite chercha l'enfant pour le tuer.

Cependant, le plus surprenant, c'est que Dieu se manifeste dans un petit enfant, pauvre et fragile. Ainsi est Dieu qui se manifeste dans Jésus : Dieu choisit le petit pour tromper les forts.

C'est une surprise qui devient une bonne nouvelle : Dieu est à la portée de tous ceux qui se laissent bousculer par la pédagogie de la crèche et l'accueillent comme un chemin transformateur de vie.

Le récit nous dit que les bergers racontaient « ce qu'on leur avait dit à propos de cet enfant ». Ils avaient beaucoup à dire, tant sur cet enfant que sur ce qui leur était arrivé.

C'est cela, l'appel de Noël. Nous aussi, nous avons quelque chose à raconter sur cet enfant, notre foi a quelque chose à dire à un monde « qui marche dans les ténèbres et les ombres de la mort ».

Nous aussi, peuple de Dieu en pèlerinage à Buenos Aires, nous avons découvert, durant toutes ces années, notre besoin de « veiller sur nos fragilités » et pour cela, nous implorons le Saint-Esprit de nous aider à « renouveler notre ferveur apostolique » et à marcher « en tant qu'Assemblée », en créant « un style commun » qui fasse de notre ville « un grand sanctuaire ». Cette année notamment, nous voulons nous retrouver en tant que famille et nous approcher de cette partie du peuple de Dieu, qui arrive dans nos communautés à des moments particuliers, pour partager avec elle dans la prière et la requête confiante les angoisses et les espoirs qui nous bouleversent le cœur.

Donc, selon la pédagogie du Seigneur de l'histoire, nous voulons que les plus éloignés, ceux qui, à l'instar des bergers, vivent et expérimentent la « périphérie de la vie », trouvent dans notre proximité une présence qui leur parle de Dieu qui nous aime, de Dieu qui est tendresse et vient à nous, à tous, à chacun, pour nous donner la vie, la vie en abondance, pour nous rendre heureux, pour que nous vivions en justice, vérité et paix. En nous rapprochant de tous, et notamment de ceux qui en ont le plus besoin, nous allons découvrir, non sans surprise mais de manière vitale, comment être une Église à Buenos Aires, témoins d'une espérance qui est « allégresse pour tout le peuple ».

Que le Seigneur nous bénisse, nous donne la paix et que la Vierge mère nous enseigne à protéger Jésus qui vit en nous.

Homélie, Noël 2006

« Je leur ai fait connaître ton nom
et je le leur ferai connaître,
pour que L'AMOUR dont tu m'as aimé
SOIT EN EUX et MOI en eux »

Jean 17, 26

Donner l'onction est un geste qui se fait de tout son être

L'Évangile selon saint Luc résonne particulièrement dans nos cœurs en cette ultime année de préparation du Jubilé dédié à Dieu le Père : Jésus témoigne qu'il a été oint par le Père pour « annoncer un an de grâce ».

L'onction, et particulièrement l'onction à l'huile parfumée, représente un symbole de plaisir et de joie. L'onction sert à différentes choses : soigner, consacrer, envoyer... mais c'est la joie qui caractérise toutes ces actions, qui enveloppe tel le parfum, pénètre telle l'huile, se répand dans le corps tout entier, ne laissant aucun espace non oint.

Aujourd'hui lors de la messe chrismale, la messe de l'onction, tous – évêques, prêtres, consacrées et consacrés, le peuple fidèle tout entier – nous demandons au Père de renouveler dans nos cœurs l'onction de l'Esprit reçue lors du baptême, l'onction même avec laquelle il a oint son Fils aimé – le Bien-aimé – et qu'Il nous a transmise abondamment par ses saintes mains.

Nous prions le Père de nous oindre afin d'être pleinement ses fils. Que ses mains de Père miséricordieux se posent sur nous et soignent nos plaies de fils prodigues. Que l'amour qui émane, doux et patient, de son cœur de Père se répande sur la totalité de tout son peuple – l'Église – en nous faisant frères, sans laisser de place aux rancœurs et aux divisions. Que le plaisir qu'apporte cette vérité douloureuse et glorieuse – que le Père nous aime ! – nous remplisse de courage pour annoncer cette bonne nouvelle à un monde assoiffé d'Évangile, de Jésus-Christ.

Oindre est un geste qui se fait de tout son être avec les mains, avec le cœur, avec la parole. C'est un geste de don total, un geste qui se veut fécond et vital. Un geste de Père.

Pour cela, nous qui avons été oints, et particulièrement nous qui avons été oints en tant que prêtre, nous supplions le Père : s'il te plaît, enseigne-nous à oindre nos frères avec des cœurs de père. Le père est celui qui se donne entièrement à sa famille, en tout et toujours : lorsqu'il embrasse, il les embrasse tous, les justes et les pécheurs ; lorsqu'il distribue, il ne garde rien : « Fils, tout ce qui est à moi est à toi. » Et pour cela, quand il pardonne sans mesquinerie, c'est une grande fête ; lorsqu'il attend, il ne se fatigue pas, il attend toujours, il espère chaque jour, il attend tout ce qui manque et pour tous ses fils.

Chers prêtres, mon désir et ma prière en cette Eucharistie sont que, en renouvelant les promesses que nous avons faites le jour de notre ordination, notre Père du Ciel nous renouvelle la grâce d'avoir ces gestes d'onction, ces gestes sacerdotaux et paternels.

Nous voulons nous traiter les uns les autres comme étant oints à tout moment : au travail, en servant, unis au coude à coude, notre peuple fidèle ; dans la prière, en respirant le même parfum de la saine doctrine de l'Évangile qui nous fait nous unir à Jésus et au Père ; dans le don, en nous donnant entièrement aux autres ; et aussi dans les difficultés et les conflits qui peuvent surgir entre nous les prêtres. Et c'est notamment là, dans ces conflits, que nous voulons cette onction qui faisait dire à David en pleine lutte contre Saül : « Que Yahvé m'ait en abomination si je porte la main sur l'oint de Yahvé ! » (1 Samuel 26, 11) afin que ainsi nous abondions en respect et en fraternité.

Nous voulons oindre notre peuple dans la foi baptismale, cette foi qui le fait peuple de rois, peuple sacerdotal, peuple de Dieu. Cette foi de nos pères est celle qui marque la véritable dignité de notre peuple, celle qui le fait vivre joyeux au milieu des tribulations actuelles.

Nous voulons oindre notre peuple dans l'espérance. Une espérance en Jésus seulement, afin de sentir que ce sont Ses mains qui le sauvent et le soignent, que ce sont Ses lèvres qui lui disent la seule vérité qui console, que c'est Son cœur qui se réjouit d'habiter parmi son peuple et de le sentir chair de sa chair.

Nous voulons oindre notre peuple dans la charité, afin qu'il ne se lasse pas d'être solidaire comme il l'a toujours été ; pour que chaque père renouvelle sa vigueur et se fortifie dans la tâche ardue de faire vivre sa famille ; pour que toutes les mamans continuent d'apporter ce baume que sont la douceur et la chaleur du foyer, dans le cœur des époux et des enfants ; pour que les jeunes goûtent la joie de passer leur vie au service des autres, notamment auprès des enfants et des pauvres ; pour que les grands-parents puissent regarder l'avenir avec espoir et prêchent comme ces vieillards de l'Évangile – Syméon et Anne – et transmettent le message que la vie vaut la peine parce que le Seigneur tient ses promesses ; pour que les malades, les prisonniers, ceux qui sont seuls ou sans foyer, les plus pauvres, se sentent proches de Jésus qui est venu spécialement pour eux, pour soigner, pour offrir la liberté, pour leur annoncer la Bonne Nouvelle.

Lorsque Dieu notre Père oint la chair « outragée et glorifiée » de son Fils aimé, Il oint toutes nos souffrances et toutes nos joies. Pour cela, nos mains ointes par le chrême, doivent être des mains proches de notre peuple fidèle, des mains qui font sentir l'onction du Père dans sa chair, spécialement ici où est sa chair – c'est la preuve ! – « il a faim et soif, il est malade et blessé, il purge sa faute en prison, il n'a pas de quoi se vêtir, il connaît l'amer corrosion de la solitude née du dénigrement ».

Pour guérir cette chair, le Père a envoyé son fils. Nous avons été guéris dans ses plaies ! C'est pour guérir cette chair aujourd'hui qu'on implore aujourd'hui notre paternité de oints, notre paternité sacerdotale. Que Notre-Dame qui donna chair à la parole de Dieu nous accompagne et nous guide sur ce chemin.

Homélie, messe chrismale, 1999

Aux prêtres de l'archevêché

Dans quelques semaines commence le temps de l'Avent : cette année marque le début liturgique de la période de Jubilé. Le désir de nous laisser visiter par le Seigneur en sa venue prend une force singulière à la lumière de cet événement. À Noël, la Porte Sainte s'ouvrira et, avant ce geste, l'invitation tant répétée du Pape résonne en moi : « Ouvrez les portes au Rédempteur » (*Aperite portas* n° 1), « Ouvrez les portes au Christ » (*Redemptoris Missio*, nn 3, 39. C'est ainsi que doit nous trouver la Naissance du Seigneur, comme « … des gens qui attendent leur maître […] pour lui ouvrir dès qu'il viendra » (Luc 12, 36). Cette lettre que je vous écris naît du désir de vous exhorter, comme berger et comme frère, à ouvrir les portes des esprits, les portes de notre Église… toutes les portes. Ouvrir les portes est un devoir chrétien, un devoir sacerdotal.

Ainsi le fit Jésus, tel que nous le lisons dans l'Évangile. Au début de sa mission, « on lui remit le livre du prophète Isaïe et, déroulant le livre… » (Luc 4, 17) ; et ainsi s'achève le livre de l'Apocalypse : comme l'Agneau égorgé, comme le Lion de la tribu de Juda, le seul « digne d'ouvrir le livre et d'en briser les sceaux » (Apocalypse 5, 2-9). Jésus ressuscité est celui qui « ouvre l'esprit » des disciples d'Emmaüs « à l'intelligence des Écritures » (Luc 24, 45) et leur fait se souvenir : « Notre cœur n'était-il pas tout brûlant au-dedans de nous, quand il nous parlait en chemin, quand il nous expliquait les Écritures ? » (Luc 24, 32). De nombreux miracles surviennent autour de cette ouverture à la Parole : « Alors il [Jésus] leur toucha les yeux […]. Et leurs yeux s'ouvrirent » (Matthieu 9, 29-30) ; Jésus dit au sourd-muet : « "*Ephphatha*", c'est-à-dire : "Ouvre-toi !" Et ses oreilles s'ouvrirent » (Marc 7, 34). Quand Jésus « prend la parole », c'est le Royaume des Cieux, celui qui s'ouvre dans les Paraboles : « Et prenant la parole, il les enseignait » (Matthieu 5, 2) ; « J'ouvrirai la bouche pour dire des paraboles » (Matthieu 13, 35). Quand

Jésus s'humilie et est baptisé, quand il se met en prière (Luc 3, 21), le ciel s'ouvre et la voix amoureuse du Père résonne : « Celui-ci est mon Fils bien-aimé, qui a toute ma faveur » (Matthieu 3, 17). Et c'est le Seigneur lui-même qui nous exhorte : « Cherchez et vous trouverez ; frappez et l'on vous ouvrira » (Luc 11, 9) et l'Église supplie « afin que Dieu ouvre un champ libre à notre prédication » (Colossiens 4, 3), car « s'Il ouvre, nul ne fermera » (Apocalypse 3, 7). L'invitation claire et définitive qui concentre de manière entièrement personnelle tous les gestes de l'ouverture du Seigneur est celle de la lettre à Laodicée : « Si quelqu'un entend ma voix et ouvre la porte, j'entrerai chez lui pour souper, moi près de lui et lui près de moi » (Apocalypse 3, 20).

Actuellement, l'ouverture est considérée comme une valeur, bien qu'elle ne soit pas forcément toujours bien comprise. Les gens disent : « C'est un curé à l'esprit ouvert » en opposition à « un curé à l'esprit fermé ». Mais toute appréciation dépend de celui qui la fait. Parfois, si l'appréciation est superficielle, ouverture peut signifier « quelqu'un qui laisse passer n'importe quoi » ou qui est « calé », qui n'est pas « guindé », « rigide ». Mais derrière certaines positions, qui ne sont qu'une question épidermique, se cache toujours un fond de vérité que les gens perçoivent. Être un prêtre ouvert signifie « être capable d'écouter, tout en maintenant fermement ses convictions ». Un jour, un homme du peuple m'a décrit un curé par cette simple phrase : « C'est un curé qui parle avec tout le monde. » Il voulait dire qu'il ne faisait exception de personne. Il soulignait qu'il pouvait parler « bien » avec chacun et le distinguait clairement de ceux qui ne parlent bien qu'à quelques-uns, ou de ceux qui parlent à tout le monde en disant oui à tout.

Il en est ainsi car l'ouverture va de pair avec la fidélité. Et le propre de la fidélité est ce mouvement unique selon lequel, d'une part, la porte du cœur s'ouvre entièrement à la personne aimée et, de l'autre, cette même porte se ferme à tout ce qui menace cet amour. Ouvrir la porte au Seigneur implique donc d'ouvrir la porte à ceux qu'Il aime : les pauvres, les petits, les dévoyés, les pécheurs… finalement, à toute personne. Et de fermer la porte aux « idoles » : à la flatterie facile, à la gloire mondaine, à la concupiscence, au pouvoir, à la richesse, à la médisance et – dans la mesure ou elles incarnent ces défauts – aux personnes qui veulent entrer dans notre cœur ou dans nos communautés pour nous les imposer.

En plus d'être fidèle, l'attitude d'ouvrir ou de fermer la porte doit s'accompagner du témoignage. Le témoignage qu'au dernier jour une porte s'ouvrira pour certains : ceux qui sont bénis du Père, ceux qui ont donné à manger et à boire aux plus petits, ceux qui ont veillé à remplir leur lampe d'huile, ceux qui ont pratiqué la Parole… et une porte qui se fermera pour les autres : ceux qui n'ont pas ouvert la porte de leur cœur aux nécessiteux, ceux qui se sont retrouvés sans huile, ceux qui ont seulement dit les mots « Seigneur, Seigneur », mais n'ont pas aimé avec des œuvres.

L'ouverture n'est donc pas une question de mots mais de gestes. Ce que les gens traduisent en parlant du curé qui « est toujours là » et de celui qui « n'est jamais là » (et placent de manière charitable un « je sais que vous êtes occupé, mon père, que vous avez tant à faire… »). L'ouverture évangélique se joue dans les lieux d'entrée : à la porte des églises qui, dans un monde où les commerces ne ferment jamais, ne peuvent rester longtemps closes, même s'il faut en payer la surveillance et se rendre au confessionnal plus souvent ; à cet accès qu'est le téléphone, fatigant et importun dans notre monde ultra connecté, mais qui ne peut rester de longues heures sur messagerie. Ces portes sont cependant, bien sûr, externes et « médiatiques ». Elles sont l'expression de cette autre porte qu'est notre visage, notre sourire, que sont nos yeux, notre façon d'accélérer un peu le pas ou de nous exalter en retrouvant celui dont nous savons qu'il nous attend… Dans le confessionnal, nous le savons, la moitié de la bataille se gagne ou se perd au moment de se saluer, dans la manière d'acceuillir le pénitent, notamment lorsque celui-ci jette un regard et d'un geste dit « je peux ? ». Un accueil franc, cordial, chaleureux finit par ouvrir l'âme que le Seigneur a fait s'approcher de la grille. En revanche, un accueil froid, pressé ou bureaucratique ferme ce qui est entrouvert. Nous savons que nous nous confessons de façon différente selon le curé... et les gens le savent aussi.

Une belle image qui permet d'apprécier notre ouverture est celle de notre maison. Il y a des maisons qui sont ouvertes parce qu'elles sont « en paix », elles sont accueillantes parce qu'elles représentent la chaleur du foyer. Elles ne sont ni trop ordonnées, ce qui peut faire passer même l'envie de s'asseoir (sans parler de fumer ou de manger quelque chose), ni trop en désordre, ce qui peut embarrasser l'autre. C'est la même chose avec le cœur : le cœur qui a de la place pour le Seigneur a de la place pour les autres. S'il n'y a ni lieu ni temps pour le Seigneur, alors le lieu pour les autres dépend des humeurs, des enthousiasmes et des fatigues personnels. Or le Seigneur est comme les pauvres : il s'approche sans que nous l'appelions et insiste un peu, mais ne s'attarde pas si nous ne le retenons pas. Il est facile de s'en débarrasser. Il suffit de presser un peu le pas, comme devant les mendiants, ou de regarder de l'autre côté comme lorsque des enfants nous proposent d'acheter une image dans le métro.

Oui, l'ouverture aux autres va de pair avec notre ouverture au Seigneur. C'est Lui, qui a le cœur ouvert, le seul qui peut ouvrir un espace de paix dans notre cœur, cette paix qui nous rend accueillants aux autres. C'est l'office de Jésus ressuscité : entrer dans le cénacle fermé qui, dans quelques maisons, est l'image du cœur, et l'ouvrir, abolissant toute crainte et emplissant les disciples de paix. À la Pentecôte, l'Esprit scelle avec paix la maison et les cœurs des Apôtres et les transforme en une maison ouverte pour tous, en une Église. L'Église est comme la maison ouverte du Père miséricordieux. Voilà pourquoi notre attitude doit être celle d'un Père et non celle des fils de la parabole : ni celle du plus jeune qui profite de l'ouverture pour faire sa petite escapade, ni celle de l'aîné qui croit qu'avec son cœur fermé il protège l'héritage mieux que son propre père.

Ouvrez les portes au Seigneur ! C'est la demande que je veux faire aujourd'hui à tous les prêtres de l'archevêché. Ouvrez les portes ! Celles de vos cœurs et celles de vos Églises ! N'ayez pas peur ! Ouvrez-les le matin, dans vos prières, pour recevoir l'Esprit qui vous emplira de paix et de joie, et sortez ensuite pour mener le peuple fidèle de Dieu. Ouvrez-les pendant la journée, afin que les fils prodigues se sentent attendus. Ouvrez-les à la nuit tombée, afin que le Seigneur ne s'éloigne pas en vous laissant à votre solitude, mais que, au contraire, il entre et mange avec vous et vous tienne compagnie.

Et souvenez-vous toujours de Celle qui est la Porte du Ciel : de celle du cœur ouvert par l'épée, qui comprend toutes les peines ; de la petite esclave du Père qui sait s'ouvrir entièrement aux louanges ; de celle qui sort de soi « avec promptitude » pour visiter et consoler ; de celle qui sait transformer n'importe quel taudis en maison de « Dieu avec nous » grâce à de pauvres langes et une montagne de tendresse ; de celle qui est toujours attentive à ce que le vin ne manque pas à nos vies, de celle qui sait attendre dehors pour permettre au Seigneur d'instruire son peuple ; de celle qui reste dans le terrain vague, n'importe où, là où les hommes dressent une croix et crucifient leurs fils. Notre-Dame est Mère et – comme mère – sait ouvrir les cœurs de ses fils : tous les péchés cachés se font pardonner par Dieu qui les voit à travers ses yeux bons : tous les caprices et les enfermements se dissolvent par la grâce d'une de ses paroles ; toutes les craintes envers la mission se dissipent si Elle nous accompagne sur le chemin.

Je l'implore, Elle, de nous bénir, nous tous, les prêtres de cet archevêché et qu'elle nous enseigne chaque jour, avec une tendresse de mère, à ouvrir les portes au Rédempteur. Avec une affection fraternelle.

Octobre 1999

« Dieu, ton Dieu, t'a donné l'onction d'une huile d'allégresse »

Le cadre, le cœur de cette liturgie chrismale est la Joie. Le Seigneur vient pour annoncer une année de Grâce, une année sainte, une année de Joie. En latin, le mot *jubilatio*, dont les racines se référeraient pourtant à un instrument de musique, est utilisé pour décrire les « cris de joie des paysans », la joie des humbles travailleurs, des petits. *Jubilare* signifie « faire du tapage et crier de joie comme les gens simples et les pauvres qui chantent. Lancer des cris de louanges à Dieu ». C'est ce que nous décrit Isaïe dans la première lecture : le Seigneur promis qui viendra panser les cœurs affligés et transformer l'accablement des humbles en « cantiques » de joie.

La jubilation est l'allégresse des petits : celle des cultivateurs qui « recueillent avec des cris de joie ce qu'ils ont semé dans les larmes » ; celle des bergers : cette réjouissance que leur annoncent les anges la nuit de Noël ; celle de Notre-Dame : la joie est l'allégresse de Marie et d'Élisabeth, ce plaisir qui leur emplit l'âme et les fait déborder d'une allégresse contagieuse ; celle de Jésus : saint Luc nous dit que le Seigneur s'emplit de joie dans l'Esprit-Saint et bénit le Père d'avoir révélé des choses aux tout-petits (Luc 10, 21). Et si nous observons bien, l'allégresse des humbles est une joie dont la source est le travail : en cultivant, au début de la mission et au retour de celle-ci. C'est cette allégresse qui survient après qu'on a souffert un peu pour le Christ, comme cela est arrivé aux Apôtres lorsqu'ils sont sortis « tout joyeux d'avoir été jugés dignes de subir des outrages pour le Nom » (Actes des Apôtres 5, 41). C'est le chant qui jaillit du cœur après avoir été contenu dans les angoisses du travail. Le chant qui unit et renforce : « Ne vous affligez point : la joie de Yahvé est votre forteresse ! » (Néhémie 8, 10).

Aujourd'hui, demandons-nous, cela nous fera du bien, ce qui réjouit notre cœur en tant que presbytère et peuple sacerdotal. Voilà une question qui n'est ni marginale, ni mineure. Nous demander si notre cœur est empli de joie – pour le remercier et lui demander – revient à nous interroger sur ce qui nous unit dans la sainteté, sur ce qui rend efficace notre devoir pastoral, à nous questionner sur notre humilité et notre force.

La messe chrismale est une messe de Joie pour les prêtres : la joie de l'union. C'est le Seigneur Lui-même qui fait de chacun de nous un missionnaire et nous répartit dans tout l'archevêché et au-delà (je pense à Xai-Xai et à ceux qui aident dans d'autres diocèses) ; c'est lui qui nous réunit le jeudi saint, en étant celui qui place dans un ciboire l'Eucharistie, et nous fait unis, entre ses mains, avant de recommencer à nous séparer et à nous répartir parmi le peuple fidèle de Dieu. Toute joie provient de cette communion presbytérale que nous offre Jésus notre Seigneur : union dans l'Esprit, union dans l'Épouse qui est l'Église, une et sainte. De cette attitude surgissent ensuite toutes les attitudes jubilatoires d'un cœur de prêtre.

Le pape Jean-Paul II nous signale le cadre des grandes joies qui vont emplir notre cœur en cette année sainte : la joie d'aller en pèlerinage en guidant le peuple fidèle de Dieu jusqu'à la maison du Père ; l'allégresse de franchir les seuils et de traverser la Porte, qui est Christ ; la joie d'avoir la mémoire purifiée pour avoir su demander pardon ; la joie profonde qui est le fruit de la charité héroïque et la joie dramatique d'être envahis par le souvenir de nos martyrs… Et ces grandes joies s'accompagnent – si on peut parler ainsi – des plus petites joies de tous les jours qui font partie de la vie quotidienne de chaque cœur sacerdotal.

Selon les préceps de l'Évangile, nous pouvons affirmer sans crainte qu'un cœur de prêtre fort est celui qui est capable de sauter de joie en contemplant, par exemple, ses catéchistes enseignant aux plus petits ou ses jeunes sortant la nuit pour s'occuper de ceux qui n'ont pas de foyers. Un cœur de prêtre est fort s'il conserve la capacité de sauter de joie au retour du fils prodigue, attendu patiemment dans le confessionnal. Un cœur de prêtre est fort s'il est capable de laisser l'allégresse l'enflammer par la parole du Jésus caché, qui fait route avec eux, comme il est arrivé aux deux disciples d'Emmaüs. N'oublions pas : l'allégresse du Seigneur est notre force et nous protège des esprits qui geignent, signes de manque d'espoir, et des impatiences, caractéristiques des fonctionnaires plus que des cœurs de prêtres.

Joie, humilité et force vont de pair et représentent les grâces que nous demandons au Seigneur de nous offrir, à nous, les prêtres et à tout notre peuple fidèle en ce jeudi saint de l'année jubilaire. Pour recevoir la joie qui provient de l'Esprit, nous implorons Notre-Dame de nous enseigner ce que signifie que la plus grande est la plus petite. Pour recevoir la grâce de l'humilité, nous demandons à l'Esclave qu'elle nous enseigne comment chanter le Magnificat dans un service humble et dans la rencontre fraternelle quotidienne. Pour recevoir la grâce de la force, nous implorons la Vierge de nous enseigner comment ne jamais nous séparer, comment maintenir unies allégresse et humilité, et nous lui demandons en grâce que les amis de son Fils Jésus ne voient jamais leurs cœurs distraits par l'orgueil, mais que nous nous aimions humblement comme des frères afin que « la joie du Seigneur soit notre force ».

Homélie, messe chrismale, 2000

« Si quelqu'un m'aime, il restera fidèle à ma parole et mon Père l'aimera »

En cette messe du jeudi saint, l'Église nous invite, année après année, à méditer ce passage inaugural de l'Évangile selon Saint Luc : « Il vint à Nazareth où il avait été élevé, entra, selon sa coutume le jour du sabbat, dans la synagogue, et se leva pour faire la lecture. On lui remit le livre du prophète Isaïe… » (Luc 4, 16-17). Je souhaite m'arrêter quelques instants pour contempler, avec vous, chers frères dans le sacerdoce, la même scène : cette scène, si bien décrite, nous montre Jésus dans la synagogue de son peuple, comme si nous nous disions c'est Jésus dans l'église du quartier, dans notre paroisse. Nous figurer dans cette scène nous sera bénéfique : imaginons cette chapelle de Nazareth et aussi, pourquoi pas, imaginons chacun Jésus dans sa propre paroisse, dans son église.

Si nous regardons ce que fait le Seigneur, le rite de la lecture reste d'actualité, comme lorsque, pendant la messe, quelqu'un se lève pour venir à l'autel, on lui approche le livre et le signet lui indique la page. Le Seigneur se lève pour faire la lecture, il lit le livre d'Isaïe, le rend au ministre et s'assoit. Ce sont des rites simples qui nous parlent de tradition familiale, de sabbats à la synagogue, de la main de saint Joseph et de la Vierge, de gestes décisifs de Jésus qui nous renvoient à la vie de la paroisse. L'image de Jésus adulte dans la synagogue est parallèle dans Luc à celle de l'Enfant perdu et trouvé dans le Temple, à ceux qui montèrent à Jérusalem « comme c'était la coutume » (Luc 2, 42). Luc, comme nous savons, fait tourner la vie du Seigneur autour du Temple de Jérusalem, depuis l'annonce à Zacharie jusqu'à l'image finale de ceux qui forment la nouvelle communauté après l'Ascension : « Ils étaient constamment dans le Temple à bénir Dieu » (Luc 24, 53).

Cette grande image de la relation du Seigneur avec le Temple a son corollaire dans la vie quotidienne : dans ces autres images, celles des petites synagogues de village, dans la synagogue de Capharnaüm où commence ce jour typique où Il soigne le possédé et ensuite part à la maison de Simon – roc de l'Église – et, au coucher du soleil, la foule s'amasse, attendant que Jésus s'occupe des malades… (Luc 4, 40). Nous croulons sous les urgences comme nous disons dans notre jargon. C'est dans la synagogue où Jésus, traqué par les pharisiens (Luc 6, 11), soigne un homme paralysé de la main, où il reçoit les amis du centurion, celui qui avait construit la synagogue pour le village (Luc 7, 1-10). Sortant de la synagogue, il soigne la femme hémorroïsse et ressuscite la fille de Jaïre, le chef de la synagogue (Luc 8, 40-56). Dans la synagogue, il redresse la femme courbée afin qu'elle rende à nouveau gloire à Dieu dans la dignité (Luc 13, 10-17).

C'est l'image que je souhaite mettre en relief aujourd'hui : celle de Jésus parmi le peuple fidèle de Dieu, celle de Jésus prêtre et bon pasteur au milieu de l'Église universelle et locale. Car dans cette image réside la force de notre identité sacerdotale. Le Seigneur veut continuer à être, à travers nous, ses prêtres, au milieu de son peuple fidèle (duquel nous faisons partie). Il veut avoir besoin de nous pour faire l'Eucharistie, pour cheminer en Église. Cette Église qui est Sanctuaire qui convoque tout le peuple fidèle de Dieu et, en même temps, est une petite Confrérie où se développe la vie de chaque communauté ; cette Église qui est un lieu saint au milieu des villes où le Père continue d'inviter ceux qui veulent l'adorer en Esprit et en vérité.

Cela nous fait du bien de contempler Jésus entouré de tous les personnages que nous voyons quotidiennement dans nos temples : jamais ils ne manquent à l'appel au sein de la communauté qui se réunit pour rendre un culte à Dieu : celui qui n'est pas en pleine forme dans sa chair ou dans son âme, le mendiant aux mains vides, la femme courbée, les femmes hémorroïsses silencieuses qui savent toucher le manteau du Seigneur ; il ne manque ni ceux qui parfois ne pratiquent pas, comme le centurion, mais qui secourent par une aumône et leur bonne volonté ; il ne manque pas de gens qui aident à écouter la Parole et qui prient, qui admirent et qui louent Dieu, ni non plus ceux qui viennent avec leurs scandales, leurs potins, les pharisiens qui guettent toujours les autres avec leurs règlements sans charité… Ne manquent jamais dans nos Temples ni les vieillards saints comme Syméon et Anne, ni les enfants du catéchisme qui s'attardent après l'heure… Et souvent, le pharisien et le publicain entrent prier ; et tous les jours, même si Jésus est seul à le voir, il y a une veuve qui jette ses deux dernières piécettes dans le tronc des pauvres.

Comment nous interpelle ce Jésus qui, « comme c'était la coutume », entre dans la synagogue et lit ? Ce Jésus qui marche avec son peuple dans les processions et fait la queue parmi les pécheurs pour que Jean le baptise, ce Jésus qui célèbre la Pâque et qui est immergé au milieu des traditions de son peuple, renouvelant tout de l'intérieur ? Les gens se rendent compte que tout se renouvelle autour de Lui. De là, cette contradiction si impressionnante entre les louanges exaltées et les blasphèmes empoisonnés de haine face à quelqu'un qui dit seulement que cette écriture s'accomplit aujourd'hui. Que nous dit-il à nous, les prêtres, à quoi nous invite-t-il ?

Il nous invite à être des hommes d'Église, ce qui revient aujourd'hui à « imiter et suivre le Christ », en dépit des controverses. Aujourd'hui comme alors, le Seigneur nous invite à être fidèle à notre peuple, à nous immerger sans prétention ni mépris élitiste et savant dans ses traditions et ses coutumes, le cœur brûlant d'amour afin que l'Esprit-Saint renouvelle la face de la terre et allume dans les cœurs le feu que le Seigneur Lui-même a apporté.

Il nous invite à être des prêtres qui ressentent l'Église comme une Mère. Des prêtres qui sont amoureux de l'Église Sainte et Immaculée véritable Épouse du Christ et ne perdent pas le regard empli d'espoir du premier amour. Des prêtres capables de voir et de ressentir l'Église catholique comme une et la même, tant dans les grandes célébrations que dans celles, cachées, du confessionnal. Des prêtres au cœur ouvert comme celui de l'Église, prêts à recevoir tout le monde, et plus particulièrement, et avec toute la tendresse possible, ceux que notre société exclut et oublie, pour les confirmer dans leur dignité de fils aimés du Père. Des prêtres qui corrigent d'abord l'Église elle-même et demandent pardon pour ses péchés et, se sustentant de l'Eucharistie et de la Parole, se décident aussitôt, fraternellement comme le dit l'Évangile, à corriger les autres sans jamais « donner de perles aux cochons », à ceux qui tirent parti de notre mauvaise gestion des blessures et des dissensions pour atteindre et se moquer de notre Mère l'Église. Des prêtres qui invitent de manière créative et infatigable ceux que le Père attire et rapproche de son Fils. Des prêtres qui sortent chercher ceux que Jésus aime pour les adjoindre au troupeau. Des prêtres qui apportent au monde l'Esprit qui sanctifie et qui fait l'Église et ne permettent pas que la mondanité spirituelle s'installe dans leurs vies.

Je termine par un fait relaté un peu plus loin dans ce passage. Ce qui retient l'attention, c'est que ceux qui passent de la louange à la haine au point de vouloir repousser Jésus commencent à se demander : « N'est-il pas le fils de Joseph, celui-là ? » (Luc 4, 22). La coutume de connaître Jésus et sa famille les a éloignés du Dieu fait chair. À l'inverse, pour Jésus, les coutumes de son peuple ne l'éloignent ni du Père, ni de ses frères… au contraire.

Je souhaite demander aujourd'hui à la Vierge et à saint Joseph, à eux qui ont su inculquer à Jésus cet amour envers l'assemblée antique d'Israël et ses coutumes, que notre amour envers l'Église, dans tous ses fils et dans toutes ses choses, ait cet air de famille. À Marie particulièrement, nous demandons, nous les prêtres, de voir son visage et de penser à son cœur de mère lorsque nous parlons de l'Église et lorsque nous nous occupons du plus petit de ses fils ; de sentir que ce que nous disons de l'Église, nous le disons d'elle ; que ce que veut faire le Seigneur en nous, dans notre Église, ce sont les mêmes merveilles qu'il a réalisées en elle. Nous lui demandons la grâce que notre sacerdoce et notre Église fassent que le peuple fidèle de Dieu se sente aussi aimé qu'il est aimé de Marie.

Homélie, messe chrismale 2001

Je lui donne l'onction pour le guérir, je lui donne l'onction pour le libérer…

L'image de Jésus oint et consacré pour oindre son peuple, à commencer par les plus nécessiteux, nous emplit d'espoir et montre aussi le chemin au moment où notre nation traverse une crise profonde. Le Père oint son Fils d'une onction qui le fait homme « pour » les autres. Il l'oint pour l'envoyer annoncer la Bonne Nouvelle, il l'oint pour le guérir, pour le libérer… Ainsi, comme il n'y a rien dans le Fils qui ne provienne du Père, il n'y a rien non plus en Lui qui ne soit pas « pour » nous. Jésus reçoit l'onction pour la donner. Et nous, ses prêtres, nous recevons aussi l'onction pour la donner.

Dans cette scène, quelque chose de particulier retient l'attention : Jésus lit le livre d'Isaïe, puis s'assied et proclame en onction et simple majesté : « Aujourd'hui s'accomplit à vos oreilles ce passage de l'Écriture » (Luc 4, 21). Bien que le Seigneur eût déjà été enseigné dans les synagogues (Luc 4, 15) et que sa renommée se fût répandue dans toute la région, il est évident que les débuts de sa mission sont récents. Comment est-il possible alors de parler d'accomplissement ? Cette manière de parler choque ses compatriotes et ils le défient : « Tout ce qu'on nous a dit être arrivé à Capharnaüm, fais-le de même ici dans ta patrie » (Luc 4, 23). C'est comme lui dire : prouve par de nouveaux miracles que tu as bien reçu l'onction. Demander de nouveaux signes est une constante chez ceux qui se refusent à croire en Jésus.

Nous aussi, nous sommes interpellés par le fait que le Seigneur parle d'accomplissement au tout début de sa mission ; cette phrase désespérée ne résonne-t-elle pas parfois dans nos cœurs ? Pourquoi ne fais-tu pas ici et maintenant ces miracles dont on nous a dit que tu les as réalisés alors ? Cette phrase nous éloigne de Celui qui est oint : ses paroles d'annonce, ses actes de guérison, la vision qu'il nous propose et la liberté qu'il offre sont caractérisés par la pauvreté. Ce sont des gestes et des actions pauvres : ils suffisent pour le jour d'aujourd'hui – bien que son onction fût « une fois pour toutes » – et ont besoin d'un renouvellement et d'une actualisation constante, un enracinement continu dans la pauvreté de chaque moment de notre histoire.

Ainsi agit Jésus. Pour Lui, soigner un malade en plus de le soigner de sa maladie, c'est lui donner l'onction pour qu'il se convertisse, avec sa douleur ointe, en témoignage de l'amour de Dieu, associé à la Passion salvatrice du Seigneur. Jésus rend la vue aux aveugles pas seulement pour qu'ils puissent voir eux-mêmes ce qui les intéresse sans l'aide des autres. Pour Lui, donner la vue, c'est oindre les yeux pour que la foi jaillisse et que la pratique de la charité se renforce grâce à cette joie que donne de « voir ce qui ne se voit pas », de voir avec espérance. Pour Jésus, libérer les opprimés n'a pas pour but de les libérer de tout faix, pour qu'ils courent seuls dans la vie et fassent carrière. Libérer de tout esclavage signifie oindre afin que le poids oint se convertisse en poids salvateur de la croix et afin que, affranchis de toute oppression, nous portions avec courage notre croix et nous suivions le Seigneur en aidant un autre à porter la sienne.

Ce que je veux dire, c'est que l'onction pénètre le plus intime de la personne et non tant « les choses » qui la dépassent. La profondeur et l'efficacité de l'onction du Seigneur ne se mesurent pas à la quantité de miracles qu'il peut réaliser, ni à la distance qu'il parcourt lors de sa prédication, pas plus qu'à l'intensité de sa souffrance... La profondeur qui parvient jusqu'à la moelle de ses os et l'efficacité qui fait qu'Il est tout entier salut pour celui qui l'approche résident dans l'union intime et l'identification totale avec le Père qui l'a envoyé. C'est précisément l'onction avec laquelle Jésus vit son union avec le Père qui fait que tout geste de lui est un accomplissement. L'onction est ce qui transforme son temps en *kairos*, en temps de grâce permanente.

La mission s'accomplit « aujourd'hui » parce que le Seigneur ne donne pas seulement le pain, mais parce qu'il se fait lui-même pain. Cette libération des opprimés s'accomplit « aujourd'hui » parce que le Seigneur non seulement pardonne « en nettoyant les taches » sur les vêtements des autres, mais parce que Lui-même « se fait péché », se salit, reste avec les plaies... et il se remet ainsi entre les mains du Père qui l'accepte. Cette bonne nouvelle s'accomplit « aujourd'hui » parce que le Seigneur non seulement annonce qu'il va prendre des mesures, mais parce que lui-même est la mesure qui nous fait voir avec Sa lumière chacune de ses paroles.

Nous aussi, chers frères dans le sacerdoce, nous sommes oints pour oindre. Oints, c'est-à-dire unis jusqu'à la moelle de nos os avec Jésus et le Père. Comme le baptême, l'onction sacerdotale agit de l'intérieur vers l'extérieur. Au contraire de ce qu'il paraît, le sacerdoce n'est pas une grâce qui vient de l'extérieur et qui ne finit jamais de pénétrer en profondeur dans notre cœur pécheur. Nous sommes prêtres au plus profond, au plus sacré et au plus mystérieux de notre cœur, là même où nous sommes fils par le baptême et demeure de la Trinité. Notre effort moral consiste à oindre avec cette onction plus que profonde nos gestes quotidiens jusqu'aux plus superficiels, de manière que toute notre vie se convertisse, à travers notre collaboration, en ce que nous sommes déjà par la grâce.

Oints pour oindre, c'est-à-dire pour incorporer toute personne à cette union avec le Père et le Fils dans un même Esprit. Que l'onction sacerdotale nous convertisse en Pain pendant que nous oignons le pain quotidien en le consacrant à chaque Eucharistie et en le partageant solidairement avec nos frères. Que l'onction sacerdotale nous convertisse en hommes emplis de tendresse, pendant que nous oignons avec un baume la douleur des malades. Que l'onction sacerdotale nous libère de nos péchés pendant que nous oignons avec l'Esprit du pardon les péchés de nos frères et les aidons à porter leur croix. Que l'onction sacerdotale nous transforme en lumière du monde pendant que nous prêchons, avec onction, l'Évangile, comme nous l'a ordonné le Seigneur, qui enseigne à garder tout ce qu'Il nous a dit. Que l'onction sacerdotale oigne notre temps et l'utilisation que nous en faisons pour qu'il se convertisse en « temps de grâce » pour nos frères, pendant que nous continuons – au rythme ecclésial du Bréviaire – le cours ordinaire de la vie que le Seigneur nous donne.

Dans le climat de manque de crédibilité dans lequel nous vivons, alors que les personnalités publiques sont passées au crible tous les jours, qu'il ne nous arrive pas à nous ce qui est arrivé aux compatriotes du Seigneur. Que nous ne cherchions ni ne prétendions à d'autre crédibilité que celle qui provient de l'Onction du Christ. Comme dit Jean : « Quant à vous, l'onction que vous avez reçue de lui demeure en vous, et vous n'avez pas besoin qu'on vous enseigne. Mais puisque son onction vous instruit de tout, qu'elle est véridique, non mensongère, comme elle vous a instruits, demeurez en lui » (1 Jean 2, 27). Seul ce qui se vit et se fait avec onction est digne de foi. Que Marie, qui a été la première à expérimenter en plénitude la présence de l'Oint en son sein, nous transmette la joie de sa vision emplie d'espérance et que, sa tendresse religieuse, nous fasse accéder au domaine dans lequel – par nos mains – passe l'onction de Dieu à son peuple fidèle.

Homélie, messe chrismale 2002

L'espérance que Dieu veille sur notre fragilité

Les lectures d'aujourd'hui nous parlent d'espérance. L'espérance que Dieu veille sur notre fragilité.

Isaïe exprime l'espérance du peuple dans le désir que le Messie vienne pour veiller sur la fragilité des pauvres, découragés par tant de mauvaises nouvelles, blessés dans leur cœur plus que dans leurs membres, vivant prisonniers des intérêts des puissants. Et il annonce que lorsque viendra Celui qui est oint, il transformera le peuple désolé en un peuple sacerdotal, le consolant avec la bonne nouvelle, il le fera annonciateur de bonnes nouvelles pour les autres peuples. Pansant son cœur blessé et le libérant de tout esclavage, il le fera ministre de la réconciliation et de la liberté. Troquant ses vêtements de deuil pour l'huile de joie, il fera que tous le reconnaissent comme lignée bénie par le Seigneur.

Jésus, dans le passage de saint Luc, concentre en lui cette espérance et la fait sienne. Il la rend événement présent. Il est la source constante de cette grâce sacerdotale, toujours disponible pour celui qui veut bien remettre sa fragilité entre ses mains, pour celui qui croit que dans le « aujourd'hui » de Jésus s'accomplissent l'Écriture et tout désir humain. Pour cela, en ce jour, en tant que prêtres, nous souhaitons mettre entre les mains sacerdotales du Seigneur, à la manière d'une offrande sainte, notre propre fragilité, la fragilité de notre peuple, la fragilité de l'humanité entière – ses découragements, ses blessures, ses deuils – pour que, offerte par Lui, elle se transforme en Eucharistie, l'aliment qui renforce notre espérance et réactive dans la foi notre charité.

Toute offrande et tout dialogue entre Dieu et les hommes trouvent dans Jésus prêtre ce caractère joyeux et simple d'une belle Eucharistie qui transmette, dans la tendresse du pain, le culte de la vie. Que signifie pour nous, prêtres et peuple sacerdotal, le fait que Jésus soit prêtre pour toujours, médiateur entre Dieu et les hommes ? Cela signifie que, avec ce ton humble et joyeux, il refuse la gloire pour lui-même car sa gloire consiste à permettre que le bien de son peuple soit la gloire du Père. Cela signifie que nous, qui participons à ce sacerdoce, nous devons trouver la joie en étant le serviteur le plus humble et le plus humilié de cette médiation qui se réalise en Jésus. Cela signifie que l'Église entière doit être si humble et pacifique, si tendre et unie que, comme un seul peuple sacerdotal, elle puisse être le lieu de médiation entre Dieu et les hommes qui ne connaissent même pas la grâce et tentent les médiations les plus diverses. Pour cela, je vous invite, chers frères dans le sacerdoce unique de Jésus notre Seigneur, à implorer la grâce ensemble, pour chacun et pour l'Église entière, à comprendre la richesse de l'espérance à laquelle nous avons été appelés : être les médiateurs avec Jésus et en Jésus, entre Dieu et les hommes. Des médiateurs offrant, ensemble, leur propre fragilité avec celle de tout le peuple de Dieu.

Que nous nous humiliions de telle sorte qu'il soit facile pour notre Dieu et pour nos frères de communiquer à travers nous. Que notre Père du Ciel sente qu'à travers nous, comme à travers son Fils prodigue, sa bénédiction et sa parole parviennent aux plus humbles de ses enfants. Que les gens sentent qu'à travers nous, comme à travers Jésus et la Vierge, ils peuvent offrir au Seigneur leurs sacrifices quotidiens, mêlés à leur vie laborieuse et familiale, qu'ils peuvent exprimer leur amour à Dieu, dire qu'ils ont besoin de Lui, qu'ils l'adorent et le louent de bon cœur. Je vous demande de protéger notre sacerdoce en protégeant cette offrande.

Nous savons que l'union se conserve en protégeant les médiations. Et l'Espérance est par excellence médiatrice lorsqu'elle s'attache aux petits détails qui fondent ce mystérieux échange de la fragilité contre la miséricorde. Lorsqu'il y a de bons médiateurs, ceux qui font attention aux détails, l'union ne se rompt pas. Jésus faisait très attention aux détails.

Le « petit détail » qu'il manquait une brebis.

Le « petit détail » que le vin était bientôt fini.

Le « petit détail » de la veuve qui offrit ses deux piécettes.

Le « petit détail » de celui qui ne pardonne pas une petite dette après qu'on lui en a pardonné une grande.

Le « petit détail » d'avoir de l'huile en réserve pour les lampes au cas où le fiancé s'attarderait.

Le « petit détail » d'aller vérifier combien de pains il reste.

Le « petit détail » d'avoir un petit feu tout prêt avec du poisson dessus en attendant les disciples tôt le matin.

Le « petit détail » de demander à Pierre, alors que tant de choses importantes survenaient, si réellement il l'aimait comme un ami.

Le « petit détail » de ne pas avoir voulu soigner ses plaies.

Ce sont les modalités sacerdotales dont se sert Jésus pour protéger l'espérance qui rassemble en union.

L'espérance qu'il ne manque personne. L'espérance que la joie ne s'arrête pas mais qu'elle soit surabondante et nouvelle. L'espérance que Dieu regarde avec une grande reconnaissance nos gestes d'amour les plus cachés. L'espérance que protéger la petite lumière conduise à l'éclat de la grande fête. L'espérance qu'il y ait assez de pain pour tout le monde. L'espérance qu'Il soit toujours sur l'autre rive.

L'espérance que, au final, ce qui importe le plus à Dieu, c'est que nous soyons ses amis.

L'espérance que tant de douleurs ne restent pas dans l'oubli, mais que Dieu baise, une par une, leurs plaies en arrivant au Ciel et qu'elles soient la marque d'une Gloire humble et reconnaissante.

Nous demandons à la Vierge, la mère des prêtres, la mère du peuple sacerdotal, qu'elle protège en nous, ses fils, la fragilité de notre espérance en nous souvenant de ce qui nous a été annoncé à travers elle : il n'y a rien d'impossible pour Dieu.

Homélie, messe chrismale 2003

Où conduisons-nous la fragilité que nous allons chercher et sur laquelle nous veillons ?

La préoccupation pastorale de l'année dernière, de « veiller sur la fragilité de notre peuple », nous amène à prier et à demander au Seigneur avec l'humilité des serviteurs : Où conduisons-nous la fragilité que nous allons chercher et sur laquelle nous veillons ? Quelle est la grâce que nous devons te demander pour bien prendre soin des plus vulnérables, tes préférés ?

Ouvrons notre cœur au regard du Seigneur qui, si souvent ému, s'est arrêté pour contempler la fragilité de son peuple. La profonde compassion de Jésus ne le poussait pas à se replier sur lui-même, ce n'était pas une compassion paralysante, comme nous en éprouvons souvent, mais bien au contraire, une compassion qui l'inclinait à sortir de lui-même avec force et audace, pour annoncer, pour envoyer en mission, pour envoyer soigner, ainsi qu'il est dit dans le passage de l'Évangile que nous venons de lire.

Dans ce passage, nous contemplons le Seigneur accomplir avec audace la mission d'évangélisation. Examinons les verbes que le Seigneur emprunte à Isaïe : « annoncer » (*euangelizein*) et « prêcher » (*keruzein*), deux actions qu'il réalise sous l'impulsion de l'esprit dont il est oint pour l'occasion. Notons, par exemple, ce qu'il dit des « opprimés » : il ne s'agit pas simplement de libérer des captifs. L'Évangile dit que le Seigneur vient « pour les envoyer (*aposteilai*) en mission une fois libérés de leur esclavage ». C'est donc parmi ceux qui étaient autrefois captifs que le Seigneur choisit ceux qu'ils envoient en mission. Notre Seigneur Jésus-Christ fait irruption dans notre histoire – marquée par la vulnérabilité – avec un dynamisme irrésistible, plein de force et de courage. C'est le kérygme, le noyau de notre prédication : la proclamation catégorique de cette irruption de Jésus-Christ incarné, mort et ressuscité dans notre histoire.

Dans le diagnostic que Jésus pose sur la situation du monde, il n'y a aucune plainte, rien de paralysant, bien au contraire, il s'agit d'une invitation à l'action pleine de ferveur. La plus grande audace tient au fait qu'il s'agit d'une invitation non exclusive à laquelle il associe les plus pauvres, les opprimés, les aveugles, les tout-petits du Père. Il les associe en leur faisant part de la Bonne Nouvelle, de sa nouvelle vision des choses, de la mission d'y associer d'autres gens une fois libérés. Pour employer un langage actuel, Jésus n'aborde aucunement la fragilité dans un esprit d'« assistanat ». Le Seigneur ne vient pas soigner les aveugles pour qu'ils puissent voir le spectacle médiatique de ce monde, mais pour qu'ils contemplent les merveilles accomplies par le Seigneur au sein de son peuple. Le Seigneur ne vient pas libérer les opprimés – de leurs fautes et de celles des instances injustes – afin qu'ils se sentent mieux, mais pour les envoyer en mission. Le Seigneur n'annonce pas une année de grâce pour que chacun, guéri de son mal, prenne une année sabbatique, mais pour que, avec Lui au milieu de nous autres, nous participions activement à tout ce qui fait notre dignité de fils du Dieu vivant.

Quand il regarde notre fragilité, le Seigneur nous invite à y veiller non pas avec crainte, mais avec audace. « Mais soyez sans crainte ! J'ai vaincu le monde. » « Je suis avec vous tous les jours jusqu'à la fin du monde. » Que Pierre ait conscience de sa fragilité et la reconnaisse humblement n'incite pas le Seigneur à l'inviter au repli, au contraire, il l'exhorte à partir en mission, à prendre le large, à devenir pêcheur d'hommes. L'immense vulnérabilité du peuple fidèle emplit de compassion le Seigneur mais cela ne l'amène pas à faire le compte prudent de nos ressources limitées, ainsi que les apôtres le suggèrent ; le Seigneur invite au contraire à la confiance sans limites, à la générosité, à la profusion évangélique, comme le montre la parabole de la multiplication des pains. L'envoi du Seigneur ressuscité qui couronne l'Évangile est en résonance avec le passage d'aujourd'hui, qui est inaugural : « Allez donc, de toutes les nations faites des disciples, les baptisant au nom du Père et du Fils et du Saint-Esprit, et leur apprenant à observer tout ce que je vous ai prescrit » (Matthieu 28, 19-20).

L'audace et le courage apostoliques sont constitutifs de la mission. La *parrhèsia*[2] est le sceau de l'Esprit, le témoignage de l'authenticité du kérygme et de l'annonce évangélique. Cette « liberté intérieure » à dire ouvertement ce qu'il y a à dire, cet orgueil sain qui nous pousse à nous « glorifier » de l'Évangile que nous annonçons, cette confiance inébranlable en la fidélité du Témoin fidèle qui donne aux témoins du Christ l'assurance que « rien ne pourra nous séparer de l'amour de Dieu » (Romains 8, 39). Si nous autres, pasteurs, adoptons cette attitude, alors la fragilité de notre peuple sera bien gardée et bien conduite. C'est la grâce que nous souhaitons demander au Seigneur pour bien veiller sur cette fragilité : la grâce de l'audace apostolique, audace forte et fervente dans l'Esprit.

Nous la demandons humblement et avec confiance à Notre-Dame. Elle que l'on a appelée « la première évangélisatrice ». Elle, la femme eucharistique qui nous donne le Christ et nous exhorte à « faire tout ce que Jésus nous demande ». Elle est la première à éprouver intérieurement la joie de partir évangéliser, la première à participer de l'audace inouïe du Fils, à contempler et à annoncer comment Dieu « a déployé la force de son bras, dispersé les hommes au cœur superbe, renversé les potentats de leurs trônes et élevé les humbles. Il a comblé de biens les affamés et renvoyé les riches les mains vides ». En tant que prêtres de la Sainte Église, nous sommes invités à participer de cette audace de Marie. Nous devons conduire la fragilité de notre peuple à la joie évangélique qui constitue notre force. Telle est la Bonne Nouvelle : pauvres, fragiles et vulnérables que nous sommes, nous avons été regardés avec bonté, même dans notre petitesse, ainsi que l'a fait Marie. Nous faisons partie d'un peuple chez lequel se prolonge, de génération en génération, la miséricorde du Dieu de nos pères.

Homélie, messe chrismale 2004

« Aujourd'hui s'accomplit à vos oreilles ce passage de l'Écriture »

L'« aujourd'hui » de Jésus m'impressionne. Cet aujourd'hui si unique où se concentre l'attente millénaire et patiente du peuple d'Israël autour de l'Oint afin de se répandre à nouveau dans le temps de la charité et de l'annonce évangélique de l'Église.

L'année dernière, nous demandions au Seigneur de nous permettre d'aller à la rencontre de notre peuple avec une audace apostolique, à présent nous lui demandons la grâce de veiller, comme Il l'a fait lui-même, sur la fragilité de notre peuple. Je voudrais que nous nous arrêtions quelques instants pour sentir comment cette fragilité et cette audace s'inscrivent dans l'« aujourd'hui de Jésus ». Cet aujourd'hui de Jésus est *kairos*, temps de grâce, source d'Eau vive et de Lumière qui jaillit du Verbe éternel fait chair, incarné dans l'histoire, la culture et le temps.

L'Église vit dans l'aujourd'hui de Jésus et cette messe chrismale, prélude de celle de Pâques qui nous réunit comme un seul corps sacerdotal dans l'espace saint de notre cathédrale, est l'une des expressions les plus pleines de l'aujourd'hui de Jésus, cet aujourd'hui pérenne de la dernière cène, source de pardon, de communion et de service. Il est avec nous et nous annonce sa Parole, nous libère de nos esclavages, panse les cœurs blessés… C'est seulement dans l'aujourd'hui de Jésus que la fragilité de notre peuple fidèle est bien soignée. Seulement en lui que l'audace apostolique est efficace et produit des fruits.

En dehors de cet aujourd'hui – en dehors du temps du Royaume, du temps de la grâce, des bonnes nouvelles, de la liberté et de la miséricorde –, les autres temps, le temps de la politique, le temps de l'économie, le temps de la technologie, en viennent à nous dévorer, à nous exclure, à nous opprimer. Quand les temps humains ne sont plus accordés ni connectés au temps de Dieu, ils deviennent étranges, répétitifs, parallèles, trop courts ou infiniment longs. Leur durée cesse d'être humaine. Les échéances de l'économie ne prennent pas en considération la faim ou l'absence d'éducation des enfants, pas plus que les difficultés des personnes âgées. Le temps de la technologie est si instantané et saturé d'images qu'il ne laisse pas mûrir le cœur et l'esprit des jeunes, le temps de la politique semble parfois circulaire, comme dans un manège où ce sont toujours les mêmes qui attrapent l'anneau. En revanche, l'aujourd'hui de Jésus, qui à première vue peut sembler ennuyeux et peu stimulant, est le temps où se cachent tous les trésors de la sagesse et de la charité, un temps riche en amour, en foi et richissime en espérance.

L'aujourd'hui de Jésus est un temps de mémoire : mémoire de la famille, mémoire du peuple, mémoire de l'Église au sein de laquelle le souvenir de tous les saints demeure vivant.

La liturgie est l'expression de cette mémoire toujours vivante. L'aujourd'hui de Jésus est un temps chargé d'espérance, d'avenir et de ciel, un temps dont nous possédons déjà les arrhes, et que nous vivons par anticipation dans toute consolation que nous offre le Seigneur. L'aujourd'hui de Jésus est un temps dans lequel le présent est un appel constant et une invitation renouvelée à la charité concrète du service quotidien auprès des plus pauvres qui emplit le cœur de joie. Dans cet aujourd'hui, nous voulons aller chaque jour à la rencontre de notre peuple.

Dans l'aujourd'hui de Jésus, il n'y a de place ni pour la peur des conflits, ni pour l'incertitude, ni pour l'angoisse. La peur des conflits est exclue, car, dans cet aujourd'hui, « l'amour l'emporte sur la peur ». L'incertitude est bannie, car « le Seigneur est avec nous tous les jours jusqu'à la fin du monde », il l'a promis et nous savons « qu'il a toute notre confiance ». L'angoisse n'a pas lieu d'être, car l'aujourd'hui de Jésus est celui du Père qui « sait parfaitement ce dont nous avons besoin », entre ses mains nous sentons qu'« à chaque jour suffit sa peine ». L'inquiétude est impossible, car l'Esprit nous fait dire et faire ce qu'il faut au moment opportun.

L'audace du Seigneur ne se limite pas à des gestes ponctuels ou extraordinaires. C'est une audace apostolique qui se laisse modeler, pourrions-nous dire, par chaque fragilité, par le temps de chaque fragilité, et la guide jusqu'à la faire entrer dans le temps de Dieu. Cet aujourd'hui de Jésus crée l'espace de la rencontre qu'il marque de sa présence. Pour aller à la rencontre de la fragilité de notre peuple, nous devons au préalable entrer dans ce temps de grâce du Seigneur. Sentant que les promesses s'accomplissent, c'est en premier lieu dans notre prière que le cœur doit trouver la force. Alors, nous pouvons sortir avec audace, pleins de confiance en la Providence, réellement ouverts aux autres, libérés des œillères de nos propres intérêts, mais désireux de servir les intérêts du Seigneur.

Une autre façon d'entrer dans le temps du Seigneur consiste à sortir de nous-mêmes pour entrer dans le temps de notre peuple fidèle qui vit cet aujourd'hui de Jésus bien plus intensément que certains ne l'imaginent. Que nous, pasteurs, nous nous laissions modeler le cœur par les fragilités de notre peuple et sa manière de les supporter stimule énormément la ferveur spirituelle et la confiance en Dieu. Se laisser façonner le cœur, c'est, par exemple, savoir lire dans les appels simples et insistants de notre peuple le témoignage d'une foi capable de concentrer toute son expérience de l'amour que Dieu lui porte dans le geste simple de recevoir la bénédiction (la manière dont notre peuple fidèle sait alors se montrer reconnaissant est si belle !). Se laisser façonner le cœur veut dire savoir lire dans les temps très longs de notre peuple, dans sa vie de pèlerin, de confession en confession, marqué par les grandes fêtes, savoir lire, disais-je, une espérance qui garde intact le fil conducteur de l'amour de Dieu tout au long de l'année, sans se laisser ébranler par les aléas de la vie. Car dans le cœur de notre peuple, l'annonce de l'Ange est toujours d'actualité : « Soyez sans crainte, car voici que je vous annonce une grande joie, qui sera celle de tout le peuple : aujourd'hui vous est né un Sauveur, qui est le Christ Seigneur, dans la ville de David » (Luc 2, 10-11). Cet aujourd'hui de Jésus, qui naît au sein de son peuple, est celui du Père qui lui dit : « Tu es mon fils, moi, aujourd'hui, je t'ai engendré » (Hébreux 5, 5).

Entrons donc dans l'aujourd'hui salvateur de Jésus qui nous dit : « Aujourd'hui s'accomplit à vos oreilles ce passage de l'Écriture. » Entrons dans l'aujourd'hui de notre peuple fidèle. Unis à Jésus, le bon Pasteur, allons à la rencontre de notre peuple. Veillons sur lui avec Jésus, notre espérance, et avec les bonnes nouvelles de l'Évangile de chaque jour. Veillons sur lui avec Jésus qui est charité, en libérant les captifs et les opprimés. Veillons sur lui avec Jésus qui est foi, en rendant la vue aux aveugles.

Nous demandons à saint Joseph, puisque sa fête, cette année, a marqué le début de la semaine sainte, qu'il nous fasse entrer par l'action et la contemplation dans l'aujourd'hui de Jésus, le fils adoptif qu'il a contribué à élever. Saint Joseph a eu la grâce d'entrer le premier dans cet aujourd'hui de Jésus, qui était déjà présent chez Marie, et de voir l'Enfant grandir en taille, en sagesse et en grâce. Saint Joseph sait veiller avec courage sur ces fragilités – celle de Marie, celle de l'Enfant – qui lui ont permis de se fortifier. Qu'il nous concède à son tour cette grâce.

Homélie, messe chrismale 2005

L'homélie de Jésus fut très brève

« Aujourd'hui s'accomplit à vos oreilles ce passage de l'Écriture. » Nous savons que la chose n'en resta pas là. Ce fut une homélie très mouvementée, ponctuée de cris d'admiration et de commentaires ironiques, comme celui concernant le fils du charpentier… Jésus provoqua ses concitoyens par ses remarques incisives sur le mauvais accueil fait aux prophètes dans leur pays et sur les miracles que Dieu ne pouvait accomplir pour son peuple à cause du manque de foi de celui-ci. Nous savons que les esprits s'échauffèrent à tel point que les gens voulaient pousser Jésus du haut d'un escarpement. Alors que l'exaspération était à son comble, le Seigneur passa au milieu d'eux et partit prêcher à Capharnaüm.

L'inauguration de l'année de grâce se révèle bien déconcertante. L'image que l'on en conserve est pourtant celle de la majesté liturgique avec laquelle le Seigneur domine la scène. Il se lève pour faire la lecture et conclut l'épisode en « passant au milieu d'eux ». Même si la liturgie s'est achevée à l'extérieur de la synagogue, la fin ressemble à l'une de nos sorties de messe au milieu des gens.

C'était comme si, en quelques instants, ce qui allait arriver tout au long de la vie publique du Seigneur s'était déroulé de manière anticipée et concentrée : l'évangélisation des pauvres, les miracles, l'approbation des gens et ensuite l'indignation qui devait le conduire à la croix et à la majesté de Jésus ressuscité. Le Seigneur fait son annonce et déclenche les événements, sans toutefois permettre qu'on le précipite dans le vide. C'est l'inauguration prophétique de l'année de grâce. Avec ses mots et ses gestes et avec ceux qu'il suscite chez les autres, le Seigneur inaugure dramatiquement la mission pour laquelle il a été oint.

Le Seigneur fit passer ses compatriotes de l'émerveillement au rejet. Pourquoi ? Dans un premier temps, tout le monde témoigne en sa faveur et s'émerveille des mots de grâce qui sortent de ses lèvres… Mais peu après, tous veulent le jeter dans le vide. Fallait-il absolument provoquer ces gens ? L'Oint n'est-il pas venu apporter la Bonne Nouvelle aux pauvres et annoncer une année de grâce ? Pourquoi cherche-t-il à les déconcerter ? Notre-Dame, qui était sans doute présente, a dû se souvenir des mots du vieux Syméon : « Vois ! cet enfant doit amener la chute et le relèvement d'un grand nombre en Israël ; il doit être un signe en butte à la contradiction – et toi-même, une épée te transpercera l'âme ! –, afin que se révèlent les pensées intimes de bien des cœurs » (Luc 2, 34-35).

La bonté avec laquelle Jésus est oint est un « aujourd'hui » si fort, elle a un pouvoir de réalisation si intense qu'elle suscite la contradiction et empêche que les choses n'empruntent le chemin convenu des bonnes manières, faisant ressortir ce que chacun a au fond du cœur. La présence de Jésus, telle une épée, ouvre l'âme de certains, comme Notre-Dame, et les oint de son Esprit, faisant jaillir sur eux tout son amour. À d'autres, tels les pharisiens, elle interdit d'occulter leur égoïsme et de différer leur colère en les poussant dans leurs derniers retranchements. L'aujourd'hui de l'Oint interpelle, révèle au grand jour, bouscule les positions tranchées. Le Seigneur annonce une Bonne Nouvelle qui libère et permet de voir. Tandis que certains se laissent oindre et endossent la mission d'aider les autres, d'autres ferment les yeux et retournent à leur esclavage, où ils trouvent plus de confort et de sécurité.

Nous voyons ainsi que la mission d'amour pour laquelle le Seigneur est oint par l'Esprit ne peut s'accomplir sans d'abord déloger l'égoïsme. Le Seigneur vient annoncer la Bonne Nouvelle que la foi attendait, cette Bonne Nouvelle qui nous bouscule en démasquant notre scepticisme (celui qui demande toujours : « N'est-il pas le fils de Joseph, celui-là ? ») afin que nous puissions lui accorder notre foi totale, le Seigneur nous rend le service de miséricorde qui nous délivre du péché en nous plaçant devant cette alternative : faire comme les veuves et les lépreux d'Israël qui n'ont pas voulu être soignés ou, au contraire, ressembler à Naaman, le Syrien, et à la veuve de Sarepta qui ont accepté les soins. Le Seigneur vient inaugurer son Royaume ; avec humilité et douceur, il nous délivre de tout rêve confortable de pouvoir et de vanité ecclésiastique et nous invite à nous rendre disponibles et à nous mettre au service des autres.

La parole et les gestes du Seigneur libèrent et ouvrent les yeux de tous. Nul ne reste indifférent. La parole du Seigneur nous place toujours devant un choix. Ou bien l'on se convertit et l'on demande alors de l'aide et plus de lumière, ou bien l'on se ferme et l'on se cramponne avec plus de force aux chaînes et aux ténèbres.

La mission qu'accomplit le Seigneur n'est pas une tâche externe – j'annonce et vous verrez bien ; c'est une mission qui suppose un don total de soi et l'accueil de tous ceux qui le reçoivent. De là l'onction, l'onction qui est un don total. Seul peut oindre celui qui a l'onction et seul peut être oint celui qui s'anéantit et se dépouille de lui-même afin de recevoir ce don total. Jésus, le Fils aimé, est l'Oint parce qu'il reçoit tout du Père. Le Seigneur n'a rien par lui-même, ne fait rien pour lui-même : chez lui, tout est onction reçue et accomplissement de la mission. De la même manière qu'il reçoit tout, il donne tout par son service et par l'abandon de sa vie sur la Croix. Pour pouvoir recevoir un don total, nous avons besoin que le Seigneur nous apprenne à nous dépouiller de nous-mêmes, à nous abaisser, à nous anéantir.

La foi, par exemple, c'est oindre l'autre de notre confiance et de notre adhésion totale, et pour cela nous devons nous dépouiller de nos rétiscences mentales et de nos préjugés. Le peuple fidèle faisait appel au Seigneur avec une foi de cette sorte, lui accordant toute sa confiance, c'est pourquoi le Seigneur pouvait l'oindre en lui apportant la guérison. La charité aussi est une onction, elle consiste à oindre l'autre de nos œuvres de miséricorde, dès lors qu'elles sont pratiquées dans un don de nous-mêmes qui suppose dépouillement et abandon : la charité oint l'autre du don total de soi et non des choses. Le Seigneur veut d'abord nous délester pour pouvoir ensuite nous oindre.

Pour qu'il réalise sa mission aujourd'hui, l'Esprit doit oindre le Seigneur aujourd'hui, dans cet aujourd'hui permanent du Royaume. L'onction est si totale qu'elle pérennise l'aujourd'hui ; quand on la reçoit, tout se transforme en aujourd'hui. La foi est aujourd'hui, l'espérance est aujourd'hui, la charité est aujourd'hui, ici et maintenant. Rien ne peut être mis en suspens. D'où le besoin du Seigneur de nous délester de tout ce qui empêche l'onction aujourd'hui pour qu'à notre tour nous puissions oindre les autres. L'onction scelle un aujourd'hui qui devient permanent, qui se fait Église, Assemblée. L'onction scelle une mission qui a besoin de la personne tout entière, tous les jours, pour aller partout oindre tous les hommes, de tout son cœur. C'est pour cela que l'onction est véritablement catholique, au sens quantitatif et qualitatif du terme.

Cette très brève homélie du Seigneur fut un acte d'amour, et non pas une bravade. Seule une parole d'amour parvient à bousculer l'autre pour qu'il s'ouvre à l'onction. Si certains laissèrent affleurer leur haine, c'est parce qu'elle était au fond d'eux-mêmes. La parole amoureuse de Jésus la mit en évidence, mais au lieu de persister dans cette attitude, ils auraient pu exprimer des regrets. Que Dieu nous bouscule est toujours un acte d'amour. Jésus dit à son peuple qu'il est en train d'accomplir un miracle plus grand que ceux qu'il a réalisés à Capharnaüm : il est en train d'inaugurer l'année sainte, l'année de l'Oint qui vient oindre de son Esprit le temps de la grâce. L'invitation est si forte qu'elle dépasse ses compatriotes. Ils ne savent plus que faire de lui. Ils ne peuvent même pas le lapider. Jésus instaure le Royaume en se montrant souverain. Ainsi délesté de tout – y compris de l'opinion favorable de ses compatriotes –, il commence à prêcher et à rendre le Royaume réel.

Cette première homélie de Jésus, par laquelle Luc le fait inaugurer sa mission dans l'enceinte du Temple, fut et demeure dramatiquement déstabilisante. Jésus nous libère de toute autre mission pour que nous gardions les yeux fixés sur lui. « Tous dans la synagogue tenaient les yeux fixés sur lui », sur Jésus, le Témoin fidèle. L'épître aux Hébreux exprime cela de manière exemplaire : « Voilà donc pourquoi nous aussi, enveloppés que nous sommes d'une si grande nuée de témoins, nous devons rejeter tout fardeau et le péché qui nous assiège et courir avec constance l'épreuve qui nous est proposée, fixant nos yeux sur le chef de notre foi, qui la mène à la perfection, Jésus qui, au lieu de la joie qui lui était proposée, endura une croix, dont il méprisa l'infamie, et qui est assis désormais à la droite du trône de Dieu » (Hébreux 12, 1-2).

Nous demandons donc au Seigneur les grâces que voici :

Que, délivrés du péché, nous relevions le défi que l'on nous propose, les yeux fixés sur Jésus. De la même manière qu'il s'est délivré de la joie qu'on lui proposait pour venir nous chercher, nous, ses enfants prodigues, ses brebis égarées.

Que l'aujourd'hui de Jésus nous délivre de tous les passés où, parfois par dureté, parfois par commodité, nous aimons nous réfugier, et de tous les futurs que, parfois par ambition, parfois par peur, nous prétendons contrôler, et qu'il nous place dans l'aujourd'hui de l'amour de Dieu. Cet amour qui, comme le dit le Pape, « est extase », non pas dans le sens d'un transport momentané, mais en tant que chemin permanent, comme un moyen de sortir du moi replié sur lui-même pour atteindre la libération par le don de soi. Car « qui cherchera à épargner sa vie la perdra, et qui la perdra la sauvegardera » (Luc 17, 33) (D.C.E. 6).

Homélie, messe chrismale 2006

Envoyés pour apporter cette onction avec ferveur apostolique à toutes les périphéries

Voici un nouveau jeudi saint et sa messe chrismale. Nous autres, prêtres de l'archidiocèse, nous nous rassemblons au milieu du peuple sacerdotal de Dieu dont nous sommes issus et auquel nous sommes destinés. Nous avons été mis à l'écart afin d'être consacrés par l'onction et envoyés apporter cette onction avec ferveur apostolique à toutes les périphéries : là où la transcendance du Dieu toujours plus grand atteint nos limites, la limite ouverte de chaque cœur humain, la limite douloureuse de toute pauvreté, la limite en manque de tendresse de toute fragilité.

Nos visages sacerdotaux veulent se configurer comme un seul visage pour notre peuple, celui de Jésus prêtre, pour que nos peuples trouvent vie en Lui. Cette vie chrétienne jaillit de l'effusion de l'Esprit que le Seigneur nous a donnée sur la Croix, vie spirituelle qui s'incarne dans toutes les dimensions de la personne et de la culture et qui peu à peu les transfigure.

Le passage évangélique d'aujourd'hui – c'est d'ailleurs le même chaque jeudi saint – présente un trait frappant. Plus qu'un point précis, il s'agit d'une chose qui manque au récit, le narrateur de la scène nous faisant sentir que les gens de la synagogue de Nazareth sont restés sur leur faim, attendant davantage de la part de Jésus…

Car si véritablement Il était l'Oint du Père, comme il l'annonçait, si sur sa tête reposait l'Esprit, les gens attendaient en toute logique qu'il se produise quelque effusion spéciale de l'Esprit. Il aurait dû arriver quelque chose comme ce fut le cas plus tard, à l'occasion de la Pentecôte. Disons une petite Pentecôte, comme celle du baptême dans le Jourdain. Eh bien, non. Jésus s'est assis et il est resté un moment en silence, immobile. Il s'est mis en situation, dirions-nous, puis il s'est contenté d'ajouter : « Aujourd'hui s'accomplit à vos oreilles ce passage de l'Écriture. »

Devant eux se tenait l'Oint, ils auraient dû alors commencer à bénéficier de sa grâce. Nous savons ce qui est arrivé ensuite. Comme toujours, cette annonce solennelle et claire du Seigneur ne suffisait pas à certains. Ils en voulaient plus. Quelque chose de différent. Depuis ce jour-là et tout au long de leur vie, ils continueraient à exiger d'autres signes de la part du Seigneur.

Le vieux Syméon avait prédit à Notre-Dame, alors qu'elle était en compagnie de saint Joseph, que son Fils serait un étendard en butte à la contradiction, que sa simple présence diviserait les cœurs. Je mentionne Syméon, car Luc utilise la même formule en parlant de lui : « L'Esprit-Saint reposait sur lui » (Luc 2, 25). Voyant entrer l'Oint dans le Temple dans les bras de sa mère et de son père – tel un membre de plus du peuple de Dieu –, la joie et la foi profonde animèrent le vieux Syméon. Telle aurait dû être systématiquement la réaction des compatriotes de Jésus en le voyant entrer dans leur synagogue, comme un jeune rabbin quelconque. Ce fut d'ailleurs la première réaction spontanée de l'Assemblée devant la Parole du Seigneur. Luc fait remarquer que : « Tous lui rendaient témoignage et étaient en admiration devant les paroles pleines de grâce qui sortaient de sa bouche » (Luc 4, 22). Mais la riposte de l'esprit mauvais ne se fit pas attendre, elle passa même les bornes, sa démesure nous montre que ce ne fut pas simplement le rejet du Maître qui se tenait devant eux, mais le refus de l'Esprit qu'ils abritaient, le même qui avait éveillé leur admiration et leur foi un instant plus tôt. Ils rejetaient l'Esprit-Saint à l'intérieur d'eux-mêmes pour laisser toute la place à leur propre esprit ou à l'esprit mauvais. Syméon, en revanche, est le modèle de ceux qui reconnaissent la motion intérieure de l'Esprit et sautent de joie en présence de l'Oint, sans avoir besoin de signes ni d'effusions particuliers.

La Majesté de Jésus lisant Isaïe aurait dû suffire à ses voisins. Si l'on possède l'Esprit en soi et qu'on l'écoute, on doit être capable de reconnaître la Majesté quand elle se présente devant nous. Cela explique la joie du Seigneur chaque fois que la foi des plus simples le reconnaît comme l'Oint, lorsqu'il passe près d'eux. Les dons de l'Esprit dont Jésus était empli s'activaient, ses grâces et ses miséricordes se répandaient comme une source de bonté sur ceux qui le reconnaissaient sous ses humbles habits et lui demandaient ses grâces avec confiance.

À travers cette scène que nous écoutons tous les jeudis saints, l'Église invite ses prêtres à « fixer les yeux sur Jésus ». Mais pas avec le regard de cette assemblée réactionnaire qui, au fond, voulait du « spectacle », des signes et encore des signes, mais plutôt avec les yeux de l'Assemblée dont nous parle l'épître aux Hébreux : « Voilà donc pourquoi nous aussi, enveloppés que nous sommes d'une si grande nuée de témoins, nous devons rejeter tout fardeau et le péché qui nous assiège et courir avec constance l'épreuve qui nous est proposée, fixant nos yeux sur le chef de notre foi, qui la mène à la perfection, Jésus qui, au lieu de la joie qui lui était proposée, endura une croix, dont il méprisa l'infamie, et qui est assis désormais à la droite du trône de Dieu. Songez à celui qui a enduré de la part des pécheurs une telle contradiction, afin de ne pas défaillir par lassitude de vos âmes » (Hébreux 12, 1-3).

Fixer les yeux sur Jésus en ayant autour de nous une grande nuée de témoins. Cette grande nuée parmi laquelle nous voulons voir le Seigneur est le saint peuple fidèle de Dieu qui regarde Jésus prêtre avec foi et sait le voir en nous qui participons à l'onction du Seigneur. L'Église nous invite à regarder notre sacerdoce comme le regarde le peuple simple et croyant. Elle nous invite à confier notre cœur au mystère de l'onction du Seigneur à laquelle nous participons par le sacerdoce : « Quant à vous, vous avez reçu l'onction venant du Saint, et tous vous possédez la science » (1 Jean 2, 20), mais aussi à déposer notre cœur ici, au milieu de l'Assemblée sainte. Ici, au milieu de notre peuple, notre conscience sacerdotale recouvre la mémoire de l'onction fidèle, ici « se ravive en nous le don de Dieu », ici nous sentons notre appartenance et les traits de notre identité sacerdotale se dessinent avec netteté.

Nous savons que nous sommes oints, nous le savons d'autant plus que nous regardons Jésus avec humilité et que nous nous laissons regarder par les yeux sages de notre peuple. Les yeux quémandeurs de notre peuple fidèle empêchent notre conscience de s'isoler en une forme sectaire d'auto-onction élitiste ou morale dépourvue de bonté. Les yeux reconnaissants de notre peuple fidèle nous comblent de sa reconnaissance chaque fois que nous le servons avec tendresse et générosité, ils nous empêchent de tourner notre regard vers les hautes sphères et les velléités mondaines. Les yeux souffrants de notre peuple fidèle nous encouragent au travail, à la vie laborieuse, et nourrissent notre ferveur apostolique en nous délivrant de toute paresse bourgeoise, cette « mauvaise huile » qui oint dans la paralysie du narcissisme et de la commodité. Les yeux patients de notre peuple nous supplient bien souvent de lui venir en aide pour soigner ses divisions, celles qui détruisent les amitiés et les familles et qui – dans cette demande d'unité – nous font sentir que les déchirements qui se produisent entre nous sont aussi le fruit de la « mauvaise huile », tout comme l'esprit qui geint, les rumeurs et les critiques qui brisent la fraternité. Les yeux pieux de notre peuple fidèle regardent et adorent le Jésus consacré et contemplent l'image de la Vierge cherchant refuge dans sa maternité protectrice, ces yeux pieux supplient notre cœur sacerdotal d'être dans la prière et l'adoration.

Car lorsque nous nous laissons oindre par le regard de notre peuple et pouvons l'oindre avec dévouement, nous revivons la première onction sacerdotale que nous avons reçue par l'imposition des mains et nous participons de la beauté de cette huile d'allégresse avec laquelle fut oint le fils préféré : « Dieu, ton Dieu t'a oint d'une huile d'allégresse de préférence à tes compagnons » (Hébreux 1, 9). Cette allégresse nous préserve de la mondanité spirituelle, nous protège de tout faux éblouissement et de toute joie passagère, laquelle nous éloigne des joies humbles et sobres de ceux qui ont un cœur de pauvre.

En contemplant la Majesté sans effusion de Jésus dans la scène que nous offre l'évangile du jeudi saint et en sentant sur nous le regard de notre peuple fidèle, nous recouvrons la mémoire de notre première onction, le jour où l'on a imposé les mains sur notre « premier amour ». Nous demandons au Père et à Marie, mère des prêtres, la grâce de participer pleinement de cette onction qui a amené Jésus à passer silencieusement parmi son peuple en « faisant le bien », comme dit Pierre : « Dieu l'a oint de l'Esprit-Saint et de puissance, lui qui a passé en faisant le bien et en guérissant tous ceux qui étaient tombés au pouvoir du diable ; car Dieu était avec lui » (Actes des Apôtres 10, 38).

Homélie, messe chrismale 2007

« Pourquoi cherchez-vous
le Vivant parmi les morts ?
Il n’est pas ici ; mais Il est ressuscité »

Luc 24, 5-6

L'Ange chasse la peur des femmes : « Ne craignez point »

Tout à l'heure, sur le parvis du temple, alors que nous inscrivions sur le Cierge pascal, figure du Christ ressuscité, la date de cette année, nous proclamions que Jésus-Christ était hier, qu'Il est aujourd'hui et qu'Il sera toujours. Ce geste que l'Église répète depuis des siècles, tout au long de l'histoire, est l'annonce décisive de ce qui est arrivé en ce dimanche matin au cimetière de Jérusalem. Lui qui existait avant qu'Abraham ne soit né, lui qui a voulu devenir notre prochain en empruntant notre chemin, le bon Samaritain qui nous accueille, nous autres, malmenés par la vie et par notre fragile liberté, lui qui est mort et a été enseveli et dont le tombeau a été scellé, Celui-là est ressuscité et vit pour toujours.

Il s'agit de l'annonce faite par un groupe de femmes surprises par la pierre roulée et par l'ange assis à l'endroit où gisait le mort. Une annonce qui, à partir de ce moment, s'est transmise de bouche à oreille à travers l'histoire des hommes. Une annonce qui proclame avec courage qu'en toute mort il y a dorénavant un germe de résurrection. Le début de cette liturgie, dans l'obscurité, n'est autre que le symbole des ténèbres et de la mort, tandis que la lumière est le Christ, étincelle d'espérance pour les cœurs au milieu des aléas de la vie, y compris pour ceux qui sont plongés dans l'obscurité absolue.

L'Ange chasse la peur des femmes : « Ne craignez point, vous. » Il s'agit de cette peur instinctive devant toute espérance de bonheur et de vie, cette peur qui met en doute ce que l'on voit ou ce que l'on nous dit, la peur de la joie qui nous est offerte à profusion et en toute gratuité. Après l'apaisant avertissement « Ne craignez point », vient cet envoi : « Allez dire à ses disciples et à Pierre qu'Il vous précède en Galilée : c'est là que vous le verrez, comme Il vous l'a dit. »

C'est le Seigneur qui toujours nous précède, le Seigneur qui nous attend. L'apôtre Jean, quand il a voulu expliquer en quoi consistait l'amour, a dû se rapporter à cette expérience, celle de se sentir précédé, attendu : « En ceci consiste l'amour : ce n'est pas nous qui avons aimé Dieu, mais c'est lui qui nous a aimés » (1 Jean 4, 10). S'il est vrai qu'au cours de notre vie nous cherchons Dieu d'une façon ou d'une autre, la vérité la plus profonde, c'est que nous sommes cherchés par Lui, attendus par Lui. Comme la fleur de l'amandier dont parlent les Prophètes, parce qu'elle est la première à fleurir, le Seigneur nous devance dans l'attente et dans l'amour.

Voilà des siècles que notre Dieu nous devance dans l'amour. Voilà deux mille ans que Jésus « nous précède » et nous attend en Galilée, cette Galilée de la première rencontre, cette Galilée que chacun de nous porte quelque part dans son cœur. Nous sentir précédés et attendus accélère la cadence de nos pas dans la hâte de la rencontre. Ce même Dieu qui « nous a aimés le premier » est aussi le bon Samaritain qui devient notre prochain et nous dit – comme à la fin de la parabole – « Va, et toi aussi, fais de même. » C'est aussi simple que cela, fais ce qu'Il a fait : devance tes frères dans l'amour, n'attends pas d'être aimé, mais sois le premier à aimer. Fais le premier pas, de ces pas qui nous tirent de notre somnolence (de notre impuissance à veiller avec Lui) ou de tout quiétisme sophistiqué. Un pas de réconciliation, un pas d'amour. Fais le premier pas dans ta famille, dans ta ville, deviens le prochain de ceux qui vivent dans le dénuement et qui sont chaque jour plus nombreux. Imitons notre Dieu qui nous précède et nous aime le premier, en nous conduisant en prochain à l'égard de nos frères qui souffrent de la solitude, de l'indigence, du chômage, de l'exploitation, de l'absence d'un toit, du mépris en tant qu'immigrants, de maladie, d'isolement dans les hôpitaux gériatriques. Fais le premier pas et porte la nouvelle par ta propre vie : Il est ressuscité. Alors, au milieu de tant de mort, tu allumeras une étincelle de résurrection. Il veut que tu l'allumes pour que ta profession de foi soit crédible.

En cette nuit pascale, je demande à notre Mère de nous aider à mieux comprendre ce « devancement » en amour. Elle, dont l'espérance a soutenu l'éveil, qu'elle nous aide à ne pas avoir peur d'annoncer, en paroles et en gestes de fraternité envers les plus indigents, qu'Il est vivant parmi nous ; que, comme une bonne mère, elle nous conduise par la main à l'adoration silencieuse de ce Dieu qui nous précède en amour. Ainsi soit-il.

Homélie, vigile pascale 2000

« Il n'est pas ici ; mais Il est ressuscité »

Le chemin parcouru cette nuit, à travers des siècles de promesses issues du cœur salvateur de Dieu, culmine en un reproche et une annonce : « Pourquoi cherchez-vous le Vivant parmi les morts ? Il n'est pas ici ; mais Il est ressuscité. » Reproche qui nous tire de l'erreur et de l'égarement, annonce qui imprime une nouvelle direction à la vie de ces femmes. Comme l'indique l'Évangile, il s'agit d'un moment de perplexité et de peur pour ces femmes qui, avec beaucoup d'amour pour Jésus, vont au petit matin oindre son corps mort. Perplexité et peur qui s'étaient déjà emparées d'elles quand « elles trouvèrent la pierre roulée de devant le tombeau, mais, étant entrées, elles ne trouvèrent pas le corps du Seigneur Jésus. »

Alors qu'elles sont en pleine perplexité, effrayées, des anges en habits éblouissants leur annoncent que l'histoire entendue s'est pleinement réalisée et que Jésus est ressuscité. Les anges les incitent à se tourner vers elles-mêmes, à entrer dans leur propre cœur. « Rappelez-vous comment il vous a parlé. » Il fallait que le Fils de l'Homme ait été abandonné, crucifié et qu'il ressuscite le troisième jour. « Et elles se rappelèrent ses paroles » (Luc 24, 8). La mémoire des mots de Jésus illumine l'événement, leur cœur se dilate : joie, admiration, envie de courir pour annoncer la nouvelle, ces sentiments sont si forts qu'aux yeux des disciples ils frisent le délire.

Cette nuit nous recevons l'annonce : Le Christ est ressuscité ! Le Seigneur est vivant ! Et le reproche vaut aussi pour nous : « Pourquoi cherchez-vous le Vivant parmi les morts ? » Il est possible qu'il existe en nous comme une pulsion qui nous incite à penser que l'histoire se termine dans la tristesse et l'échec, à fermer la porte à l'espérance, à croire plutôt que la pierre est scellée et que nul ne la déplacera. Il y a certes des moments dans l'existence où il nous semble que le jour se lève uniquement pour éclairer des tombes où notre vie reste emprisonnée, notre quête circonscrite « parmi les morts » et les choses mortes, inaptes à transmettre la vie et l'espérance. Le reproche de l'ange nous frappe alors de plein fouet : « Pourquoi cherchez-vous le Vivant parmi les morts ? » Tant dans notre vie privée que dans la société, parfois les échecs s'accumulent et nous nous habituons, maladivement, tel le possédé de Gérasa, à vivre entre les tombes. Pire encore : nous pouvons aller jusqu'à nous persuader que la vie se résume à cela, que nous sommes condamnés à regretter tout ce qui aurait pu être mais n'a pas été et à chercher le réconfort dans des distractions aliénantes qui nous font oublier la promesse de Dieu. Quand cela nous arrive, nous sommes malades. Quand cela arrive à notre société, elle est malade.

Aujourd'hui, au cours de cette vigile pascale à Buenos Aires, ce reproche s'adresse aussi à nous : Ne cherchez pas le Vivant parmi les morts ! Rappelez-vous ! Le reproche réveille notre mémoire et ravive la force de la promesse. Nous vivons une situation historique qui requiert beaucoup de mémoire. Se souvenir, rappeler à notre cœur les grandes richesses spirituelles de notre peuple, celles qui lui furent annoncées au cours de l'évangélisation et qui scellèrent dans son cœur simple cette Vérité : Jésus est vivant. Porter à notre mémoire la fraternité qu'Il a conquise pour nous au prix de son sang, la validité des dix commandements, le courage de savoir que le péché est une mauvaise affaire, car le démon est mauvais payeur, que les pactes d'impunité sont toujours provisoires et que personne ne se rit de Dieu.

Il nous est rappelé que la solution n'est pas dans l'attitude des grands prêtres et des anciens qui soudoyèrent les soldats en leur versant « une forte somme d'argent » (Matthieu 28, 12) pour qu'ils falsifient la vérité en déclarant que les disciples avaient dérobé le corps. Il nous est rappelé que nous ne marchons pas seuls à travers l'histoire, que nous sommes la famille de Dieu et il nous est demandé de regarder autour de nous et de le chercher dans le visage de nos frères qui vivent dans l'indigence, dans la solitude, dans la désespérance, l'esprit aussi inquiet que ces femmes qui cherchaient Jésus. Nous serons jugés sur la façon dont nous les avons traités.

En cette nuit sainte, je demande aux anges de nous faire entendre les reproches qui ravivent notre mémoire de peuple fidèle, afin que, au milieu de la perplexité et de la peur, nous soit apportée la joie de l'espérance, celle qui brise les tombeaux et s'élance vers l'annonce, celle qui consume sa vie à donner vie aux autres, celle qui ne déçoit pas, celle qui s'apparente parfois au délire, mais qui chaque jour nous fait revenir sur nous-mêmes, comme Pierre « plein d'admiration pour ce qui était arrivé ». En cette nuit sainte, je demande à la Vierge Marie de nous soustraire à la résignation quiétiste des cimetières et de nous souffler à l'oreille, tout doucement, comme seules les mères savent le faire : Jésus est ressuscité, il est vivant : prends courage, adore-le, et fais pour tes frères ce qu'il a fait pour toi. Ainsi soit-il.

Homélie, vigile pascale 2001

Notre sens de l'histoire s'en trouve bouleversé

L'Évangile nous relate le chemin parcouru par ces femmes jusqu'au tombeau. Elles savaient que Jésus était mort et s'y rendaient, certaines de ce fait.

Survient alors l'inattendu ; la pierre roulée, l'Ange qui leur dit : « Ne craignez point, il est ressuscité ». Cet événement change le cours de leur vie. Le cours de notre histoire en est bouleversé. Allez en Galilée et vous le verrez, leur dit-il. Elles repartent et en chemin rencontrent Jésus qui leur donne la même consigne : « Ne craignez point ; allez annoncer à mes frères qu'ils doivent partir pour la Galilée, et là ils me verront. »

Il semble que tout a changé de direction. Au lieu de se rendre au tombeau, elles doivent rebrousser chemin, retourner à la Galilée de leur première rencontre avec Jésus, la Galilée de la première admiration, de la stupeur qui leur a fait s'exclamer : « Nous avons trouvé le Messie. » Il s'est écoulé pas mal de temps depuis ce jour. Le temps émousse la mémoire. Cette première rencontre était comme perdue. Dans la traversée de l'histoire, on court toujours le risque de perdre la mémoire, mais Il leur montre le chemin et elles retrouvent le souvenir de la première rencontre et du premier amour.

L'événement de la Résurrection de Jésus-Christ nous invite tous à revenir sur nos pas jusqu'au premier appel, jusqu'à la première rencontre, pour le contempler cette fois avec l'espérance de la victoire certaine, la certitude d'avoir gagné. Retourner à cette première rencontre, revivre ce moment, mais avec la conviction que le chemin n'a pas été parcouru en vain. C'était un chemin de croix, mais aussi de victoire.

Cette nuit, je ne peux m'empêcher de penser à notre peuple affligé qui aujourd'hui se trouve devant une pierre scellée, qui parle de mort, de corruption, de défaite. Cette nuit, il nous est rappelé que tout n'est pas fini, qu'il nous reste l'espérance, que la mort, la corruption et la défaite n'augurent rien de bon. Cette nuit, il nous est parlé d'espérance, de promesse et à quoi sommes-nous invités ? À rebrousser chemin, à retrouver la voie qui nous a forgés en tant que Nation.

Chacun de nous est invité aujourd'hui à considérer notre histoire à la lumière de l'événement de Jésus-Christ, à aller à sa rencontre. Il nous est demandé aujourd'hui de demander pardon. Il nous est demandé de réparer, de ressourcer notre espérance afin que la Résurrection du Christ devienne une réalité dans chacune de nos vies et dans notre patrie tout entière. Revenons sur nos pas !

Et lorsque je parle de chemin parcouru, je ne peux omettre de mentionner ceux qui ont le plus marché sur le chemin de la vie : mes chers anciens, la sagesse de notre peuple. À eux, je leur dis : « Ne craignez point. » Nous savons que vous souffrez beaucoup, que l'égoïsme, l'ambition, le vol et la corruption vous ont dépouillés de vos droits et ont épuisé presque toutes vos forces. Mais nous savons aussi que vous pouvez nous aider à revenir sur nos pas en tant que Nation pour récupérer ce que vous avez semé. Nous nous adressons à vous tout particulièrement : « Le Christ est ressuscité. » Là repose notre espérance. Prenez-nous par la main et aidez-nous à retourner à la Galilée du premier amour.

En cette nuit au cours de laquelle un simple fait devient un événement, mesurons la force de la Résurrection de Jésus, capable de changer les choses de l'intérieur, de changer notre cœur, de changer notre patrie. C'est là que gît notre espérance. Ne la faisons pas s'appuyer sur des promesses qui, à la longue, s'avèrent pour la plupart être des leurres. Combien de promesses avons-nous écoutées ! Combien ! Ne nous laissons plus abuser. Le Seigneur n'est pas dans ces promesses.

Il est ressuscité. Revenez sur vos pas, retournez à la Galilée du premier amour. Retournons-y tous en tant que peuple, guidés par nos anciens qui sont notre sagesse, nous y retrouverons le Seigneur et pourrons enfin renaître en tant que Nation. J'adresse cette prière tout particulièrement à Celle qui n'a jamais perdu la foi ni oublié le premier amour, qui n'a pas eu à retourner sur ses pas, car son chemin est toujours resté vivant dans son cœur. Que Marie nous protège dans ce chemin de retour vers ce qui nous fonde. Ainsi soit-il.

Homélie, vigile pascale 2002

La paralysie rend notre âme malade

Marie de Magdala, Marie mère de Jacques et Salomé se mettent en route au petit matin. Cette nuit, nous aussi nous avons marché, suivant les pas du peuple de Dieu sur les sentiers de l'élection, de la promesse et de l'alliance. Le chemin de ces femmes s'inscrit dans la longue marche des siècles… et le nôtre aussi. Car être élus et être porteurs de l'alliance implique toujours de nous mettre en marche. L'alliance que Dieu fait avec son peuple et avec chacun de nous a pour but de conduire vers une promesse, vers une rencontre. Ce chemin est porteur de vie.

Par contraste, voici la pierre. Immobile, scellée par la conspiration des corrompus ; un véritable obstacle à la rencontre. Ces femmes avançaient, partagées entre l'espérance et l'incrédulité, elles se rendaient au tombeau pour accomplir une œuvre de miséricorde, mais la crainte de le trouver scellé par la pierre les faisait hésiter. L'amour leur donnait des ailes, mais le doute les paralysait. Tout comme elles, nous aspirons à avancer, à accomplir de grandes choses. Nous portons dans notre cœur une promesse et l'assurance de la fidélité de Dieu, mais le doute est une pierre, les sceaux de la corruption nous lient et bien souvent nous cédons à la tentation de rester sur place, paralysés, dénués d'espoir.

La paralysie rend notre âme malade, nous prive de mémoire et de joie. Elle nous fait oublier que nous avons été élus, que nous sommes porteurs de promesses, que nous sommes marqués par une alliance divine. La paralysie nous prive de la surprise de la rencontre, nous empêche de nous ouvrir à la « Bonne Nouvelle ». Aujourd'hui, nous avons besoin de réentendre cette Bonne Nouvelle : « Il n'est pas ici, il est ressuscité. » Nous avons besoin de cette rencontre qui brise les pierres, rompt les sceaux et nous fraie un nouveau chemin, celui de l'espérance.

Le monde a besoin de cette rencontre, ce monde qui « est devenu un cimetière ». Notre patrie en a besoin. Elle a besoin de l'annonce qui met debout, de l'espérance qui met en marche, des gestes de miséricorde, comme celui de ces femmes qui allaient oindre Jésus. Nous avons besoin que notre fragilité soit ointe par l'espérance et que cette espérance nous pousse à proclamer l'annonce et à oindre solidairement la fragilité de nos frères.

Le pire qui puisse nous arriver, c'est d'opter pour la pierre et les sceaux de la corruption, pour le découragement qui nous cloue sur place sans promesse, sans alliance, sans nous sentir élus. Le pire qui puisse nous arriver, c'est que notre cœur reste fermé à la stupeur de l'annonce vivifiante qui nous appelle à poursuivre notre chemin.

Cette nuit est celle de l'annonce, crions-le avec toute la vigueur de notre existence : Jésus-Christ, notre espérance, est ressuscité ! Proclamons qu'il est plus fort que le poids de la pierre et la sécurité provisoire qu'offrent les sceaux de la corruption. Cette nuit, Marie profitait déjà de la présence de son Fils. Confions à ses bons soins notre désir de marcher, poussés par la stupeur de la rencontre, avec Jésus-Christ ressuscité.

Homélie, vigile pascale 2003

Le souvenir les ramène dans la réalité

Le chemin du peuple de Dieu s'arrête cette nuit devant un tombeau, un tombeau vide. Le corps de Jésus, le Fils de la promesse, n'était plus là, on n'y voyait plus que les linges qui l'avaient enveloppé. La marche de tout un peuple s'arrête aujourd'hui comme autrefois devant le rocher du désert (Exode 17, 6), ou bien au bord de la mer la nuit de Pâques, quand les Israélites « eurent grand-peur et crièrent vers Yahvé » (Exode 14, 10), furieux, ils dirent à Moïse : « Manquait-il de tombeaux en Égypte, que tu nous aies menés mourir dans le désert ? (Exode 14, 11). Cette nuit, ce n'est pas la panique qui règne, mais la perplexité (Luc 24, 4) et l'effroi (v. 5) de ces femmes devant l'incompréhensible : le Fils de la promesse n'était plus là. Quand elles s'en retournèrent et racontèrent tout aux apôtres (v. 10), « ces propos leur semblèrent du radotage, et ils ne les crurent pas » (v. 11). Tout n'était que perplexité, effroi et délire apparent : autant de sentiments qui forment un tombeau où s'arrête la marche séculaire de tout un peuple. La perplexité désoriente, l'effroi paralyse, le délire apparent engendre des chimères.

Les femmes « tenaient leur visage incliné vers le sol » (v. 5). La perplexité et l'effroi empêchent tout regard vers le ciel ; leur l'horizon est bouché et toute espérance étouffée. Face au reproche, elles sont surprises : « Pourquoi cherchez-vous le Vivant parmi les morts ? » (v. 5), mais l'injonction prophétique « Rappelez-vous » (v. 6) les surprend encore davantage, « elles se rappelèrent ses paroles » (v. 8) et tout ce qui était en train d'arriver autour d'elles se réfléchit dans leurs cœurs : les premières lueurs du jour dissipent les ténèbres du doute, de l'effroi et de la perplexité… Elles courent annoncer ce qu'elles ont entendu : « Il n'est pas ici ; mais Il est ressuscité » (v. 6).

Le souvenir les ramène à la réalité. Elles retrouvent la mémoire et la conscience d'être un peuple élu, elles se souviennent des promesses, réaffirment l'alliance et se sentent à nouveau élues. Dans leur cœur naît cette énergie puissante, celle de l'Esprit-Saint, qui les pousse à évangéliser, à annoncer la grande nouvelle. Toute l'histoire du salut se remet en marche. Le miracle de cette nuit sur la mer Rouge se répète, « Yahvé dit à Moïse : "Pourquoi cries-tu vers moi ? Dis aux Israélites de repartir" »

(Exode 14, 15). Et le peuple a poursuivi sa route grâce aux femmes qui s'étaient souvenues des promesses du Seigneur.

Cela nous est arrivé à tous individuellement, mais aussi en tant que peuple, de nous trouver à l'arrêt au milieu du chemin sans savoir où diriger nos pas. Dans ces moments-là, il nous semble que les frontières de la vie se referment, nous mettons en doute les promesses tandis que nous prétendons expliquer la situation par un positivisme grossier. La perplexité et l'effroi s'emparent de notre conscience ; la réalité nous paraît verrouillée, sans espoir et nous avons envie de rebrousser chemin pour retourner à l'état de servitude dont nous étions sortis. Nous allons jusqu'à reprocher au Seigneur de nous avoir mis sur le chemin de la liberté : « Ne te disions-nous pas en Égypte : Laisse-nous servir les Égyptiens, car mieux vaut pour nous servir les Égyptiens que de mourir dans le désert ? » (Exode 14, 12) Dans ce genre de situations, comme au bord de la mer Rouge ou devant le tombeau, la réponse est invariable : « Ne craignez pas » (Exode 14, 13), « Rappelez-vous » (Luc 24, 6).

Rappelez-vous la promesse, mais surtout souvenez-vous de votre propre histoire. Rappelez-vous les merveilles que le Seigneur nous a prodiguées au long de notre vie. « Mais prends garde ! Garde bien ta vie, ne va pas oublier ces choses que tes yeux ont vues, ni les laisser, en aucun jour de ta vie, sortir de ton cœur » (Deutéronome 4, 9) ; quand tu te sentiras comblé, « garde-toi d'oublier Yahvé qui t'a fait sortir du pays d'Égypte, de la maison de servitude » (Deutéronome 6, 12). « Souviens-toi de tout le chemin que Yahvé ton Dieu t'a fait faire pendant quarante ans dans le désert [...]. Le vêtement que tu portais ne s'est pas usé et ton pied n'a pas enflé... » (Deutéronome 8, 2.4), « garde-toi d'oublier Yahvé qui t'a fait sortir du pays d'Égypte, de la maison de servitude » (Deutéronome 6, 12) ; « rappelez-vous ces premiers jours » (Hébreux 10, 32) ; « Souviens-toi de Jésus-Christ ressuscité d'entre les morts » (2 Timothée 2, 8). La Parole de Dieu nous exhorte ainsi à relire continuellement notre histoire de salut afin de pouvoir aller de l'avant. La mémoire du chemin parcouru par la grâce de Dieu est notre force d'âme et le fondement de l'espérance qui nous encourage à poursuivre notre chemin. Ne laissons pas la mémoire de notre salut s'atrophier à cause de la perplexité et de l'effroi qui peuvent survenir devant n'importe quel tombeau, ne laissons pas le tombeau s'emparer de notre espérance. Comme les femmes devant le tombeau, laissons toujours une place pour la Parole du Seigneur : « Rappelez-vous. » Dans les moments de plus grande obscurité et de paralysie, il est urgent de retrouver cette dimension deutéronomique de l'existence.

En cette nuit sainte, j'aimerais demander à la Très Sainte Vierge de nous accorder la grâce de la mémoire de toutes les merveilles que le Seigneur nous a prodiguées, et que cette mémoire nous secoue et nous pousse à poursuivre notre chemin de vie chrétienne, à écouter l'annonce qui nous dissuade de chercher le Vivant parmi les morts, qui nous dit que Jésus, le Fils de la promesse, est l'Agneau pascal et qu'Il est ressuscité. Que la Très Sainte Vierge nous apprenne à nous dire posément, avec l'assurance de celui qui se sait conduit tout au long de sa vie, ce que sans doute elle-même se répétait à l'aube de ce matin alors qu'elle attendait son Fils : « Je sais, moi, que mon Défenseur est vivant » (Job 19, 25).

Homélie, vigile pascale 2004

Vraiment celui-ci était fils de Dieu !

« Et voilà que le voile du Sanctuaire se déchira en deux, du haut en bas ; la terre trembla, les rochers se fendirent, les tombeaux s'ouvrirent et de nombreux corps de saints trépassés ressuscitèrent : ils sortirent des tombeaux après sa résurrection, entrèrent dans la Ville sainte et se firent voir à bien des gens. Quant au centurion et aux hommes qui avec lui gardaient Jésus, à la vue du séisme et de ce qui se passait, ils furent saisis d'une grande frayeur et dirent : "Vraiment celui-ci était fils de Dieu !" » (Matthieu 27, 51-54). Ainsi la vie de Jésus se termina-t-elle par un séisme et un spectaculaire ébranlement du ciel et de la terre. Lui, « poussant de nouveau un grand cri, rendit l'esprit » (Matthieu 27, 50). Puis vint l'enterrement provisoire parce que le temps pressait et ensuite le silence du sabbat… ce silence qui pénètre corps et âme, qui se glisse dans les fissures douloureuses du cœur.

« Après le jour du sabbat », un autre séisme surprend Marie de Magdala et l'autre Marie, toutes deux en route vers le tombeau, « et voilà qu'il se fit un grand tremblement de terre : l'Ange du Seigneur descendit du ciel et vint rouler la pierre, sur laquelle il s'assit. Il avait l'aspect de l'éclair, et sa robe était blanche comme neige. À sa vue, les gardes tressaillirent d'effroi et devinrent comme morts » (Matthieu 28, 2-4).

Deux séismes, deux ébranlements de la terre, du ciel et du cœur. Beaucoup d'effroi et d'incertitude. Le premier séisme évoquait un cri de mort, le hurlement de l'enfer triomphant en un spasme victorieux de machinerie. Ne restait plus que la timide profession de foi des soldats, la douleur de ceux qui aimaient Jésus et un espoir fragile… une sorte de braise cachée là, au fond de l'âme. Une braise qui nourrit la patience et le geste amoureux consistant à retourner au tombeau « après le jour du sabbat » pour oindre le corps du Seigneur. Alors le deuxième séisme. Secousse terrifiante mais geste de victoire. Les femmes prennent peur et l'Ange prononce l'un des mots clés de l'Évangile : « Ne craignez point. »

« Sois sans crainte » (Luc 1, 30), avait dit l'Ange à Marie en lui annonçant l'Incarnation du Verbe. « Soyez sans crainte », n'ayez pas peur, a répété bien des fois Jésus à ses disciples. C'est un mot qui ouvre un espace dans l'âme. Un mot qui donne confiance et engendre l'espérance. Plus tard, en retrouvant les femmes près du tombeau, Jésus reprend ce mot : « Ne craignez point », c'est moi.

Par son « ne craignez point », Jésus anéantit la machinerie du premier tremblement de terre. Celui-ci était un cri né du triomphalisme de l'orgueil. Le « ne craignez point » de Jésus, en revanche, est l'annonce paisible du triomphe véritable, celui qui se transmettra de bouche à oreille, de foi à foi, à travers les siècles. Tout au long de cette journée, « ne craignez point » fut le salut du Seigneur ressuscité chaque fois qu'il rencontrait un disciple. Cette douce et énergique parole leur redonne confiance en la promesse, les console. Ce « ne craignez point » de Jésus accomplit la prophétie d'Isaïe : « Yahvé a pitié de Sion, il a pitié de toutes ses ruines ; il va faire de son désert un Éden et de sa steppe un jardin de Yahvé ; on y trouvera la joie et l'allégresse, l'action de grâces et le son de la musique » (Isaïe 51, 3). Le Seigneur ressuscité console et rend plus fort.

Aujourd'hui. en cette nuit de triomphe véritable, à la fois paisible et serein, le Seigneur nous redit, à nous et à tout le peuple fidèle : « ne craignez point », je suis là. J'étais mort et maintenant je suis vivant. Il le répète depuis vingt siècles, à chaque secousse triomphaliste quand, au sein de son Église, on reproduit sa Passion en la « complétant ». Il le dit dans le silence de chaque cœur souffrant, angoissé, déboussolé ; Il le dit dans les moments historiques de perplexité quand le pouvoir du mal prend possession des peuples et construit des structures de péché. Il le dit dans les arènes de tous les Colisées de l'histoire. Il le dit dans chaque blessure humaine… Il le dit dans chaque mort individuelle et historique. « Ne crains point, c'est moi. Je suis là. » Il nous rappelle son triomphe définitif chaque fois que la mort prétend chanter victoire.

En cette nuit sainte, j'aimerais que nous fassions le silence dans nos cœurs et que, au milieu des secousses personnelles, culturelles, sociales, au milieu des tremblements fabriqués par la machinerie de l'autosuffisance et de l'arrogance, de l'orgueil et de la superbe, au milieu des tremblements du péché de chacun de nous, nous ayons le courage d'écouter la voix du Seigneur Jésus, celui qui était mort et maintenant est vivant, celui qui nous dit : « Ne crains point. C'est moi. » Et, accompagnés par notre Mère, qui nous apporte tendresse et force, laissons-nous consoler, fortifier et caresser l'âme par ce doux sourire, par cette voix triomphale qui nous répète inlassablement : « Ne crains point, c'est moi. »

Homélie, vigile pascale 2005

Elles voulaient oindre le corps de Jésus

Le chemin parcouru par ces femmes en ce dimanche matin résume le chemin que le peuple de Dieu a parcouru de manière ininterrompue depuis le moment où Abraham entreprit son périple « ne sachant où il allait » (Hébreux 11, 8 ; Genèse 12, 1). Combien de fois, au cours des siècles qui ont suivi, la promesse ne s'est-elle pas diluée dans le quotidien, dans les tracas, dans les guerres, dans les exils, les déportations et l'esclavage ! Pourtant le peuple a gardé en lui, parfois sans le savoir, le germe de cette victoire promise. Au cours de cette nuit, nous avons parcouru ce chemin en accéléré pour raviver notre mémoire et, à présent, nous partageons le trajet, la solitude et la douleur des femmes pour nous occuper pieusement du Mort. Nous venons d'entendre qu'elles voulaient oindre le corps de Jésus et qu'elles étaient conscientes de la grande difficulté qui pouvait faire échouer leur tentative : la pierre. « Elle était fort grande », dit l'Évangile (Marc 16, 4). Ce qu'elles voulaient faire et la difficulté de la pierre reproduit le sort d'Abraham : elles marchent, mais sans trop savoir vers quoi, sans savoir si elles pourront atteindre leur objectif.

Et puis, l'imprévu. Voyant que la pierre a été roulée, leur inquiétude s'évanouit. La difficulté se fait porte d'entrée, le doute ouvre un horizon prometteur… la surprise engendre l'espérance. La vétusté de la promesse explose dans la jeunesse qui annonce le renouvellement. « C'est Jésus le Nazarénien que vous cherchez, le Crucifié : il est ressuscité, il n'est pas ici » (Marc 16, 6). Ce qui était mur et empêchement débouche sur une autre certitude et une autre espérance qui les encourage à poursuivre leur chemin : « Allez dire à ses disciples et à Pierre qu'il vous précède en Galilée : c'est là que vous le verrez, comme il vous l'a dit » (Marc 16, 7).

Ainsi s'esquisse un nouveau chemin, en continuité avec le précédent et cependant nouveau. « Allez » comme on a dit à Abraham… assorti d'une promesse : « c'est là que vous le verrez ». Nous avons vu que ces dames étaient loin d'être tranquilles : « Elles sortirent et s'enfuirent du tombeau, parce qu'elles étaient toutes tremblantes et hors d'elles-mêmes » (Marc 16, 8). Elles sont en proie à la stupeur que provoque toute rencontre avec le Seigneur qui, de cette manière, se rapproche peu à peu jusqu'à se manifester pleinement à elles.

J'ai dit tout à l'heure que, cette nuit, nous avons fait mémoire du grand chemin de notre père Abraham et aussi du petit chemin de Marie Magdala, de Marie mère de Jacques et de Salomé. Et je me demande : qu'en est-il de mon propre chemin ? Conduit-il à la promesse de la rencontre avec Jésus ressuscité ? S'arrête-t-il devant l'obstacle de la pierre, de toutes les pierres de la vie, en me forçant à faire demi-tour ? Ou bien, comme les pèlerins d'Emmaüs, conduit-il du côté opposé pour éviter les problèmes de cœur entravé ? Préféré-je la paralysie, l'enfermement, la défiance devant n'importe quelle annonce, devant n'importe quel horizon éclatant d'espoir, comme les autres disciples de Jésus ? Mon chemin parie-t-il sur l'espérance, cherche-t-il la rencontre ? Connaît-il la stupeur qui ébranle l'être tout entier quand il se laisse émouvoir par le Seigneur qui passe et lui ouvre le cœur ? Quel chemin mon cœur parcourt-il aujourd'hui ?

Cette nuit, il y a trois chemins : celui du peuple élu initié par notre père Abraham et prolongé par celui de ces femmes qui, comme lui, vont au-devant de quelque chose qu'elles ignorent, et puis il y a le tien : ton chemin et le mien. Nous savons où aboutissent les deux premiers : à la plénitude. Mais le tien et le mien, où vont-t-ils ? Progressent-ils ou bien sont-ils à l'arrêt ? S'interromptent-ils et font-ils demi-tour à la vue de la pierre ou bien ont-ils été touchés par la nouvelle et fuient-ils devant tout ce qui évoque le tombeau et la mort ? Se sauvent-ils en courant et en tremblant, secoués et pleins d'effroi, ayant ressenti le frisson de l'annonce et la stupeur de la présence ? Espérons que ton cœur et le mien réagiront ainsi. C'est la meilleure façon de nous souhaiter de joyeuses Pâques.

Homélie, vigile pascale 2006

Que se passait-il dans le cœur de ces femmes et des disciples ?

Le récit que nous venons d'entendre était raconté chaque dimanche au sein des premières communautés chrétiennes. Les croyants se rappelaient mutuellement l'histoire de cette matinée de Pâques. Une matinée mouvementée, pleine d'allées et venues et de sentiments contradictoires. Une matinée bouleversante où la terre trembla (Matthieu 28, 2) et où les cœurs furent saisis de stupeur, de crainte, de doute, de perplexité. Les femmes qui se rendirent au tombeau eurent peur, l'angoisse gagna les disciples. Deux d'entre eux s'enfuirent à Emmaüs pour éviter les histoires. Au milieu de cette agitation intérieure et extérieure, de ces allées et venues, surgit Jésus, vivant, ressuscité, et tout prend un air de paix, de réjouissance et de joie. Le Seigneur « n'est pas ici, Il est ressuscité », avaient dit les anges aux femmes... et finalement elles L'ont vu.

Que se passait-il dans le cœur de ces femmes et des disciples ? Je voudrais m'arrêter sur un point précis du récit que nous venons d'entendre : « Pierre cependant partit et courut au tombeau. Mais, se penchant, il ne voit que les linges. Et il s'en alla chez lui, tout surpris de ce qui était arrivé » (Luc 24, 12). Il ne demeura pas à écouter les commentaires et les conjectures, mais, plein de détermination, il partit en courant vérifier ce qui se passait… et il en resta bouche bée. Son cœur pressentit quelque chose et commença à éprouver la stupeur caractéristique de la rencontre avec le Seigneur, ce mélange d'étonnement, de joie et d'adoration que nous procure Dieu par sa présence. Pierre se laissa guider par l'annonce et s'ouvrit à ce qu'il n'avait pas pleinement compris. Il y avait bien d'autres réactions possibles, mais il choisit le chemin le plus direct et objectif : aller voir de ses propres yeux. Il ne se laissa pas duper par le climat d'agitation que suscitait le récit des femmes. Alors qu'on annonçait la Vie… il courut jusqu'à la périphérie de la mort, mais au lieu de rester enfermé là, dans cette ambiance sépulcrale, il rentra chez lui, plein de stupéfaction. Ce faisant, il écoute l'avertissement adressé aux femmes par les anges : « Pourquoi cherchez-vous le Vivant parmi les morts ? » Il ne se laisse pas impressionner par la vacuité du tombeau.

« Pourquoi cherchez-vous le Vivant parmi les morts ? » Au milieu des circonstances et des sentiments qui ont marqué cette matinée-là, cette phrase fait date dans l'histoire. Elle fait irruption dans l'Église de tous les temps et marque une division entre ceux qui optent pour le tombeau et s'obstinent à chercher là, et ceux qui, comme Pierre, ouvrent leur cœur à la vie au milieu de la Vie. Combien de fois au quotidien avons-nous besoin qu'on nous secoue et qu'on nous dise : « Pourquoi cherchez-vous le Vivant parmi les morts ? » Combien de fois avons-nous besoin que cette phrase nous arrache à l'emprise du désespoir et de la mort !

Nous avons besoin que l'on nous crie cela chaque fois que, reclus dans l'égoïsme sous toutes ses formes, nous tentons d'étancher notre soif avec l'eau croupie de l'autosatisfaction. Nous avons besoin que l'on nous crie cela quand, séduits par le pouvoir terrestre, nous abandonnons les valeurs humaines et chrétiennes, nous nous enivrons du vin de l'égotisme qui n'a rien à nous offrir sinon un avenir sépulcral. Nous avons besoin que l'on nous crie cela lorsque nous plaçons notre espérance dans les vanités mondaines, l'argent, la renommée, et que nous nous parons de l'éclat ronflant de l'orgueil. Nous avons besoin que l'on crie cela aujourd'hui, au sein de notre peuple et de notre culture, afin de nous ouvrir à l'Unique qui donne vie. L'Unique qui peut provoquer en nous la stupeur pleine d'espoir de la rencontre, l'Unique qui ne déforme pas la réalité, ne vend pas des mensonges, mais offre des vérités. Combien de fois n'est-il besoin que la tendre voix maternelle de Marie nous murmure, comme pour préparer le chemin, cette phrase victorieuse qui recèle une profonde stratégie chrétienne : Fils, ne cherche pas le Vivant parmi les morts ?

Aujourd'hui, en cette nuit de Pâques, nous avons besoin qu'on nous annonce avec force cette parole et que notre cœur, faible et pécheur, s'ouvre à l'étonnement et à la stupeur de la rencontre, afin que nous puissions entendre des lèvres du Seigneur la parole réconfortante : « Ne craignez point, c'est moi. »

Homélie, vigile pascale 2007

« Donnez-leur vous-mêmes à manger »

Luc 9, 13

Le souvenir du Père n'est pas un souvenir parmi tant d'autres

Peuple de Dieu, n'oublie pas ton Père ! Ce mot, à la fois ordre et prière, résonne ici aujourd'hui, d'une manière toute particulière. Israël, souviens-toi… Souviens-toi de qui tu es et d'où tu viens. Ainsi parle Moïse à son peuple. Nous venons de l'entendre. Souviens-toi du Seigneur, ton Père, « Il t'a donné à manger la manne que ni toi ni tes pères n'aviez connue » (Deutéronome 8, 3). La manne, ce petit bout de « pain » que l'on a rangé dans l'Arche d'Alliance avec les tables de la Loi, synthétisait pour le peuple de Dieu la mémoire de la bonté de Dieu : un Dieu Père, compagnon de route, un Dieu protecteur qui, par sa présence, fait avancer son peuple et l'encourage par ses promesses… Promesses qui se sont accomplies avec Jésus. Toutes les promesses du Père sont devenues réalité avec Jésus, une réalité aussi vivante, proche et tangible que le pain.

Aujourd'hui, à l'occasion de la Fête-Dieu, nous retrouvons cette prière ancienne : Souviens-toi ! Cette fois-ci dans la bouche de Jésus : Souviens-toi que ma chair est la nourriture de vie éternelle donnée par mon Père ! Je vis par mon Père et celui qui me mange vivra par moi !

Le souvenir du Père n'est pas un souvenir parmi tant d'autres. On ne se souvient pas de son père sans le célébrer ni le remercier. Aussitôt son souvenir nous porte à lui manifester notre tendresse par quelque geste concret : une visite, un appel, une accolade, une lettre. Avec notre Père du ciel, le geste de tendresse qui ravive notre mémoire, c'est la communion. C'est la leçon de Jésus lors de la dernière cène : « Faites ceci en mémoire de moi » (1 Corinthiens 11, 24) ; « Qui m'accueille, accueille Celui qui m'a envoyé » (Matthieu 10, 40). Depuis cette nuit-là, l'Eucharistie est le mémorial de notre foi.

L'Eucharistie est le don du Père. C'est ainsi que Jésus veut que nous la comprenions : « C'est mon Père qui vous donne le pain qui vient du ciel, le vrai » (Jean 6, 32). Ce pain n'est plus une nourriture temporaire comme la manne ; le Corps du Christ est une nourriture définitive, capable de donner vie, la vie éternelle. Dans l'Eucharistie, nous trouvons le témoignage de l'amour du Père : un amour proche, inconditionnel ; un amour disponible à tout moment, « comestible », un pur don, offert à toute personne humble et affamée qui a besoin de restaurer ses forces.

À l'occasion de la Fête-Dieu, nous célébrons ce don immense et, suivant l'enseignement de Jésus, toute notre action de grâce est destinée à son Père, notre Père. Jésus veut que nous remercions le Père pour cette nourriture : pour Lui la gloire et les louanges. Pour Lui la reconnaissance. En faisant cela, nous ne retirons rien à Jésus, car Il n'est que le Fils, un pur don du Père. Jésus nous intègre à son action de grâce et à son offrande : « De même que le Père […] m'a envoyé et que je vis par le Père, de même celui qui me mange, lui aussi vivra par moi » (Jean 6, 57).

Dans l'Eucharistie, Jésus, fils de Marie, est le souvenir vivant du Père.

Souviens-toi de ton Père, peuple fidèle de Dieu !

Souviens-toi de ton Père pour recouvrer chaque jour ta dignité, cette dignité qui, bien souvent aujourd'hui, n'est pas appréciée à sa juste valeur, de sorte qu'on te condamne à vivre en exil sur ta propre terre. Souviens-toi de ton Père pour vivre dans la reconnaissance ; Celui qui nourrit les moineaux te nourrit toi aussi avec la chair de son Fils aimé. Souviens-toi de ton Père pour te sentir protégé, certain que personne ne pourra t'arracher à ses bras, ainsi que Jésus l'a promis. Souviens-toi de ton

Père pour te sentir frère de tes frères, solidaire, camarade, bon ami. Souviens-toi de ton Père et dans ton cœur fleuriront les meilleures valeurs : Il t'a appris à travailler pour tes enfants et à festoyer en famille. Il t'aide à juger avec équité et à t'occuper des plus faibles. Il t'incite à tenir tes engagements avec responsabilité. Souviens-toi de ton Père qui t'a donné Jésus et te le redonne chaque jour à travers l'Eucharistie. Peuple de Dieu, peuple de Buenos Aires, avec Marie, notre Mère de Luján, celle qui gardait tout dans son cœur, Mère de la mémoire, souviens-toi de ton Père chaque jour de ta vie.

Homélie de la Fête-Dieu, 1999

Où veux-tu que nous te préparions l'Eucharistie ?

« Où veux-tu que nous te préparions de quoi manger la Pâque ? » (Matthieu 26, 17) demandèrent les disciples à Jésus. L'Évangile nous révèle que le Seigneur avait déjà tout préparé : il connaissait le parcours de l'homme qui portait la cruche d'eau, il connaissait le propriétaire de la maison avec une grande pièce garnie de coussins à l'étage… Il connaissait surtout l'amour avec lequel ses amis allaient recevoir son Corps et son Sang, ce Corps et ce Sang qu'Il souhaitait si ardemment nous donner en guise de nouvelle Alliance.

Réunis pour cette fête du Corps et du Sang du Christ, nous demandons une nouvelle fois à Jésus, à l'instar de ses disciples : Seigneur, où veux-tu que nous préparions l'Eucharistie ? Où veux-tu que nous la recevions avec amour en t'adorant comme un Dieu vivant ? Et Lui de nous redire : « Allez à la ville… » Allez à la rencontre de ceux qui portent des cruches d'eau pour donner à boire aux autres. Ces gens semblables à la Samaritaine qui, laissant sa cruche d'eau – comme si elle-même était devenue une cruche remplie de l'eau de l'Esprit –, accourut à la ville annoncer aux gens, ses frères : « Venez voir un homme qui m'a dit tout ce que j'ai fait. Ne serait-il pas le Messie ? » Le Seigneur prépare l'Eucharistie avec ceux qui veulent bien être des hommes-cruche, ceux qui se laissent remplir le cœur avec l'eau vivante de l'Esprit et conduire par Lui.

Allez retrouver ceux qui préparent de grandes salles pour les autres. Des salles comme celle que le Roi de la parabole prépara pour le banquet des noces de son Fils. Cette salle qui « s'est remplie » de gens du peuple, car les premiers convives s'étaient excusés et ne voulaient pas participer à la fête. Le Seigneur prépare l'Eucharistie pour son peuple avec des gens prêts à ouvrir leur cœur aux autres, leur cœur de père, ouvert comme une grande salle où tout le monde est invité à partager le pain.

Lisant ce passage avec simplicité, nous pouvons découvrir chez ces deux inconnus de l'Évangile un signe de la présence mystérieuse de l'Esprit et du Père collaborant avec Jésus à la préparation de l'Eucharistie. La même chose se produit au moment de la messe, quand nous demandons au Père de rassembler son peuple avec la force de l'Esprit, de sanctifier par ce même Esprit nos offrandes et de les accepter, transformées en Corps et en Sang de son Fils, comme sacrifice vivant et saint.

On nous demande aujourd'hui de devenir des hommes et des femmes-cruches, qui indiquent des routes à suivre et tissent des liens, car ils ont le cœur empli de l'eau vivante de l'Esprit et nous montrent le sens de la vie par des gestes plus que par des paroles. On nous demande de devenir des hommes et des femmes qui dressent la table pour le Seigneur et pour leurs frères, des hommes et des femmes qui suscitent la rencontre par leurs gestes de « prochaineté » et d'accueil. On nous demande à tous de frayer des sentiers d'espérance, et tout particulièrement à ceux qui traversent des moments d'obscurité. À ceux qui souffrent, à ceux qui marchent sans voir, je dis : vous, pour qui la cruche est peut-être devenue une lourde croix, vous avez vous aussi quelque chose à donner. Rappelez-vous que ce fut sur la Croix que le Seigneur, transpercé, s'est donné à nous comme source d'eau vivante.

Si l'on nous demande à tous, jeunes et vieillards, enfants et parents, de susciter la rencontre, on le demande tout particulièrement à ceux qui pâtissent le plus de cette énorme iniquité si profondément ancrée en nous (comme le dit notre document intitulé *Jésus, Seigneur de l'Histoire*). À ceux qui souffrent le plus, à ceux qui se sentent exclus du banquet de ce monde, je dis : Levez les yeux et gardez votre cœur ouvert à la solidarité, cette solidarité que personne ne doit arracher du cœur de notre peuple fidèle, car elle est sa richesse, son trésor, la sagesse que notre peuple acquiert quand il est enfant, à cette école de l'amour qu'est l'Eucharistie : école de l'amour de Dieu et du prochain.

Quand nous nous mettrons à genoux au moment de la consécration pour adorer Jésus en disant : « Mon Seigneur et mon Dieu », demandons à la Vierge, elle qui connaît bien les cruches vides, de dire à Jésus, comme à Cana : « Ils n'ont pas de vin. » Demandons qu'elle prie pour nous, maintenant, pour nous aider à accomplir ce que Jésus nous demande. Prie pour nous, Mère, pour que nous soyons des serviteurs fidèles, pour que nous remplissions jusqu'au bord nos cruches, afin que le Seigneur transforme l'eau en ce vin de son Sang qui nous purifie et égaie notre cœur en lui apportant l'espérance.

Tandis que nous adorons Jésus, demandons à Marie, celle qui a mis à disposition de l'Esprit la grande salle de son cœur pour que le Verbe se fasse chair et habite parmi nous, de prier pour nous, maintenant, afin que notre cœur se dilate et ressemble un peu plus au sien : qui est lieu de rencontre entre frères, lieu de « prochaineté » entre nous et Dieu, notre Seigneur.

Homélie de la Fête-Dieu, 2000

« Tous mangèrent et furent rassasiés »

La Bonne Nouvelle de la multiplication des pains est l'un de ces faits qui sont restés à jamais gravés dans la mémoire de l'Église. Nous ne nous lasserons pas d'écouter, émerveillés, le récit de ce « geste inédit » de Jésus. Ce fut une fête, une fête humble, une fête de foi. Humble, car il n'y avait que du pain et du poisson, mais en telle abondance qu'ils suscitèrent l'étonnement, la foi et le goût de partager la même table et de fraterniser… Aujourd'hui, nous ne pouvons imaginer ces gens autrement qu'en train de rompre le pain, surpris, et de le partager joyeusement avec leurs voisins.

Le souvenir de la multiplication des pains (avec celui des noces de Cana) est resté dans notre cœur comme l'évangile de la démesure. Des mains du Seigneur qui bénissait sortirent des pains à profusion : les cinq pains devinrent cinq mille. La démesure excédait tout calcul humain, ce calcul « réaliste », presque mathématique, qui portait les disciples à dire avec scepticisme : et si nous allions acheter à manger pour nourrir cette foule ? Il y eut surabondance : tous mangèrent et furent rassasiés. Il y eut même surplus : ils emportèrent les restes, douze couffins. Un excédent dont rien ne fut perdu, très différent de celui auquel nous ont habitués certains personnages riches et célèbres.

Le message de l'Évangile est clair, diaphane, chaleureux et convaincant : où Jésus se trouve, les mesures humaines sont dépassées. Et, paradoxalement, la démesure de Dieu est plus humaine (plus réaliste, plus simple, plus véritable, plus réalisable) que nos propres calculs. La démesure de Dieu est réaliste et réalisable, car elle aspire à la chaleur du pain qui invite au partage et non la froideur de l'argent qui cherche la solitude des coffres-forts.

Le miracle de la multiplication des pains n'a rien d'une solution magique. On y retrouve Jésus en personne en train de mettre la main à la pâte. Un Jésus qui se partage et se donne lui-même dans chaque pain ; un Jésus qui élargit sa table, celle qu'il partageait avec ses amis, pour faire de la place à tout le peuple ; un Jésus qui peut tout faire avec le pain et les poissons. Qu'il est beau d'observer les signes modestes, les petites choses avec lesquelles travaille Jésus : l'eau, le vin, le pain et les petits poissons ! La toute-puissance du Seigneur se manifeste dans des gestes humbles. Ses mains se plaisent à bénir et à rompre le pain. Je dirais même que c'est toujours dans les gestes qu'il accomplit avec ses mains que le Seigneur se surpasse : bénir, soigner, caresser, partager, donner la main et aider quelqu'un à se relever, laver les pieds, montrer ses plaies, se laisser blesser… Le Seigneur ignore la grandiloquence et les gestes pompeux. Jésus veut être tout-puissant en rompant le pain de ses mains.

Le geste du Seigneur est « inédit », car il accomplit son plus beau miracle sur quelque chose d'aussi passager qu'un repas composé de pain et de poisson. Jésus parie sur l'importance de l'élémentaire et du quotidien. Le geste de Jésus est « inédit », car il utilise l'humble médiation de ses propres mains jointes aux mains des autres pour exprimer sa toute-puissance. Le miracle des pains fut réalisé ecclésialement par tous ceux qui partageaient son pain.

De ce miracle de la disproportion, une belle image à garder aujourd'hui dans nos cœurs est celle des mains. La Fête-Dieu est la fête des mains : les mains du Seigneur et les nôtres. Les « saintes et vénérables mains » de Jésus, mains blessées qui continuent à bénir et à partager le pain de l'Eucharistie. Et ces mains, les nôtres, nécessiteuses et pécheresses, qui se tendent humblement et s'ouvrent pour recevoir avec foi le corps du Christ.

Que le pain divin transforme nos mains vides en mains pleines, avec cette mesure « tassée, secouée et débordante » que promet le Seigneur à celui qui est généreux de ses talents. Que le doux poids de l'Eucharistie laisse sa marque d'amour sur nos mains afin que, ointes par le Christ, elles deviennent des mains qui accueillent et contiennent les plus faibles. Que la chaleur du pain consacré brûle nos mains du désir efficace de partager un si grand don avec ceux qui ont faim de pain, de justice et de Dieu. Que la tendresse de la communion avec ce Jésus qui se met sans réserve entre nos mains par un véritable « geste inédit » ouvre nos yeux du cœur à l'espérance pour sentir la présence du Dieu qui est « tous les jours avec nous » et nous accompagne dans notre chemin.

Je demande à Marie qui, dans le Magnificat, prophétisa la multiplication des pains en demandant à Dieu qu'il « déploie la force de son bras [...], comble de biens les affamés et renvoie les riches les mains vides », d'intercéder auprès de son Fils pour qu'une fois de plus il regarde avec amour notre peuple qui a besoin d'accomplir un « geste inédit ». Qu'Elle demande à Jésus, placé au milieu de nous, qu'une nouvelle fois il nous donne de ses mains le pain de l'Eucharistie pour entrer en communion avec Lui et pour apprendre à partager comme des frères. Alors nos mains toucheront la démesure de Dieu et se décideront à pratiquer ce « geste inédit » qui nous inspire la générosité et nous tire du désespoir.

Homélie de la Fête-Dieu, 2001

« Souviens-toi de tout le chemin que Yahvé ton Dieu t'a fait faire »

À l'occasion de la Fête-Dieu, nous faisons mémoire de l'ensemble de l'épisode pascal qui se concentre dans la fête de la Chair et du Sang du Seigneur. La chair du Seigneur, c'est notre chair ressuscitée et portée au point le plus haut du ciel. Un grand croyant disait : « Le ciel est l'intimité sacrée du Dieu saint. » Lors de la Fête-Dieu, nous fêtons le lieu physique où cette intimité sacrée du Dieu saint se livre à nous et nous est offerte chaque jour : l'Eucharistie.

En ces temps si difficiles pour notre patrie où la bassesse morale semble tout anéantir, cela nous fait du bien de lever les yeux vers l'Eucharistie et de nous remémorer l'espérance à laquelle nous avons été appelés. Nous sommes invités à vivre en communion avec Jésus : « Qui mange ma chair et boit mon sang demeure en moi et moi en lui » (Jean 6, 56). Le Seigneur nous l'a ordonné quand il a dit, au cours de la dernière cène : « Faites ceci en mémoire de moi » (1Corinthiens 11, 24).

Nous faisons mémoire grâce aux mots de Moïse que nous avons entendus dans la première lecture : nous regardons en arrière pour nous souvenir de tout ce que le Seigneur a fait pour nous. Sur cette place de Mai qui devrait être terre promise à devenir un espace symbolique pour la Nation, et qui se transforme parfois en champ de bataille et lieu désert, les mots de Moïse résonnent à nos oreilles avec un réalisme dramatique. « Souviens-toi de tout le chemin que Yahvé ton Dieu t'a fait faire pendant quarante ans dans le désert, afin de t'humilier, de t'éprouver et de connaître le fond de ton cœur » (Deutéronome 8, 2).

Moïse interprète l'histoire de son peuple, ses quarante ans d'échec apparent, avec le regard salvateur du Seigneur. Il n'y a pas de décennies perdues aux yeux du Seigneur.

Dans le désert, au moment où le peuple ne peut rien trouver si ce n'est ses propres limites, le Seigneur lui offre une nourriture spéciale : la manne, préfiguration de l'Eucharistie. Ce petit pain du ciel possède sa particularité : il ne dure qu'une seule journée, il faut le partager avec les autres car ce qui reste n'est plus comestible. Chacun prend juste ce dont sa famille a besoin. La manne apprend au peuple à vivre de « notre pain de chaque jour ».

Dans l'Évangile, Jésus nous révèle que la manne, c'est Lui, Il est le « pain descendu du ciel ». Le pain qui donne vie, la vie éternelle : « [...] ma chair est vraiment une nourriture » (Jean 6, 55). Nombre de disciples l'abandonnèrent ce jour-là, car ces mots leur semblaient très durs, or ils voulaient quelque chose de plus concret, une meilleure explication de la manière dont on peut vivre avec ce que Jésus nous dit, avec ce qu'il nous donne. Cependant, Pierre et les apôtres tinrent bon : « Seigneur, à qui irons-nous ? Tu as les paroles de la vie éternelle » (Jean 6, 68). Nous aussi, en tant que peuple, nous nous trouvons dans une situation analogue : une situation de désert qui exige des décisions où il en va de notre vie. Face au pain vivant, comme peuple fidèle de Dieu, laissons le Seigneur nous dire : Mon peuple, souviens-toi du pain avec lequel notre Père du Ciel te nourrit et vois comme les pains qui alimentent tes illusions sont faux et t'ont conduit à la situation où tu te trouves.

Souviens-toi que le Pain du Ciel est un pain vivant qui te parle d'ensemencement et de récolte, car c'est le pain d'une vie qui doit mourir pour te nourrir. Souviens-toi que le Pain du Ciel est un pain pour chaque jour, car ton avenir est entre les mains du Bon Père et pas seulement entre celles des hommes. Souviens-toi que le Pain du Ciel est solidaire, il n'est pas fait pour être accaparé mais partagé et célébré en famille. Souviens-toi que le Pain du Ciel apporte la vie éternelle, il n'est donc pas périssable. Souviens-toi que le Pain du Ciel se rompt pour que tu ouvres les yeux de ta foi et ne sois pas incrédule. Souviens-toi que le Pain du Ciel te fait compagnon de Jésus et t'invite à t'asseoir à la table du Père d'où aucun de tes frères n'est exclu. Souviens-toi que le Pain du Ciel te permet de vivre dans l'intimité de ton Dieu et dans la fraternité avec tes semblables. Souviens-toi que pour que tu puisses manger le Pain du Ciel, il a fallu le rompre sur la Croix et le partager généreusement pour le salut de tous. Souviens-toi que le Pain du Ciel se multiplie quand tu te soucies de le partager. Souviens-toi que le propre Seigneur ressuscité bénit le Pain du Ciel, le rompt avec ses mains blessées par amour et te le sert. Souviens-toi ! Souviens-toi ! Ne l'oublie jamais !

Cette mémoire autour du pain nous ouvre à l'Esprit, nous fortifie, nous donne de l'espoir. Que l'espérance inébranlable de partager un jour le banquet céleste nous affranchisse du désir de partager la table des arrogants et des orgueilleux qui ne laissent même pas une miette aux plus pauvres. Que la vie dans l'intimité sacrée du Dieu saint nous délivre des politiques internes qui déchirent notre patrie. Que rassasiés avec l'humble pain de chaque jour, nous guérissions de l'ambition financière. Que le travail quotidien pour le pain qui accorde la vie éternelle nous tire du songe creux de la richesse et de la renommée. Que le plaisir du pain partagé nous arrache au murmure plaintif des médias. Que l'Eucharistie célébrée avec amour nous protège de toute mondanité spirituelle.

Nous demandons à la Vierge ces grâces de mémoire. Notre-Dame est le modèle de l'âme chrétienne et ecclésiale qui « conserve ces choses en les méditant dans son cœur ». Nous la prions de toujours nous rappeler où se trouve le pain qui nous donne vie et le vin qui réjouit notre cœur. Qu'elle ne cesse jamais de nous dire de sa voix maternelle : « Tout ce qu'il vous dira, faites-le. » Qu'elle grave dans notre cœur les mots de son Fils : « Faites cela en ma mémoire. »

Homélie de la Fête-Dieu, 2002

« Il rompit le pain et le leur donna »

Le récit de la dernière cène est toujours émouvant, surtout quand nous l'écoutons à l'occasion de la Fête-Dieu. Réunis sur la place de Mai, devant notre cathédrale, invités par toutes les paroisses, en famille, en tant que peuple de Dieu, les mots de Jésus, les gestes du Seigneur, nous touchent profondément : « Tandis qu'ils mangeaient, Jésus prit du pain, le bénit, le rompit et le donna aux disciples en disant : “Prenez, mangez, ceci est mon corps” » (Matthieu 26, 26).

Le Seigneur vient de se confier aux siens et de leur ouvrir son cœur en leur annonçant que l'un d'eux le trahira. Quelqu'un qui plonge avec lui la main dans le même plat. Mais au lieu de continuer de parler de trahison, Jésus se concentre sur l'Alliance qu'il veut établir avec nous. J'aimerais que nous nous arrêtions un instant sur cette image de Jésus distribuant le pain qu'il vient de bénir et qu'il coupe en petits morceaux. C'est une image de fragilité. Fragilité amoureuse et partagée.

Lors du jeudi saint, nous autres prêtres demandions la grâce de « veiller sur la fragilité de notre peuple », en faisant offrande sainte de notre propre fragilité. Le 25 mai dernier, nous demandions pour tous, en tant que Nation, la grâce de « prendre la patrie sur nos épaules », à l'image de Jésus bon Samaritain qui prend nos fragilités sur ses épaules. Aujourd'hui l'Évangile nous offre une image plus profonde : celle de la fragilité non comme blessure, non comme faiblesse dont le plus fort doit se charger, mais comme condition nécessaire à la vie : la fragilité amoureuse de l'Eucharistie.

« Fragile » est « ce qui se brise facilement ». L'image évangélique que nous contemplons est celle du Seigneur qui « se rompt en petits morceaux »... de pain et se donne. Le pain rompu – fragile – recèle le secret de la vie. De la vie de chaque personne, de chaque famille et de la patrie tout entière.

Comme c'est curieux ! La fragmentation est considérée comme le plus grand danger qui menace notre vie sociale, mais aussi notre vie intérieure. En revanche, cette fraction du pain frais est le geste le plus vital, le plus unificateur de Jésus : pour se donner tout entier, il doit se partager ! Dans l'Eucharistie, la fragilité est force. Force de l'amour qui se rend fragile pour pouvoir être reçu. Force de l'amour qui se rompt pour nourrir et donner la vie. Force de l'amour qui se fragmente pour se partager solidairement. Jésus rompant le pain de ses mains ! Jésus se donnant dans l'Eucharistie !

Il y a une bonne nouvelle, dans cette fragilité amoureuse du Seigneur, un message d'espoir pour nous. L'Eucharistie a préservé le don généreux et total que voulait accomplir Jésus pour nous sauver, elle l'a prémuni contre toutes les tentatives de manipulation de la part des hommes : de Judas, des anciens et des grands prêtres, du pouvoir romain, mais aussi de toutes les distorsions qui pourraient être tentées au cours de l'histoire.

Après la cène, grâce au lavement des pieds et à l'Eucharistie, le message de l'Alliance est devenu limpide : Jésus ne veut pas être autre chose que Pain de Vie pour les hommes. Celui qui n'a pas vécu cette Alliance pourrait penser que dans les scènes de la passion, le sang du Seigneur fut versé en vain, que son corps suspendu à la croix et dévasté ressemblait à une dépouille inutile. Ceux qui communient avec lui croient, en revanche, que ce Jésus transpercé et vidé de son sang est plus entier et vivant que jamais. L'espoir de la résurrection est déjà présent dans la dernière cène.

Le geste de Jésus rompant le pain – fragile et tendre – est devenu le signe de reconnaissance du ressuscité. « Ils l'avaient reconnu à la fraction du pain » (Luc 24, 35). Pour nous aussi, c'est le signe qui nous fait croire en Jésus ressuscité.

« Ceci est le sacrement de notre foi », disons-nous après la consécration, puis nous montrons la fragilité du pain, Corps du Christ, rompu et séparé du Sang du Seigneur contenu dans le calice. C'est là le signe qui nous permet de croire que le Seigneur s'est donné pour nous.

En l'incorporant avec foi, il nous donne vie et nous unit intimement à Lui et au Père, Il nous rassemble intérieurement afin que nous ne formions qu'un corps avec les autres dans l'Église.

En contemplant l'Eucharistie, nous croyons. C'est la force propre à la fragilité du pain, sacrement de notre foi jusqu'au retour du Seigneur.

Nous tournons à présent notre regard vers la fragilité de notre peuple. Avec Jésus notre fragilité prend un sens nouveau. Il est vrai que la fragilité nous expose à diverses tentations : la tentation de vivre au gré de nos humeurs changeantes, la tentation de nous laisser bercer par toute parole qui nous promet des solutions qui n'arrangent qu'un tout petit peu les choses, la tentation de rester isolés et fragmentés chacun dans sa propre fragilité.

C'est indéniable, la fragilité incite les plus violents à dépouiller les plus faibles.

Mais il est vrai aussi, et plus profondément encore, que la fragilité de notre peuple est le fruit de sa mansuétude, de son désir de paix, de sa volonté constante, qui semble parfois naïve, de renouveler encore et toujours l'espérance. Il s'agit d'une fragilité évangélisée dans laquelle on retrouve pour une grande part la mansuétude et la confiance de ce Jésus qui nous fut annoncé ici, dans notre patrie, il y a plus de cinq siècles et qui partage depuis notre histoire. C'est pourquoi nous voulons être un peuple qui, à l'image de Jésus, prend le pain de ses mains, le bénit, le rompt et le partage. Au Seigneur, qui se morcelle pour se donner tout entier à chacun, nous demandons de nous reconstituer en tant que personnes, en tant qu'Église et en tant que société.

Contre la fragmentation qui procède de l'égoïsme, nous lui demandons la grâce de la fragilité amoureuse qui procède du dévouement.

Contre la fragmentation qui nous rend craintifs et agressifs, nous lui demandons la grâce d'être comme le pain qui se rompt indéfiniment afin qu'il y en ait pour tout le monde. Mais pas seulement dans ce but : aussi pour la joie du partage et de l'échange.

Contre la fragmentation qui nous condamne à rester isolés et obnubilés par nos intérêts personnels, nous lui demandons la grâce de rester entiers, chacun à son poste, et de nous battre pour le bien de tous, pour le bien commun.

Contre la fragmentation qui naît du scepticisme et de la méfiance, nous demandons au Seigneur la grâce de la foi et de l'espérance qui nous porte à nous dépenser sans compter, débordants de confiance en Lui et en nos frères.

Que notre Mère et Dame, la Très Sainte Vierge, qui a connu la fragilité de Jésus, qui a pris soin de lui quand Il était enfant, qui l'a soutenu lorsqu'on l'a descendu de la Croix, nous apprenne le secret de regarder toute fragilité humaine avec foi et d'en prendre soin avec charité, car c'est là, et grâce à la présence réelle du Christ dans l'Eucharistie, que germe l'authentique espérance.

Homélie de la Fête-Dieu, 2003

« Il a parlé à la foule du Royaume de Dieu »

Dans ce passage de l'Évangile, un mot résonne avec une particulière insistance, un mot lourd de sens pour nous : « la foule ». Au début du passage, il est dit que le Seigneur « a parlé à la foule du Royaume de Dieu ».

Après avoir échappé à ceux qui voulaient le lapider, le Seigneur est allé parler aux gens simples. Bien souvent, l'Évangile nous montre Jésus au milieu du peuple : « la foule » le suivait et le Seigneur parlait longuement aux gens, les guérissait, les accueillait, choisissait ses apôtres parmi eux et les envoyait se mêler à leur tour à la foule.

Aujourd'hui, j'aimerais contempler avec vous la relation si particulière qu'entretient Jésus avec la foule. Les gens le suivent et l'écoutent, car ils s'aperçoivent qu'il parle autrement, avec l'autorité que lui confèrent son authenticité, sa cohérence et l'absence de messages ou d'intentions cachées. Ils écoutent le Maître dans la gaieté et dans la joie. Les gens bénissent Dieu quand Jésus parle car son discours les englobe tous en même temps qu'il les individualise, les faisant devenir peuple de Dieu. Avez-vous remarqué que seuls les scribes et les pharisiens que Jésus traite d'hypocrites ne cessent de demander : « À qui dis-tu cela ? » « Tu ne dis pas cela pour nous ? » « Sache qu'en disant cela tu nous offenses nous aussi ! » Les autres ne font pas ce genre de remarques, au contraire, ils exigent que la Parole du Seigneur soit pour eux. Ils savent que c'est une parole qui fait du bien et que ceux qui disent « cette Parole est pour moi » sont guéris, lavés, rendus meilleurs… C'est curieux, alors que certains méprisent les paraboles du Seigneur, la foule boit ses paroles et les transmet de bouche à oreille, elle reçoit tout : le contenu et le style de ses propos. La foule a soif de cette Parole nouvelle, soif de l'Évangile, soif de la Parole de Dieu.

Ce jour-là, la foule suit le Seigneur en pleine campagne, sans prendre garde ni à l'heure ni à la distance. Inquiets, les disciples lui disent : « Renvoie la foule », mais le Seigneur rétorque immédiatement : « Donnez-leur vous-mêmes à manger. »

Au moment de passer à table, la foule cesse d'être anonyme et se transforme, d'après le calcul des disciples, en « environ cinq fois mille hommes ». Jésus leur dit : « Faites-les s'étendre par groupes d'une cinquantaine. » En réalité le Seigneur utilise une expression du type : « par tablées de cinquante personnes ». (*Klisias* est le lit où l'on s'allonge pour manger en groupe.) Des tablées de cinquante convives au milieu desquelles on dispose la nourriture dont chacun se sert.

Cette tablée est déjà une image du Royaume. Jésus la réutilise dans la parabole des serviteurs qui guettent son retour des Noces. À ceux qu'il trouve en train de veiller, Jésus dit qu'« il se ceindra, les fera mettre à table et, passant de l'un à l'autre, il les servira » (Luc 12, 37).

Ici commence à œuvrer la force inclusive de l'Eucharistie qui transforme la foule en groupes de communautés, dont la dimension est déterminée par leur capacité à partager le pain.

La foule est mentionnée une troisième fois. L'ayant organisée ainsi, dans cette dimension humaine si familière qui transforme un groupe en une communauté de camarades, le Seigneur prend les cinq pains et les deux poissons, lève les yeux au ciel, donne la bénédiction, rompt les pains et les donne aux disciples pour qu'ils les servent à la foule.

Cette foule est déjà un groupe transformé, personnalisé, familiarisé. Cette communauté est la dimension dans laquelle adviennent la bénédiction et le miracle. Dans cette communauté, il y en a toujours assez pour tout le monde et même davantage : « Tous mangèrent et furent rassasiés, et l'on emporta le reste des morceaux : douze pleins couffins ! » (Matthieu 14, 20).

Une fois de plus, Jésus au milieu du nous-foule nous interpelle : organisez-vous en communautés à la mesure du pain. Organisez-vous en suivant l'exemple des maisons de retraite, des cantines scolaires, des centres d'hébergement, des fêtes de quartier, des coopératives, du Secours catholique, des paroisses.

Que la mesure soit donnée par la capacité à partager le pain.

Organisez-vous de telle sorte qu'il ne soit pas nécessaire de compter les enfants et les vieillards, pour qu'ils soient intégrés d'emblée là où mangent les chefs de famille.

Hélas, les statistiques actuelles classent les enfants et les vieillards dans des catégories à part, parmi les « inactifs ». Le Seigneur compte autrement, Il appréhende la communauté et la solidarité, Il voit des « tablées de cinquante », des groupes de parents et d'amis, comme ceux qui se rassemblent au moment des fêtes dans les célébrations religieuses… C'est de là qu'Il part pour organiser sa communauté, son Église. C'est de là que nous devons partir pour organiser la paroisse, le quartier et la patrie.

Seul Jésus nous voit ainsi. Seul son pain vivant a la force de rassembler la foule de la sorte. Seule la force de sa mort sur la Croix pour se transformer en pain est capable de transformer les foules en communautés. Nous lui demandons :

Seigneur, donne-nous toujours de ce pain-là !

Nous voulons être une communauté qui partage le pain que tu bénis et distribues.

Nous voulons être une communauté qui s'organise à ta manière, pour te permettre de nous servir et de nous transformer.

Nous ne voulons pas manger notre pain tout seuls : ni celui de la foi, ni celui du travail.

Nous ne voulons pas « congédier » les foules qui te cherchent et te désirent, bien souvent sans même le savoir.

Nous ne voulons pas accepter, résignés, les statistiques qui excluent tant de nos frères.

Nous voulons te suivre et te recevoir, te partager chacun sur « sa tablée de cinquante ».

Nous voulons être des communautés qui vivent de la force donnée par l'Eucharistie, pour annoncer, par notre vie plus que par des mots, cette vérité transcendantale de l'Évangile, qui nous parle d'un au-delà de l'individualisme, d'un Royaume qui est déjà parmi nous quand nous nous réunissons pour partager le pain en ton nom, Seigneur.

À notre mère, Marie, qui s'inquiète quand le vin vient à manquer, ce vin de joie et d'espérance qui réunit des « tablées de cinquante personnes », ce vin festif qui donne du sens au travail et à l'effort, nous lui demandons qu'avec son cœur de mère elle nous fasse sentir et vivre dans la communauté du Pain Vivant et du Vin Nouveau que son fils nous a offerts et qu'aujourd'hui nous adorons et célébrons avec ferveur.

Homélie de la Fête-Dieu, 2004

« Il n'y a qu'un pain »

Dans les lectures entendues au cours de cette fête, il y a deux phrases que j'aimerais partager avec vous. L'une est de saint Paul et nous parle d'union, de l'union entre beaucoup de monde, de l'union d'une Église qui est une grande assemblée. La voici :

« Parce qu'il n'y a qu'un pain, à plusieurs nous ne sommes qu'un corps, car tous nous participons à ce pain unique » (1 Corinthiens 10, 17).

L'autre phrase ouvre et conclut l'Évangile d'aujourd'hui. C'est Jésus qui l'a prononcée et il y est question d'un pain qui marche, qui descend du ciel, qui donne vie à un peuple marcheur afin que celui-ci donne vie au monde entier. Ce pain va au-devant de tous, car c'est un pain missionnaire. Écoutez :

« Voici le pain descendu du ciel ; il n'est pas comme celui qu'ont mangé les pères et ils sont morts ; qui mange ce pain vivra pour toujours » (Jean 6, 58).

En entendant ces textes, je pense à notre Assemblée archidiocésaine. Aujourd'hui, nous marchons en Assemblée, chacun avec sa condition de vie et son charisme propres. Pères de famille, prêtres, religieuses, catéchistes... marchant en Assemblée. Enfants, vieillards, jeunes gens, pères et mères... marchant en Assemblée. Peuple fidèle de Dieu marchant en Assemblée, en procession, autour du Corps du Christ, Pain de Vie. Comme le peuple d'Israël sortant d'Égypte, marchant en Assemblée vers la Terre promise, qui pour nous est le Ciel d'où Il descend, marchant à notre rencontre à chaque Eucharistie, Celui qui est Pain pour la vie du monde.

La convocation à l'Assemblée diocésaine nous a tous interpellés. « Que signifie-t-elle, comment se prépare-t-elle, pourquoi maintenant ? » Une pléthore de questions, de propositions, de diagnostics, de plans ont surgi de toutes parts. Passant en revue toutes les réactions lors d'une prière, me revenait en mémoire la manière de procéder de Jean-Paul II. Quand on lui présentait un problème ou un défi, il demandait deux choses : Quel passage de l'Évangile éclaire ce défi ? Qui pouvons-nous invoquer et préparer pour l'affronter ou le résoudre ?

La réponse à la seconde question coule de source : le Seigneur nous invoque tous. Qui pouvons-nous invoquer et préparer pour l'affronter ou le résoudre ? Tout le monde, l'Église en Assemblée.

Quant au passage de l'Évangile qui peut éclairer ce défi, s'est présentée à mon cœur la fin de l'Évangile de saint Jean, cette nuit où Pierre a annoncé :

« “Je m'en vais pêcher.” Ils lui dirent : “Nous venons nous aussi avec toi.” Ils sortirent, montèrent dans le bateau et, cette nuit-là, ils ne prirent rien ».

Malgré leur fatigue et leur improductivité, ils ont tout de même pêché quelque chose. Ce petit groupe, cette première

Église – qui n'était encore qu'une barque – « qui a pris le large en Assemblée » a attiré le Seigneur. Ils ont pêché Jésus, pour ainsi dire. En réalité, c'était Lui qu'ils étaient partis chercher. Ou plutôt, ils ont attendu qu'il vienne à leur rencontre, comme en d'autres occasions. Et Pierre, quand il le voit, se jette à l'eau avec audace, avec courage.

Marcher en Assemblée, comme le peuple d'Israël dans le désert, naviguer en Assemblée, comme les premiers disciples du Ressuscité, revient à nous exposer ensemble pour que le Seigneur nous voie, nous cherche et se manifeste à nous.

Marcher en Assemblée comme l'ont fait Joseph et Marie, c'est faire ensemble la passionnante expérience de la réflexion collective pour laisser à Dieu le soin d'écrire l'histoire.

Marcher en Assemblée à l'instar des pèlerins d'Emmaüs, c'est entrer dans le « Temple de Dieu » afin que sa présence complice nous permette d'approfondir notre identité et de prendre conscience de notre mission.

Marcher en Assemblée pour se mettre en situation de dialoguer, à l'exemple des disciples qui suivaient Jésus, de sorte qu'au moment de partager le pain Il les aide à surmonter leurs désaccords et à grandir en sainteté communautaire et missionnaire.

Marcher en Assemblée, c'est sortir à la rencontre des gens, veiller sur leurs fragilités, en faisant confiance à la promesse de Jésus qui rendra plus efficaces la Parole et les gestes avec lesquels nous témoignons de son amour.

Quand une Église se réunit et persévère dans la prière, en compagnie de Marie, l'Esprit se sent nouvellement appelé et vient à notre secours. Alors nous nous mettons en route pour attirer le regard de notre Dieu.

Nous voulons attirer sur nous le regard prévenant de notre Père du Ciel, car le Seigneur nous voit arriver de loin, nous, ses enfants prodigues, dès lors que nous nous sommes mis debout et avons amorcé notre retour vers Lui, vers le Banquet de l'Eucharistie qu'Il nous a déjà préparé. Le Banquet du Pain de la

Miséricorde, capable de nous réjouir au-delà de toute humaine attente.

Nous voulons attirer sur nous le regard complice de Jésus, le Fils aimé, qui se lance aussi vers le large et vient au secours de nos fragilités et de nos difficultés quand il voit que, par amour pour Lui, nous nous sommes exposés et avons besoin d'un coup de main de sa part, car la foi nous a poussés à nous jeter à l'eau et nous ne pouvons y arriver seuls. Pour les amis préférés qui se jettent à l'eau ensemble, avec une audace apostolique, le Seigneur a préparé sur le rivage le petit déjeuner de l'Eucharistie, le Banquet du Pain du Chemin qui, entre deux missions, se partage fraternellement, dans un silence adorateur et peut restaurer nos forces au-delà de toute espérance.

Nous voulons attirer sur nous le regard de l'Esprit qui réchauffe les cœurs et qu'attire une Église rassemblée pour l'attendre.

C'est l'Esprit qui nous transforme en véritable Assemblée et nous met en route pour que nous allions annoncer l'Évangile à tous les peuples.

C'est l'Esprit qui imprime son rythme à la vie de l'Église. Il l'imprime de manière eucharistique en marquant le temps pendant lequel l'Assemblée se réunit pour l'attendre, il consolide ceux qui restent ensemble, grâce au Pain de la Miséricorde qui pacifie et préserve l'unité.

C'est Lui qui marque le temps pendant lequel l'Assemblée se met en route, poussée par son souffle vivant ; l'Esprit accompagne ceux qui ont le courage de partir en mission, il leur accorde le Pain de la charité gratuite quand il le faut, il nourrit de manière inespérée la vie de l'Assemblée en multipliant les pains et en confortant ceux qui suivent le Seigneur.

Quand nous marchons en Assemblée, animés de courage apostolique, le Seigneur marche avec nous. C'est Lui alors qui écrit l'histoire. Se réunir en Assemblée revient à laisser Dieu écrire l'histoire, laisser à Dieu le premier rôle dans la lutte, laisser Dieu renouveler toutes choses. Et à ce que tout cela, Il le fasse avec nous, à travers les signes que produisent nos mains, les empreintes que laissent nos pas… C'est Lui qui écrit l'histoire. Et Il sait écrire droit sur des lignes tordues.

À Marie, la femme eucharistique, la première à être partie marcher avec Jésus dans ses entrailles, autour de laquelle s'est réunie la première Assemblée dans l'attente de la Pentecôte, nous demandons qu'elle vienne marcher avec nous et qu'elle préserve notre unité dans la prière afin que, à travers nous, le Seigneur puisse donner la vie à chacun, car tel est son vœu.

Homélie de la Fête-Dieu, 2005

Le Seigneur marche avec nous

Pour couronner le temps pascal, nous célébrons ensemble cette grande Fête-Dieu. Le Seigneur marche avec nous dans les rues de Buenos Aires et met son Église sur la route de l'Eucharistie quotidienne qui fait grandir l'Espérance dans nos cœurs, le désir de l'Eucharistie définitive.

L'Évangile nous dépeint avec des accents vivants les circonstances simples et surprenantes que le Seigneur avait prévues pour la dernière cène. À dater de cette nuit sainte, toute notre vie tourne autour des mots qui expriment l'amour inconditionnel de Jésus : « Buvez, mangez, ceci est mon corps. » Le Corps et le Sang du Seigneur… qui s'est sacrifié pour nous !

L'Évangile d'aujourd'hui nous invite à emprunter deux chemins en compagnie de Jésus et des disciples : l'un d'eux mène à l'Eucharistie et l'autre y trouve son point de départ. Le premier est un chemin de rencontre ; le second, un chemin d'Espérance.

Le chemin qui mène à l'Eucharistie a commencé ce jour-là par une question : « Où veux-tu que nous te préparions de quoi manger la Pâque ? » (Matthieu 26, 17) demandent les disciples au Seigneur et Celui-ci les envoie en ville sur les traces de l'homme portant une cruche d'eau qu'ils vont croiser comme par hasard. Bien qu'incertain en apparence, ce chemin est sûr. Le Seigneur les envoie derrière un inconnu dans la multitude de la grande vile... mais il a tout prévu et planifié. Le Maître sait dans les moindres détails comment est aménagé l'étage de la maison où il va se donner comme Pain pour la vie du monde.

Obéissant avec foi, ils ont entrepris cette espèce de chasse au trésor organisée par le Seigneur, échangeant peut-être des regards complices avant de partir. L'Évangile nous dit : « Ils trouvèrent comme [Jésus] leur avait dit. » Le Seigneur avait cette habitude de mettre l'envoyé sur un chemin en apparence incertain, alors qu'en réalité il avait déjà tout prévu, de sorte qu'à la fin l'attitude obéissante du disciple et la sagesse du Maître se rejoignent. Il l'a fait avec Pierre, quand il l'a envoyé pêcher un poisson et sortir de son ventre une pièce d'argent pour payer l'impôt. Il l'a fait avec ses disciples lorsqu'il leur a donné l'ordre de jeter les filets à droite ou de compter les pains et les poissons qu'ils avaient... « Il disait cela pour le mettre à l'épreuve, car lui-même savait ce qu'il allait faire » (Jean 6, 6).

Un événement nouveau, que nous commémorons la nuit de Pâques, est survenu dans la marche de l'humanité depuis ce jour où Abraham commença à marcher dans la foi « ne sachant où il allait ». Le patriarche a obéi et la suite lui a donné raison. Il nous arrive la même chose quand nous marchons suivant les instructions du Seigneur, à l'image de ses disciples. Quand nous nous laissons « conduire spirituellement » par Lui, les chemins nous mènent à l'Eucharistie, au Pain de la rencontre, de la vérité et de la vie.

Après leur avoir donné l'Eucharistie, le Seigneur évoque un nouveau chemin, en continuité avec le précédent, mais de longue haleine, car il conduit au ciel. C'est le chemin vers le banquet céleste qui se tiendra dans la Maison du Père, ce banquet où Jésus lui-même nous invitera à nous asseoir et nous servira. Pour indiquer que nous sommes en chemin vers le Royaume, le Seigneur a recours à une image, il dit qu'il ne boira plus du produit de la vigne jusqu'au jour où il boira le vin nouveau dans le Royaume de Dieu. Un temps intermédiaire s'ouvre alors, le temps de l'Église qui pérégrine vers le Ciel où l'a précédé le bon Pasteur. Un chemin d'espérance, vers quelque chose que nous ne voyons pas, mais dont nous avons les prémices dans l'Eucharistie. En communiant, nous sommes certains que le Seigneur est là et qu'il nous attend.

Deux chemins, donc, et dans les deux, le Pain est le principal protagoniste. Le chemin quotidien parmi les choses de tous les jours, dans le tumulte de la ville, qui culmine dans l'Eucharistie fraternelle, dans la messe. Et le long chemin de toute la vie, de l'histoire tout entière, qui s'achèvera lui aussi dans la Communion avec le Seigneur, dans le banquet du Ciel, dans la Maison du Père. L'Eucharistie est le souffle et la récompense de ces deux chemins.

L'Eucharistie quotidienne est le Pain de vie qui reconstitue nos forces et pacifie notre cœur, le Pain de l'unique sacrifice, le Pain de la rencontre. Mais aussi le Pain de l'espérance, le Pain partagé qui nous ouvre les yeux afin que nous voyions avec stupeur le Ressuscité qui nous a accompagnés en secret au cours de la journée, la vie entière. Le Pain qui allume la ferveur du cœur et nous fait courir au-devant de notre mission dans la grande communauté ; le Pain-ancre qui tire le cœur vers le ciel et réveille chez les enfants prodigues une faim de Dieu accrue, le désir de regagner la maison paternelle.

La certitude de ce Pain de vie nous paraît évidente. C'est pourquoi nous aimons et adorons l'Eucharistie. C'est pourquoi nous offrons la première communion à nos enfants. Les difficultés surgissent en chemin. Dans la vie quotidienne, une difficulté peut prendre la forme d'un ratage, nous pouvons manquer l'homme qui porte la cruche d'eau – cette cruche d'eau vive, image de l'Esprit-Saint qui nous guide – et nous égarer dans les rues de la ville, parmi les mille aléas de la vie. Et alors, la journée n'aboutit pas à l'Eucharistie que le Seigneur nous a préparée ; par manque de temps, par distraction ou à cause de divers problèmes, la journée prend tout bonnement fin, nous laissant rompus de fatigue, sans que l'on ait pensé à Dieu. Sans rencontre avec Jésus, la vie nous paraît inconsistante et se vide peu à peu de son sens. Chaque jour, le Seigneur a préparé une Eucharistie – une rencontre – pour nous, pour notre famille, pour l'Église tout entière. Notre cœur doit apprendre à se cramponner à cette Eucharistie quotidienne – synthétisée par la messe dominicale –, de sorte que chaque jour il soit « sauvé », béni, transformé en offrande agréable et placé entre les mains du Père, comme Jésus avec sa charge d'amour et de croix.

Quand « la promesse se dilue dans la quotidienneté de la vie », la difficulté sur le long chemin qui nous conduit au Royaume définitif peut prendre la forme du désespoir. La ferveur de notre espérance se refroidit, cette braise qui réchauffe nos gestes quotidiens. Nous pouvons certes continuer à marcher sans elle, mais nous devenons de plus en plus froids, indifférents, repliés sur nous-mêmes, distants, excluants.

Savourer en chemin le Pain de la grande espérance nous donnera des forces, l'espérance en un Banquet final, en une rencontre avec un Père qui nous attend les bras ouverts, qui transforme notre cœur et notre regard en apportant un autre sens à notre vie. Quand Paul nous conseille de prier à chaque instant, il vise ce type de prière, celle qui consiste à savourer le Pain de l'espérance à tout moment. La tentation peut nous porter, au contraire, à mâcher le raisin acide et les amertumes de la vie, au lieu du Pain de Dieu, ce Pain que Marie « ruminait » dans son cœur en regardant son fils et l'histoire du salut au goût d'espérance.

Elle est le grand encouragement que le Seigneur dispense sur notre route. En marchant avec Marie, notre peuple savoure le Pain de l'espérance, autour d'elle notre peuple mange avec gourmandise le Pain de la rencontre, l'Eucharistie, le Christ vivant.

C'est pourquoi nous demandons deux grâces à Marie : celle de manger chaque jour avec nos frères le Pain de la rencontre dans l'Eucharistie et celle de marcher dans la vie en mangeant toujours de ce Pain, celui de la grande espérance, le Pain du ciel.

Que Marie, qui a donné sa chair au Verbe éternel pour qu'Il puisse à son tour nous la donner comme nourriture de vie éternelle, nous réveille à l'amour de l'Eucharistie, par le Corps du Christ, notre Pain de vie.

Homélie de la Fête-Dieu, 2006

« Il les rompit et les donna à ses disciples »

La liturgie d'aujourd'hui nous parle de bénédiction. Jésus prit les cinq pains et les deux poissons (que lui avait offerts un enfant, peut-être un marchand ambulant), leva les yeux au ciel, bénit les pains, les rompit et les donna à ses disciples pour qu'ils les servent aux gens. Cette bénédiction, cette bonne parole, eut un effet démultiplicateur : il y eut assez de pain béni pour tout le monde. Un peu plus tard, lors de la première Eucharistie, la même bénédiction du pain et du vin devait avoir un effet transformateur. Depuis cette nuit-là, le pain et le vin consacrés sont le Corps et le Sang du Christ, Pain de vie et Calice de bénédiction que nous partageons (cf. 1 Corinthiens 10, 16).

L'Ancien Testament nous rapporte que la bénédiction de Dieu vient de loin : Melchisédech bénit Abraham en partageant avec lui le pain et le vin. La scène de Melchisédech en train de bénir Abraham est très belle ; Paul nous rappelle qu'en Abraham « seront bénies toutes les nations. Si bien que ceux qui se réclament de la foi sont bénis avec Abraham le croyant » (Galates 3, 8-9). Cette bénédiction, nous la partageons avec tous les croyants, avec toutes les personnes de foi et avec tous les gens de bonne volonté qui croient en Dieu (que nous ne voyons pas) et en leur prochain (que nous voyons) et qui le démontrent par des attitudes de prière, d'ouverture, de paix, de solidarité et de dialogue. La bénédiction d'Abraham nous relie à l'immense majorité de l'humanité et nous sépare des rares personnes qui, au lieu de bénir, maudissent par des mots, des gestes, de la violence, de l'exclusion, de l'injustice et du mensonge.

« Bénir » est étymologiquement composé de deux mots : « bien » et « dire ». Dire le bien à autrui. La bénédiction est tout autant une parole qu'un don. C'est dire le bien en énonçant la vérité, les deux choses en même temps. La bénédiction, ce ne sont pas de « belles paroles ». C'est une parole qui se prononce avec amour, parfois en imposant les mains sur la tête, parfois en traçant un signe de croix sur le front, en donnant un bien. La bénédiction transforme les choses et nous révèle leur sens profond. Quand on bénit le pain, on prend conscience qu'il ne s'agit pas seulement d'un produit de consommation, mais aussi du fruit du travail qui se partage avec affection en famille, tant sur la table de la cuisine ou de la salle à manger que sur l'autel, quand il se transforme en Corps du Christ.

La bénédiction est une parole riche en bons vœux pour l'autre, tournée aussi bien vers le futur que vers le passé, une parole pleine de bons vœux d'avenir et de gratitude pour le bien reçu et partagé. Voilà pourquoi celui qui donne bénit, afin que l'autre reçoive ce don multiplié et transfiguré par ce bon vœu qui l'emplit d'amour. Voilà pourquoi celui qui reçoit bénit, exprimant sa reconnaissance pour le bien reçu et partagé. Paroles et don vont de pair. On peut dire n'importe quoi ou payer en monnaie de singe, mais dès lors que la bénédiction intervient, l'esprit prend la situation en main et lui appose un sceau d'authenticité qui donne sa beauté au geste de la bénédiction. Notre peuple fidèle aime les bénédictions grandes et durables comme celle du baptême et des alliances matrimoniales… mais aussi les « petites » bénédictions, si l'on peut dire, de l'eau, du chapelet, des images et des petites estampes.

Nous ne bénissons pas assez dans notre vie en tant que communauté. Nous ne savons pas bien nous dire les bonnes choses que nous nous donnons les uns les autres. C'est sans doute l'un de nos défauts. Dans les cercles plus intimes, amicaux ou familiaux, nous dialoguons généralement bien, mais dans l'espace public, nous avons du mal. Nous ne savons pas bien nous parler dans le cadre institutionnel, devant tout le monde et pour le bien de tous.

De la même manière, nous avons besoin de bien nous dire ce que nous ont légué nos anciens et bénir notre passé au lieu de le maudire. Le péché et l'injustice passés ont aussi besoin d'être bénis par le pardon, le regret et la réparation. Les bonnes choses du passé ont besoin d'être bénies par la reconnaissance et l'action de grâce qui sait apprécier la valeur de la vie qu'on nous a donnée, de la terre qu'on a reçue en partage. Bénir le passé, c'est dire du bien de Dieu, de nos parents et de nos aïeux. Être reconnaissants de ce qu'ils nous ont donné, même avec ses imperfections et ses péchés, c'est être bien nés. Car ce que nous avons reçu est immense. Celui qui maudit le passé prétend probablement en tirer profit dans le présent ou dans le futur, un profit qui ne sera pas une bénédiction pour d'autres.

Il nous faut aussi bénir le présent, bien parler les uns des autres. Non pas pour nous flatter, mais pour aller vers ce qui construit, ce qui réunit, les bonnes choses que nous partageons et qui, au-delà des divergences de point de vue, constituent notre bien commun.

Il nous faut bénir l'avenir par des gestes de travail dont les fruits seront cueillis non par nous, mais par nos enfants. Notre père Abraham a agi de la sorte en saluant à distance les promesses et en se réjouissant par avance de l'avènement de Jésus, le Béni qui devait concentrer en lui toutes les bénédictions anciennes pour devenir la source de toutes les nouvelles bénédictions.

Considérons la Vierge Marie. Elle est mère et elle dit bien les choses, tant à son Fils qu'à nous, ses autres enfants, son peuple fidèle. À Jésus, elle dit bien nos besoins, notre manque de vin, comme à Cana ; à nous, elle nous dit bien de faire tout ce que Jésus nous demandera. Ainsi, grâce à ses lèvres bénissantes, notre union avec Jésus s'accroît, le Seigneur transforme l'eau en vin et multiplie le pain. Nous prions aujourd'hui Notre-Dame d'être présente dans cette Eucharistie de la Fête-Dieu, pour nous assister dans ce dialogue béni entre Jésus et son peuple, afin de nous faire entrer en communion et accéder à la Vie, afin que cette communion avec Lui et cette Vie qu'Il nous donne nous pousse à ouvrir notre cœur pour recevoir la bénédiction de Dieu, notre Père, et pour pouvoir, à notre tour, nous bénir mutuellement en tant que frères.

Homélie de la Fête-Dieu, 2007

« Va-t’en annoncer le Royaume de Dieu »

Luc 9, 60

Rencontre avec des hommes politiques et des législateurs d'Amérique latine

Jésus-Christ Vivant est là, parmi nous, pour fêter l'Eucharistie. Il s'agit du même Seigneur de la Vie qui a multiplié les pains (Matthieu 14, 17-21), obligé ses disciples à monter dans la barque (v. 22), gravi la montagne pour prier seul (v. 23). Le même Seigneur qui – au petit matin – est allé vers les disciples en marchant sur la mer (v. 25), ainsi que nous venons de l'entendre dans l'Évangile. Nous inclinons notre cœur croyant devant sa Majesté et l'adorons. Nous nous unissons à Lui dans cette action de grâce avant d'entamer les travaux de cette rencontre portant sur le thème : « Famille et Vie cinquante ans après la Déclaration universelle des droits de l'homme ». Il est le Seigneur de toute vie ; il est le témoin fidèle (Apocalypse 1, 5) qui ne se départit jamais de sa fidélité car il ne peut pas se renier lui-même (2 Timothée 2, 13). Il est venu pour donner la vie en abondance, c'est le « Dieu avec nous », notre compagnon de route qui – à la croisée de tous les chemins de la grande et de la petite histoire – demeure à nos côtés. Voilà pourquoi l'Esprit nous incite à confesser, à l'exemple des disciples sur la barque au moment où le vent tomba : « Vraiment, tu es Fils de Dieu ! » (Matthieu 14, 33).

Les petites et les grandes tempêtes ! Le sujet de notre rencontre porte sur l'une des pires de l'histoire. Le Saint-Père nous met en garde contre « un modèle de société où dominent les puissants, excluant et même éliminant les faibles. Je pense à présent aux enfants non nés, victimes sans défense de l'avortement ; aux personnes âgées et aux malades incurables, sur lesquels on pratique parfois l'euthanasie ; et à tant d'autres êtres humains mis en marge par la société de consommation et par le matérialisme… » (*Ecclesia in America*, 63).

« Un tel modèle de société porte l'empreinte de la culture de la mort, il est donc contraire au message évangélique. Face à cette désolante réalité, la communauté ecclésiale entend s'engager toujours plus à défendre la culture de la vie » (*ibid.*). La défense de la culture de la vie s'étend à tous les domaines, mais il nous faut bien souligner que ses bases les plus solides se situent au sein de la famille, fondement de la vie humaine. Aujourd'hui, « de nombreux pièges menacent la solidité de l'institution familiale […] et constituent autant de défis pour les chrétiens » (Ecclesia in America, 46).

Nous sommes dans la situation de Pierre, cette fameuse nuit sur le lac : d'un côté, la présence du Seigneur nous encourage à accepter et à affronter cette vague de défis, de l'autre, l'ambiance d'autosuffisance et d'arrogance, d'outrecuidance à l'état pur qu'installe la culture comminatoire de la mort, nous menace et nous fait craindre le naufrage au milieu de la tempête. Le Seigneur est avec nous : nous le croyons avec la certitude que nous apporte la force du Saint-Esprit. Mais, défiant le Seigneur, résonne le cri assourdi de tant d'enfants à naître : un génocide quotidien, silencieux et protégé ; on entend aussi la plainte du moribond abandonné qui réclame ce geste de tendresse que la culture de la mort lui refuse ou encore la multitude de familles en lambeaux sous l'effet du consumérisme et du matérialisme. Au cœur de cette antinomie et en présence de Jésus-Christ glorieux, aujourd'hui, rassemblés en peuple fidèle de Dieu, nous clamons comme Pierre quand il commença à couler : « Seigneur, sauve-moi ! » (Matthieu 14, 30), et nous tendons le bras pour nous accrocher au Seul qui peut donner un sens à notre périple au milieu de la houle.

Nous demandons à notre Mère, la Mère de toute vie et de toute tendresse, qu'elle nous montre ce chemin pour bâtir la culture de la vie, ainsi qu'elle le montra aux premiers disciples au début des persécutions. Et à notre Père Dieu, nous demandons humblement de regarder cette société si imprégnée de mort et, faisant nôtre la phrase de Moïse, nous lui disons : « Ô Dieu, daigne la guérir, je t'en prie ! » (Nombres 12, 13).

Août 1999

« L'humain comme clé de l'action politico-sociale »

Nous voici dans un lieu de rencontre et de dialogue. Un lieu où l'exclusion n'a pas cours, où sont présents tous ceux qui sont, d'une manière ou d'une autre, chargés d'apporter de l'aide à notre peuple dans le domaine social et politique.

Certaines choses que j'ai entendues m'ont beaucoup impressionné et j'aimerais les reprendre très brièvement en guise de conclusion.

L'homme politique

Il porte la responsabilité, parmi tant d'autres citoyens, de ne pas dénaturer la politique. Aujourd'hui plus que jamais, il nous est demandé de réhabiliter la politique. Au moment de « faire tomber des têtes », on se rue sur les hommes politiques et cette attitude s'étend à la politique en général, alors que celle-ci constitue l'une des formes les plus hautes de la charité, puisqu'elle vise le bien commun.

La vocation politique – je sors volontairement le mot de son acception habituelle pour en souligner la noblesse – est une vocation pour ainsi dire sacrée, car elle consiste à favoriser le développement du bien commun.

Il a été question de politique de la transversalité. Elle urge, c'est la méthode qu'il faut. En finir avec le cloisonnement. Je dirais même que sans transversalité, point de dialogue. S'il n'y pas de confrontation d'idées en vue du bien commun, nous risquons la paralysie. La transversalité est la voie pour réorienter la politique, c'est une ligne de créativité.

Je souligne que la politique ne se limite pas à gérer les crises. Cela peut être vrai ponctuellement, pour sortir d'une impasse, mais nous ne pouvons pas réduire la politique à la gestion des crises, comme si nous disions : « Bon, maintenant qu'on a réussi à calmer le jeu, reposons-nous un peu. »

Créativité et fécondité

« La politique ne se limite pas à gérer les crises », cette phrase, gravons-la dans nos cœurs. L'homme politique peut être amené à éteindre un incendie, mais sa vocation n'est pas d'être pompier. La politique sert à créer, à féconder.

J'aimerais pointer un problème, à la jonction du politique et du social, qui me préoccupe dernièrement et qui constitue une tentation face à la crise sociale : le risque pour l'État de renoncer à sa responsabilité dans la promotion et la protection sociales au profit d'un rôle de simple gestionnaire. Privatiser la promotion et la protection sociales va à l'encontre de l'humain. Sur ce point, l'État doit assumer sa fonction d'instigateur, d'intégrateur, de responsable, de conseiller, de délégateur, et ne peut en aucune manière décliner la responsabilité qui lui revient par vocation : veiller au bien commun du peuple.

J'ai dit que nous étions dans un lieu de dialogue et de rencontre humaine. Dialoguer à travers un écrit, un article, à distance, en s'exposant aux malentendus, ce n'est pas la même chose que de se réunir dans un contexte détendu, conscients que nous pensons différemment, que nous avons des points de vue différents, mais que nous pouvons les exposer dans un cadre apaisé, humain, unis par la recherche du bien commun.

L'humain doit être au centre de l'activité politico-sociale, afin que chaque personne – homme ou femme – soit au cœur de notre préoccupation, but et sujet de notre action. Cet objectif humain ne sera atteint que si nous nous rassemblons, non seulement en tant que professionnels, mais en tant qu'homme ou femme. Nous devons mettre toutes les chances de notre côté.

L'humain doit rester notre valeur, face à l'antivaleur que représente à mon sens aujourd'hui la marchandisation des vies humaines, l'humain comme marchandise. L'homme et la femme tendent à devenir une marchandise parmi d'autres, en vue de projets venus d'ailleurs qui, imposés à notre société, portent atteinte à la dignité humaine. L'antivaleur n'est pas autre chose : la personne humaine comme marchandise dans le système politico-économico-social.

À propos de cette valeur, de l'humain et de sa négation, de la marchandisation humaine, je veux mentionner les deux extrêmes de la vie qui me préoccupent tout particulièrement :

D'abord les enfants courent aujourd'hui le risque, à cause d'une mauvaise alimentation, d'une éducation défaillante ou insuffisante, de ne pas pouvoir s'insérer pleinement dans la société. On pourrait assister à l'apparition d'une caste de « moins-ayants ». Un enfant carencé en protéines au cours des deux premières années de sa vie peut être frappé d'oligophrénie. Nous devons nous en occuper.

L'enfance est aujourd'hui lâchement délaissée et méprisée. Nous sommes consternés par l'histoire que nous avons lue récemment dans la presse au sujet de ce bateau qui transportait des enfants esclaves[1]. Cela n'arrive pas uniquement là-bas, cela arrive chaque fois qu'on ne met pas en place une politique de l'enfance qui protège la personne humaine, la personne comme valeur centrale. Ce point me préoccupe particulièrement.

À l'autre bout de la vie, les personnes âgées, nos anciens. On ne peut pas se livrer à des expériences avec ces deux extrémités de la vie, on ne peut pas. Il faut, au contraire, faire grandir la vie à travers les enfants afin qu'ils puissent apporter une contribution pleine et enrichissante à notre société. Chez les personnes âgées, c'est la sagesse accumulée tout au long de la vie qu'il faut faire fructifier.

Voilà ce que j'avais à vous dire tout en vous remerciant à nouveau pour votre participation.

Journées archidiocésaines de pastorale sociale,
décembre 2001

Communicateur, qui donc est ton prochain ?

Pour aborder ce thème, en tant que chrétien, je ne peux pas ne pas me référer d'abord à l'Évangile. Non seulement parce que la question « qui est ton prochain ? » s'inspire de la parabole du bon Samaritain, mais aussi – et plus fondamentalement – parce que l'Évangile du Seigneur consiste précisément à communiquer la Bonne Nouvelle.

L'Évangile comme Bonne Nouvelle

« Allez dans le monde entier et proclamez l'Évangile. » « Apprenez-leur à observer tout ce que je vous ai prescrit » : la loi de la charité. L'Évangile est une Bonne Nouvelle que nous avons pour mission de « crier sur tous les toits ». Si nous creusons un peu plus, nous constatons que les critères les plus profondément humains de l'annonce, y compris pour les nouveaux moyens de communication, sont ceux de l'Évangile. C'est pourquoi j'aborderai la question dans cette perspective. Par ailleurs, avec leur technologie, leur portée globale, leur omniprésence et leur influence sur la société et la culture, les médias posent un défi qui invite au dialogue et à « l'inculturation de l'évangile » en leur sein, tout en ouvrant la possibilité de leur évangélisation.

Le pouvoir des médias et des communicateurs

Les métiers de la communication et la technologie des médias permettent aujourd'hui d'aller très loin et de s'insinuer en profondeur dans le cœur humain, d'accéder là où l'on prend les décisions importantes. Cela tient à la puissante capacité de l'image à pénétrer, toucher, mouvoir, motiver et affecter notre comportement. L'image nous fait agir, détermine nos choix et nos décisions. Elle organise de l'intérieur la structure de signification et de sens de notre existence, elle génère les forces opérationnelles qui nous mettent en action. À l'instar de la Parole créatrice de Dieu, les communicateurs peuvent récréer ou créer l'image de la réalité au simple moyen de la parole. La technologie actuelle globalise et rend simultané ce pouvoir de la parole.

Voilà pourquoi l'influence des médias dans la société et dans la culture est si fascinante et si puissante. Leur action peut nous aider à grandir ou bien nous désorienter. Pour nous informer sur la réalité, les médias peuvent recréer les faits et nous aider ainsi dans nos prises de décision et dans nos choix, ou bien, au contraire, créer des simulacres virtuels, des illusions, des fantaisies et des fictions qui influeront tout autant sur nos choix de vie. Cela explique en partie l'ampleur des investissements financiers dans le développement de la technologie des médias et dans la production d'images. Les médias constituent aujourd'hui le principal instrument en matière de création de la culture. Grâce aux médias, les communicateurs atteignent des audiences record. Il me plaît de définir le pouvoir des médias à travers le concept de « prochaineté ». Leur force réside dans leur capacité à approcher et à influer sur la vie des gens au moyen d'un même langage mondialisé et simultané. La catégorie de « prochaineté » comporte l'idée d'une tension bipolaire : proximité et distance. Dans son mode de fonctionnement interne, elle est également tendue entre deux pôles : bonne proximité et mauvaise proximité. Dans l'exercice des médias, on peut bien s'approcher ou mal s'approcher.

La parabole du bon Samaritain

Ces considérations devraient nous permettre d'entrer dans le vif du sujet avec la question : Communicateur, qui donc est ton prochain ? Cette interrogation nous place dans le champ de la parabole du bon Samaritain. La question que nous nous posons renvoie à celle que le scribe (le professionnel de la communication) pose à Jésus : « Qui est mon prochain ? » Une manière d'indiquer que le commandement d'aimer est certes clair pour tout le monde, mais reste à savoir, concrètement, qui il faut aimer. Quelle forme prend la « prochaineté » dans l'usage des médias ? Celle de chaque prochain pris individuellement ? De la totalité des hommes ? De certains groupes humains ? Peut-on envoyer simultanément un message évangélique qui soit non seulement hautement individualisé, mais aussi « global » ? Comment aime-t-on à travers les médias ?

L'image de l'homme battu sur le bord du chemin

Même si l'image de l'homme battu par les voleurs et gisant sur le bord du chemin parle avant tout de la manière évangélique de procéder – éthique et morale –, il est légitime de transposer ce qu'elle nous dit à propos du bien dans le domaine de la vérité et de la beauté. Plus encore : bien, vérité et beauté sont indissociables quand il s'agit de communiquer, indissociables dans la présence mais aussi dans l'absence, car le bien ne sera pas le bien, ni la vérité la vérité, ni la beauté la beauté si l'un vient à manquer. Actuellement, il y a une « majorité invisible » d'exclus qui gisent au bord du chemin, battus et dépouillés, devant qui les médias défilent. On les montre, on leur transmet des messages, on les fait parler. La « prochaineté » entre ici en jeu. La manière de s'approcher déterminera le respect que l'on porte à la dignité humaine.

Bien et mal s'approcher d'un point de vue esthétique

De la même manière que, sur le plan éthique, bien s'approcher veut dire venir en aide et ne pas faire de mal, et que, sur le plan de la vérité, cela signifie transmettre une information véridique, au niveau esthétique, bien s'approcher veut dire communiquer l'intégralité de l'information, de manière harmonieuse et claire. Mal s'approcher, en revanche, est le propre d'une esthétique désintégratrice, qui omet certains aspects de la question ou les manipule, créant ainsi une dysharmonie, obscurcissant, enlaidissant et avilissant la réalité.

Mal s'approcher : une esthétique désintégratrice

Quand les images et les informations ont pour seul but de pousser à la consommation ou de manipuler les gens afin de profiter d'eux, la communication devient une véritable agression, une volée de coups. C'est ce que l'on ressent souvent devant le bombardement d'images séductrices ou décourageantes auquel on nous soumet. Quand on se sent bombardé, envahi, secoué, impuissant à agir de manière positive, on n'est pas loin de ce que l'on éprouve lors d'une agression, d'un acte de violence, d'un enlèvement.

Derrière l'esthétique désintégratrice qui nous persuade de l'impossibilité de découvrir la vérité et de faire le bien ensemble, il faut apprendre à discerner et à démasquer la présence d'intérêts politiques et économiques poursuivis par certains secteurs qui ne visent pas le bien commun.

Cette esthétique désintégratrice opère en nous de la même manière que la « loi » et la « liturgie » agissent dans le cœur de ceux qui sont passés devant le blessé sans lui porter secours – le lévite et le prêtre. Ils n'ont pas vu la réalité d'un prochain blessé, mais la « pseudo-réalité » d'un « autre », d'un « étranger » devant lequel il vaut mieux passer son chemin. À cette époque, ce sont les « idées » qu'ils se faisaient de la loi et du service cultuel qui les incitèrent à s'éloigner. Aujourd'hui aussi, certains médias risquent d'instaurer une « loi » et une « liturgie » qui nous incitent à passer notre chemin devant le prochain concret pour aller chercher et servir d'autres intérêts.

Bien s'approcher : communiquer la beauté de la charité dans la vérité

Bien s'approcher suppose de communiquer la beauté de la charité dans la vérité. Quand la vérité est douloureuse et le bien difficile à réaliser, la beauté réside dans l'amour qui partage la douleur dans le respect et la dignité. À l'encontre de tout sensationnalisme, il existe une manière digne de montrer la douleur qui préserve les valeurs et les richesses spirituelles d'un peuple et l'aide à dépasser le mal en lui opposant le bien, à travailler fraternellement dans une volonté commune et solidaire de dépassement, dans la « prochaineté » qui nous sublime et nous ouvre à la vérité et au bien. À l'inverse, « l'affrontement et la disqualification érigés en système, par l'utilisation irresponsable des moyens de communication, entravent une réalisation pleine et mature de la vie en commun », ainsi que nous autres, évêques argentins, avons eu occasion de le signaler.

Communiquer ce que l'on a contemplé

Les premiers à annoncer la Bonne Nouvelle de Jésus-Christ s'exprimèrent en termes de contemplation et de témoignage. « Ce que nous avons vu et entendu, ce que nous avons touché de nos propres mains, voilà ce que nous vous communiquons pour vous apporter la vie. » Face à l'infinité d'images qui peuplent le monde, seul l'exercice austère de la contemplation du Visage du Christ nous permet de voir reflétée de manière réaliste, dans les yeux miséricordieux de Jésus, notre condition d'êtres blessés par le péché et de découvrir du même coup le visage de nos frères pour nous en rapprocher. Seul l'exercice austère de la contemplation du Visage du Christ nous permet de découvrir le visage même du Seigneur dans le visage de l'autre pour nous en rapprocher. Jésus est le visage visible du Dieu invisible, les exclus et les marginaux d'aujourd'hui sont le visage visible de Jésus. La contemplation nous permet de résoudre le paradoxe et de rendre visibles les visages invisibles.

Bien s'approcher suppose aussi de toujours témoigner. À l'encontre de la neutralité apparente des médias, seul celui qui communique en engageant sa propre éthique et en témoignant de la vérité est fiable quand il s'agit de bien se rapprocher de la réalité. Le caractère personnel du témoignage du communicateur est le fondement même de sa fiabilité.

Communiquer avec le sens de la transcendance

« Les moyens de communication sociale peuplent le monde d'images qui ne sont pas des fenêtres vers l'autre. » Bien s'approcher, c'est toujours montrer cette image ouverte à l'Autre, à la transcendance, à l'espérance, ainsi que nous le montrent les images de la Vierge et des cathédrales. Bien s'approcher, c'est tout le contraire de la proposition frivole de certains médias qui transmettent une caricature de l'homme. Il s'agit plutôt de montrer et de mettre en valeur sa dignité, la grandeur de sa vocation, la beauté de l'amour qui partage la douleur, le sens du sacrifice et la joie des succès.

Les médias peuvent être, hélas, un miroir de la société dans ses pires aspects, les plus frivoles et narcissiques. Mais ils peuvent aussi être une fenêtre ouverte par où circule, simple et encourageante, la beauté de l'amour de Dieu dans l'émerveillement de ses œuvres, dans l'acceptation de sa Miséricorde, dans la solidarité et la justice envers son prochain.

Communiquer la beauté de l'amour qui partage la joie et la douleur

Les images de la parabole de l'huile et du vin par lesquels le bon Samaritain communique son amour au blessé sont très importantes pour un communicateur. Ce qu'il y a à communiquer doit être huile parfumée pour apaiser la douleur et vin savoureux pour apporter la gaieté. La beauté de l'amour est joyeuse sans être frivole. Songeons à la beauté d'une Mère Teresa ou d'un Don Zatti, dont la lumière ne provient d'aucun maquillage, d'aucun effet spécial mais de cet éclat que dégage la charité quand elle s'échine à soigner les plus nécessiteux en les oignant de l'huile parfumée de la tendresse. Seul le Samaritain jouit de la beauté de la charité et de l'engagement d'aimer et d'être aimé gratuitement. Il a d'abord le ventre retourné, le cœur attendri, ce qui lui donne accès à la beauté et à la splendeur de Dieu en l'homme (la gloire de Dieu est l'homme vivant), à la beauté et à la jouissance de la paix, à la communion de l'homme avec Dieu à travers l'humble service apporté au blessé anonyme, à l'inconnu… dans les marges de la ville, du Marché, de la société… dans les aléas du chemin… Il s'agit d'une beauté différente. La beauté de l'amour.

Chez Jésus brisé sur la croix, qui n'a plus d'apparence ni de présence aux yeux du monde et des caméras de télévision, rayonne la beauté de l'amour splendide de Dieu qui donne sa vie pour nous. C'est la beauté de la charité, la beauté des saints. Quand nous pensons à quelqu'un comme Mère Teresa de Calcutta, notre cœur s'emplit d'une beauté qui ne provient ni de ses traits physiques ni de sa stature, mais de l'éclat magnifique de la charité envers les pauvres et les déshérités qui émane d'elle.

De la même manière, il y a une beauté différente chez le travailleur qui rentre chez lui sale et déguenillé, mais heureux d'avoir gagné le pain de ses enfants. Il y a une beauté extraordinaire dans la communion de la famille autour de la table et du pain partagé avec générosité, même si le repas est très modeste.

Il y a de la beauté chez la femme négligée et déjà vieille qui va au-delà de ses forces pour veiller son mari malade, au détriment de sa propre santé. Même si le printemps de leur amour est loin derrière eux, il y a de la beauté dans l'extraordinaire fidélité des couples qui s'aiment dans l'automne de leur vie, ces petits vieux qui marchent main dans la main. Au-delà de l'apparence ou de l'esthétique en vogue, il y a de la beauté chez chaque homme ou chaque femme qui vit avec amour sa vocation personnelle, dans le service désintéressé à la communauté, à la patrie ; dans le travail généreux pour le bonheur de la famille... dans le dur labeur anonyme et altruiste visant à restaurer la concorde sociale... Il y a de la beauté dans la création, dans l'infinie tendresse et miséricorde de Dieu, dans l'offrande de la vie liée au service par amour. Découvrir, montrer et mettre en relief cette beauté, c'est jeter les bases d'une culture de la solidarité et de la concorde sociale.

Communiquer avec le sens du temps : mémoire et espérance

Le Pape nous parle de la culture chrétienne comme d'une nouvelle digne de rester dans nos mémoires (Journée mondiale des communications sociales, 2000). Réinstaurer aujourd'hui les liens sociaux et l'amitié sociale implique, pour le communicateur, de souffler sur les braises de la richesse culturelle et spirituelle de notre peuple, sur la beauté de la communion, de la communauté nationale, de sauver et transmettre la mémoire et la splendeur de nos héros, des grands personnages de notre histoire et de nos saints.

Cette richesse culturelle est l'espace de la culture et des arts, espace fécond où la communauté se contemple et raconte son histoire de famille, où le sentiment d'appartenance se consolide à partir des valeurs incarnées et forgées par la mémoire collective. Ces espaces communautaires de loisir fécond, quasi sacré, sont bien souvent investis par les médias qui proposent des divertissements n'engendrant ni joie ni satisfaction véritables. La communication purement actuelle, dénuée de perspective historique, n'a pas le sens du temps et ne peut par conséquent créer de l'espoir. Le communicateur, en revanche, est par vocation un témoin fiable et qualifié pour transmettre la beauté de l'amour qui rapproche, capable d'assumer et de poursuivre une histoire.

Conclusion : un double défi

D'une part, le communicateur chrétien est appelé à connaître, à àsentir et à goûter la beauté de l'amour magnifique de Dieu, vivant en Jésus-Christ mort et ressuscité, en ses présence et action miséricordieuses parmi nous, à travers l'exercice de la contemplation… Cette rencontre personnelle avec Jésus-Christ est la lumière qui permet de discerner la beauté des valeurs face à l'image vide d'une certaine cosmétologie technologique.

L'expérience de la beauté de l'amour magnifique de Dieu à travers la rencontre personnelle et communautaire avec Jésus-Christ est le moteur de la créativité chrétienne pour la communication de la Bonne Nouvelle.

D'autre part, à l'heure où les communications et l'information, en pleine révolution, placent l'Église sur un chemin décisif pour franchir les nouveaux seuils culturels en vue de proclamer l'unique évangile de Jésus-Christ, ce qui exige un regain d'énergie et d'imagination, le communicateur chrétien qui, par vocation, relève le défi de faire partager la beauté de l'Amour magnifique de Dieu doit acquérir une solide formation pour maîtriser la technologie et le langage des médias avec un vrai professionnalisme.

L'autre bon Samaritain

Saint Maximilian Maria Kolbe, martyr de la charité, prisonnier n° 16670 à Auschwitz, que Jean-Paul II proposa comme patron des journalistes dans toutes les branches des communications sociales en raison de l'usage qu'il fit des médias, sut s'approcher des blessés du camp de concentration. Là où les geôliers et les bourreaux frappaient et dépouillaient, il se fait prochain à l'instar de Jésus, offrant sa vie par amour à la place de Franciszek Gajowniczek, condamné à mort… En tant que modèle de tous les communicateurs, il nous montre que la manière la plus efficace de communiquer l'Évangile de Jésus-Christ est la beauté du témoignage de son engagement vis-à-vis de la vérité et le sacrifice de sa vie par amour.

Seigneur, devenons proches comme le bon Samaritain de l'Évangile qui n'est autre que toi-même transfiguré par la beauté de l'amour magnifique de Dieu à notre égard, que nous en soyons bouleversés, que notre cœur s'attendrisse devant notre frère ; que nous découvrions la beauté de l'amour magnifique de Dieu par lequel nous sommes sauvés pour que nous communiquions avec joie la beauté de l'engagement d'aimer son prochain en suivant l'exemple de Maximilian Kolbe.

Homélie, 3e Congrès de communicateurs,
octobre 2002

Duc in altum, la pensée sociale de Jean-Paul II

Duc in altum

Duc in altum !, « Prenez le large ! », « sans hésiter », « au plus profond ! ». L'exhortation de Jésus à Pierre, que Jean-Paul II fait sienne et nous transmet avec une ardeur apostolique renouvelée, nous incite à plonger dans sa riche pensée sociale. Jean-Paul II est certainement le pontife qui a le plus écrit sur la « question sociale », y consacrant trois encycliques et d'innombrables discours et homélies. L'allusion constante aux questions sociales nous surprend, non seulement par son ampleur, mais aussi par les horizons qu'elle ouvre, par le courage et la profondeur avec laquelle le Pape aborde toute la doctrine sociale de l'Église en la reprenant de manière renouvelée et avec ferveur. Dans sa pensée, « prendre le large » renvoie aux traversées que le Seigneur effectuait avec ses disciples, leur faisant la leçon au milieu de la riche et mystérieuse réalité du lac de Génésareth, symbole du monde et de l'histoire. Dans le cadre restreint des encycliques *Laborem exercens* ou de *Sollicitudo rei socialis* se trouve, sous-jacente, toute la doctrine sociale que l'Église transmet dans un cadre universel et concret, éclairé par l'Évangile. Et on sent dans l'air la promesse d'une pêche abondante. Depuis le début de son pontificat, le Pape ouvrier nous invite à pénétrer là où la vie sociale de l'homme se joue à coups de rame, à coups de filets jetés une fois de plus dans le monde du travail et de la solidarité.

Duc in altum : dans un horizon élargi

S'engager dans la « question sociale », c'est entrer de plein fouet dans la « question planétaire ».

Citons pour commencer quelques mots de Jean-Paul II extraits de *Novo Milenio Ineunte* (2001) :

« On connaît les efforts accomplis par le Magistère ecclésial, surtout au cours du XXe siècle, pour lire les réalités sociales à la lumière de l'Évangile et pour offrir, de manière toujours plus précise et plus organique, leur contribution à la solution de la question sociale, devenue désormais une question planétaire » (N.M.I. 52).

Pour le Pape, « cet aspect éthico-social » doit devenir « une dimension indispensable du témoignage chrétien ». Jean-Paul II a le courage de refuser la tentation d'une « spiritualité occulte et individualiste ». À la place, il propose une spiritualité de communion qui prend en considération la dimension sociale de l'homme. L'autre spiritualité, individualiste et occulte, « a peu à voir avec les exigences de la charité, avec la logique de l'Incarnation et avec la tension eschatologique du christianisme ». Il est vrai que l'espérance du ciel nous rend conscients du « caractère relatif de l'histoire ». Mais cela « ne nous exempte en aucune façon du devoir de la construire ». Sur ce point, l'enseignement du concile Vatican II est tout à fait d'actualité : « Le message chrétien n'éloigne pas les hommes de la tâche de construire le monde, il ne les incite pas non plus à négliger le bien de leurs semblables, mais, au contraire, les oblige à concevoir ces tâches comme un devoir. »

Duc in altum, dans la bouche du Pape, est une exhortation qui nous console et nous réconforte au moment de prendre le large vis-à-vis du nouveau millénaire et d'éclairer à la lumière de l'Évangile la « question sociale » devenue planétaire.

Duc in altum est à la fois une invitation à reconstruire le monde et une incitation à nous intéresser au bien-être de nos semblables comme un devoir qui émane de l'Évangile lui-même.

Les moments marquants de la doctrine sociale au cours du XXe siècle

Le Pape a été le principal protagoniste de l'effort du magistère pour interpréter la réalité sociale à la lumière de l'Évangile.

Dans *Tertio Millenio Adveniente* (1994), Jean-Paul II nous rappelle les moments marquants de la pensée sociale des pontifes et de la sienne propre :

« Tout au long du siècle, dans le sillage de Léon XIII, les Papes ont abordé systématiquement les thèmes de la doctrine sociale catholique, réfléchissant aux caractéristiques d'un système juste dans le domaine des rapports entre le travail et le capital. Il suffit de penser à l'encyclique *Quadragesimo anno* de Pie XI, aux nombreuses interventions de Pie XII, aux encycliques *Mater et Magistra* et *Pacem in terris* de Jean XXIII, à *Populorum progressio* et à la lettre apostolique *Octogesima adveniens* de Paul VI. Je suis moi-même revenu à maintes reprises sur ce sujet : j'ai consacré de manière spécifique l'encyclique *Laborem exercens* à l'importance du travail humain, tandis qu'avec *Centesimus annus* j'ai voulu réaffirmer, cent ans plus tard, la validité de la doctrine de

Rerum novarum. De plus, dans l'encyclique *Sollicitudo rei socialis,* j'étais déjà revenu, de façon systématique, sur l'ensemble de la doctrine sociale de l'Église, dans le contexte de l'opposition entre les blocs de l'Est et de l'Ouest et du danger d'une guerre nucléaire. Les deux éléments de la doctrine sociale de l'Église – la sauvegarde de la dignité et des droits de la personne dans le cadre d'un juste rapport entre travail et capital, et la promotion de la paix – ont été repris et fusionnés dans ce texte » (T.M.A. 22).

Une spiritualité du travail

Compte tenu des deux éléments de la doctrine sociale de l'Église signalés par le Pape, « la tutelle de la dignité et des droits de la personne dans le domaine d'une juste relation entre travail et capital et la promotion de la paix », nous nous bornerons dans cette brève exposition à la question du travail dans la perspective de la spiritualité.

J'explique le pourquoi de ce parti pris. Dans *Novo Millennio Ineunte*, cette nouvelle spiritualité qu'évoque le Pape, solidaire, de communion, trouve une réalisation remarquable dans ce qu'il qualifie de « spiritualité du travail » :

« Le rassemblement des travailleurs, qui s'est déroulé le 1er mai, date traditionnelle de la fête du travail, a eu beaucoup de souffle. Je leur ai demandé de vivre la spiritualité du Travail, à l'instar de saint Joseph et de Jésus lui-même. Leur jubilé m'a en outre donné l'occasion de lancer une pressante invitation à remédier aux déséquilibres économiques et sociaux existant dans le monde du travail, et à mener avec détermination les processus de la mondialisation économique selon la solidarité et le respect dû à chaque personne humaine » (N.M.I. 10).

Par cette exhortation, le Pape reliait explicitement le travail à la spiritualité de la Communion appelée à être le paradigme de l'Église du nouveau millénaire. Les caractéristiques de cette spiritualité sont joliment décrites :

« Une spiritualité de la communion consiste avant tout en un regard du cœur porté sur le mystère de la Trinité qui habite en nous, et dont la lumière doit aussi être perçue sur le visage des frères qui sont à nos côtés » (N.M.I. 43).

Le Pape signale ensuite les trois domaines où nous devons nous former en vue de la communion à la lumière de cette présence de Dieu dans le visage de chaque homme. Ces domaines sont les suivants :

Nous former dans le sens de l'appartenance à un corps social. « La spiritualité de la communion, cela signifie, en outre, la capacité d'être attentif, dans l'unité profonde du Corps mystique, à mon frère dans la foi, de le voir ainsi comme "un des miens", pour savoir partager ses joies et ses souffrances, pour deviner ses désirs et répondre à ses besoins, pour lui offrir une amitié vraie et profonde » (*ibid.*).

Nous former à une vision qui valorise de manière organique. « La spiritualité de la Communion est aussi la capacité de voir surtout ce qu'il y a de positif chez l'autre, pour l'accueillir et le valoriser comme un don de Dieu : un "don pour moi", et pas seulement pour le frère qui l'a directement reçu » (*ibid.*).

Nous former pour accorder de l'espace à l'autre au lieu de dominer des espaces. « La spiritualité de la Communion, c'est enfin savoir "accorder une place" à son frère, en portant "les fardeaux les uns des autres" (Galates 6, 2) et en repoussant les tentations égoïstes qui continuellement nous tendent des pièges et qui suscitent compétition, carriérisme, défiance et jalousies » (*ibid.*).

Nous pensons que cette spiritualité de Communion, aux multiples résonances dans chaque domaine concret de la vie ecclésiale, acquiert une saveur spéciale si nous l'appliquons à la spiritualité du travail que le Pape invitait les ouvriers à cultiver. Remarquons en passant que communion et travail sont les deux seules réalités qui, dans ce document, articulent la spiritualité.

Duc in altum : *avec le courage d'entrer dans le sujet de fond. Le travail comme clé de la question sociale*

Voyons pourquoi.

Mais demandons-nous d'abord quelle conception a Jean-Paul II du travail humain.

Chacun sait que *Redemptor hominis*, sa première encyclique (1979), était programmatique. Le Pape pensait qu'il fallait partir de l'homme, cet homme dont le sens profond et final ne se trouve qu'en Jésus-Christ, le Rédempteur. Deux ans plus tard, en 1981, Jean-Paul II a publié *Laborem exercens*, une autre encyclique programmatique qu'il a consacrée à « l'homme » dans le vaste contexte de cette réalité qu'est le travail :

« Je désire consacrer le présent document au travail humain, et je désire encore plus le consacrer à l'homme dans le vaste contexte de la réalité qu'est le travail. Si, en effet, comme je le disais dans l'encyclique *Redemptor hominis* publiée au début de mon service au siège romain de saint Pierre, l'homme "est le premier chemin et le chemin fondamental de l'Église", et cela en vertu du mystère insondable de la Rédemption par le Christ, il faut alors revenir sans cesse sur ce chemin et le suivre toujours de nouveau selon les diverses formes où se révèlent à la fois toute la richesse et toute la difficulté de l'existence humaine sur terre » (L.E. 1).

Relevons donc, en premier lieu, cette vision du Pape où il est question d'une spiritualité qui « commence et prend le large » sur le chemin de l'homme. D'un homme, il faut le souligner, plongé dans le mystère de Jésus-Christ rédempteur, et pas seulement dans sa dimension verticale, mais d'un homme envisagé dans la réalité et dans l'histoire du point de vue du travail.

D'où vient cette importance accordée au travail au détriment d'autres valeurs comme la solidarité et la paix qui repose sur la justice ?

Écoutons ce que le Pape pense du travail par rapport à la question sociale :

« Si, dans le présent document, nous revenons une nouvelle fois sur ce problème, sans toutefois prétendre aborder tous les thèmes qu'y ont trait, ce n'est pas tant pour colliger et répéter ce qui est déjà contenu dans les enseignements de l'Église, que pour mettre en évidence, peut-être davantage que par le passé, le fait que le travail humain *est une clé,* et sans doute la clé essentielle de toute la question sociale, si nous essayons vraiment de l'envisager du point de vue du bien de l'homme. Et si la solution ou plutôt la solution progressive de la question sociale, qui se pose et se repose continuellement et qui devient toujours plus complexe, doit être cherchée dans un effort de "rendre la vie humaine plus humaine", alors la clé que constitue le travail humain acquiert une importance fondamentale et décisive » (*ibid.*, 3), (Catéchisme de l'Église catholique, n° 2427).

Il y a à peine deux ans, à l'occasion du XXe anniversaire de *Laborem exercens*, Jean-Paul II a confirmé l'intuition qu'il avait eue au début de son pontificat :

« Tant que l'homme existera, existera aussi le geste libre d'authentique participation à la création qu'est le travail. C'est même l'une des composantes essentielles à la réalisation de la vocation de l'homme, lequel se manifeste et se découvre toujours comme celui qui a été appelé par Dieu à "dominer la terre". Même s'il le voulait, l'homme ne pourrait cesser d'être "un sujet qui décide par lui-même" (*ibid.*, 6). Dieu lui a confié cette suprême et obligeante liberté. Dans cette perspective, aujourd'hui plus que jamais, nous pouvons réaffirmer que "le travail est une clé, peut-être la clé essentielle de toute la question sociale" » (Message du Saint-Père Jean-Paul II à la Conférence internationale « Le travail, clé de la question sociale », à l'occasion du XXe anniversaire de l'encyclique *Laborem exercens*, 14 septembre 2001).

Le Pape insiste sur ce point à partir de l'essence même de l'homme, essence d'où procède sa mission de « dominer la terre » et qui implique la « libre décision de devenir le collaborateur de son Créateur ». Ces propos évoquent implicitement la prophétie de Romano Guardini qui, dans son livre sur le pouvoir[2], signalait la raison fondamentale du changement de paradigme qui affecte de plus en plus notre monde moderne. Guardini observait que le trait dominant et décisif de notre civilisation est le caractère anonyme du pouvoir. Telle serait la racine de tous les dangers et de toutes les injustices dont nous souffrons aujourd'hui. L'antidote proposé par Guardini consiste à devenir responsable du pouvoir, à titre personnel et de manière solidaire. C'est sur ce point précis qu'intervient la vision de Jean-Paul II sur le travail humain en tant que lieu où l'homme opte librement pour l'utilisation du pouvoir comme service et participation à l'œuvre créatrice de Dieu pour le bien de ses frères.

L'homme dont le travail est libre, créatif, participatif et solidaire

Le travail est le lieu où tous les principes de la doctrine sociale de l'Église et de la société acquièrent une réalité concrète. Jean-Paul II a toujours affirmé que le premier point de la doctrine sociale, celui dont dérivent tous les autres, consiste à placer l'homme au centre de l'ordre social... L'homme qui travaille, aurions-nous envie d'ajouter, l'homme dont le travail est libre, créatif, participatif et solidaire.

Les autres principes se concrétisent et s'articulent autour de cet homme qui travaille.

Par le travail, le principe de la « destination universelle des biens » devient réalité.

Par le travail, « la légitimité de la propriété privée, comme condition indispensable d'autonomie personnelle et familiale », devient réalité.

C'est dans la valorisation du travail – de tout type de travail – comme source de tous les biens qui rendent possible la vie en société que réside la conception des droits et des devoirs que l'État doit réguler, ce qui permet de clarifier le rôle de l'État en tant que promoteur et garant du bien commun.

Le travail est le lieu où s'opèrent graduellement toutes les transformations sociales

Cette perspective, fondée sur l'homme qui travaille, met à terre toutes les conceptions fatalistes et mécanicistes dès lors que l'on détermine comment et où s'opèrent les grandes transformations sociales.

Croire que les transformations actuelles relèvent du déterminisme serait une grave erreur. Encore une fois, le facteur décisif, « l'arbitre » de cette complexe période de mutation, c'est l'homme, lequel doit demeurer le véritable protagoniste de son travail. L'homme peut et doit assumer de manière créative et responsable les transformations actuelles afin qu'elles participent au développement de la personne, de la famille, de la société dans laquelle il vit et enfin de l'ensemble de la famille humaine (cf. *Laborem exercens*, 10).

Vision personnaliste et organique de la dimension sociale du travail

Dix ans après sa première encyclique sociale, *Centesimus annus* (1991), le Pape replaçait l'homme qui travaille au centre de la vie économique et sociale :

En se proposant de faire la lumière sur le conflit survenu entre le capital et le travail, Léon XIII défendait les droits fondamentaux des travailleurs. C'est pourquoi la clé de lecture du texte pontifical est la dignité du travailleur en tant que tel et, de ce fait, la dignité du travail défini comme « l'activité humaine ordonnée à la satisfaction des besoins de la vie, notamment à sa conservation » (*Centesimus annus* 6).

Le Souverain Pontife qualifie le travail de « personnel », puisque « la force de travail est inhérente à la personne et appartient en propre à celui qui l'exerce et dont elle est l'apanage ». Le travail fait donc partie de la vocation de toute personne. Mieux encore, l'homme s'exprime et se réalise par le biais de son travail. En même temps, le travail a une dimension sociale par son intime relation soit avec la famille, soit avec le bien commun, « puisqu'on peut affirmer sans se tromper que le travail des ouvriers est à l'origine de la richesse des États. Tels sont les points que j'ai repris et développés dans l'encyclique Laborem exercens 15 » (*ibid.*). Ce numéro 15 de Laborem exercens est fondamental pour comprendre la vision organique de la dignité du travail dans la perspective de l'argument personnaliste.

Relation entre le travail et le capital

Dans la relation nécessaire entre le travail et le capital, le travail a la priorité, car l'homme « souhaite que les fruits de son travail soient mis à son service et à celui des autres » et veut être coresponsable et coauteur du travail qu'il réalise. Il veut qu'on « le prenne en considération dans le processus même de la production », il veut avoir le sentiment de faire un « travail personnel ».

« Cette conscience se trouve étouffée en lui dans un système de centralisation bureaucratique excessive où le travailleur se perçoit davantage comme l'engrenage d'un grand mécanisme dirigé d'en haut et à plus d'un titre comme un simple instrument de production que comme un véritable sujet du travail, doué d'initiative propre. L'enseignement de l'Église a toujours exprimé la conviction ferme et profonde que le travail humain ne concerne pas seulement l'économie, mais implique aussi et avant tout des valeurs personnelles » (*Laborem exercens* 15).

Relation entre le travail et la propriété privée

Suivant cette perspective en matière de valeurs personnelles, Jean-Paul II est au cœur du débat entre propriété privée et socialisation des moyens de production. Il déclare que le plus important, quel que soit le système adopté au niveau macrostructurel, est que l'homme ait conscience de faire un « travail personnel ».

« Le système économique lui-même et le processus de production trouvent leur avantage à ce que ces valeurs personnelles soient pleinement respectées. Dans la pensée de saint Thomas d'Aquin, c'est surtout cette raison qui plaide en faveur de la propriété privée des moyens de production. Si nous acceptons que, pour certains motifs fondés, des exceptions puissent être faites au principe de la propriété privée et, à notre époque, nous sommes même témoins que, dans la vie, a été introduit le système de la propriété "socialisée", l'argument personnaliste ne perd cependant pas sa force, ni au niveau des principes, ni au plan pratique. Pour être rationnelle et fructueuse, toute socialisation des moyens de production doit prendre cet argument en considération. On doit tout faire pour que l'homme puisse conserver même dans un tel système la conscience de travailler "à son compte". Dans le cas contraire, il s'ensuit nécessairement dans tout le processus économique des dommages incalculables, dommages qui ne sont pas seulement économiques mais qui atteignent avant tout l'homme » (*ibid.*).

Le salaire digne

Dans l'optique du « travail personnel », la question du salaire digne est fondamentale :

« Cette considération, cependant, n'a pas un sens purement descriptif ; elle n'est pas un bref traité d'économie ou de politique. Il s'agit de mettre en évidence l'aspect déontologique et moral. Le problème clé de l'éthique sociale dans ce cas est celui de la juste rémunération du travail accompli. Dans le contexte actuel, il n'y a pas de meilleure manière de réaliser la justice dans les rapports entre travailleurs et employeurs que celle qui passe par la rémunération du travail. Indépendamment du fait que le travail s'effectue dans le système de la propriété privée des moyens de production ou dans un système où cette propriété a subi une sorte de "socialisation", le rapport entre employeur (avant tout direct) et travailleur se résout sur la base du salaire, c'est-à-dire par la juste rémunération du travail accompli » (*Laborem exercens* 19).

Le Pape bâtit toute sa conception de l'homme qui travaille sur ce point. Le salaire digne s'avère un élément déterminant pour vérifier la justice ou l'injustice d'un système socio-économique, dans la mesure où c'est le salaire digne qui permet d'appliquer dans la réalité le principe de l'« usage commun des biens ».

« Il faut relever aussi que la justice d'un système socio-économique, et, en tout cas, son juste fonctionnement, doivent être appréciés en définitive d'après la manière dont on rémunère équitablement le travail humain dans ce système. Sur ce point, nous en arrivons de nouveau au premier principe de tout l'ordre éthico-social, c'est-à-dire *au principe de l'usage commun des biens.* En tout système, indépendamment des rapports fondamentaux qui existent entre le capital et le travail, le salaire, c'est-à-dire *la rémunération du travail,* demeure la *voie* par laquelle la très grande majorité des hommes peut accéder *concrètement* aux biens qui sont destinés à l'usage commun, qu'il s'agisse des biens naturels ou des biens qui sont le fruit de la production. Les uns et les autres deviennent accessibles au travailleur grâce au salaire qu'il reçoit comme rémunération de son travail. Il découle de là que le juste salaire devient en chaque cas la *vérification concrète de la justice* de tout le système socio-économique et en tout cas de son juste fonctionnement. Ce n'en est pas l'unique vérification, mais celle-ci est particulièrement importante et elle en est, en un certain sens, la vérification clé » (*ibid.*).

Créer des structures qui garantissent la dignité du travail

Étant donné que, autour du travail dignement rémunéré, se joue la participation réelle de tout homme dans la distribution universelle des biens, le Pape exhorte les institutions à « créer des structures qui garantissent la dignité du travail » :

« Face à ces problèmes, il faut imaginer et édifier de nouvelles formes de solidarité, en tenant compte de l'interdépendance qui lie entre eux les hommes au travail. Si le changement en cours est profond, l'effort de compréhension et de volonté pour garantir la dignité du travail devra être encore plus décisif, en renforçant, à divers niveaux, les institutions concernées. La responsabilité des gouvernements est grande, mais tout aussi importante est celle des organisations de défense des intérêts collectifs des travailleurs et des employeurs. Tous sont appelés non seulement à promouvoir ces intérêts de façon honnête et à travers la voie du dialogue, mais encore à réformer leurs fonctions mêmes, leur structure, leur nature et leurs modalités d'action. Comme je l'ai écrit dans l'encyclique *Centesimus annus*, ces organisations peuvent et doivent devenir des "lieux d'expression de la personnalité des travailleurs". » (Message du pape Jean-Paul II aux participants à la rencontre internationale « Le travail, clé de la question sociale », à l'occasion du XXe anniversaire de l'encyclique *Laborem exercens*, 14 septembre 2001).

La tâche de créer des structures qui garantissent la dignité du travail comporte une double exigence. Pour les penseurs et les chercheurs de différentes disciplines, le défi consiste à « penser avec rigueur scientifique et avec sagesse » la question du travail, afin de faciliter la compréhension du changement en cours dans le monde du travail et d'anticiper les risques et les opportunités. Pour tous les chrétiens, le défi consiste à encourager « une option préférentielle d'amour » pour les plus pauvres et pour les « exclus du travail » :

Mais aujourd'hui, la question sociale ayant acquis une dimension mondiale, cet amour préférentiel, tout comme les décisions qu'il nous inspire, ne peut pas ne pas embrasser les multitudes immenses des affamés, des mendiants, des sans-abri, des personnes sans assistance médicale et, par-dessus tout, sans espérance d'un avenir meilleur : on ne peut pas ne pas prendre acte de l'existence de ces réalités. Les ignorer reviendrait à s'identifier au « riche bon vivant » qui feignait de ne pas connaître Lazare le mendiant qui gisait près de son portail (cf. Luc 16, 19-31) (*Sollicitudo Rei Socialis* 42).

Lorsque nous embrassons du regard la spiritualité de la communion et la spiritualité du travail, nous pouvons affirmer que :

Le propre de toute spiritualité de communion, du point de vue du sujet, est le regard qui vient du cœur. Un regard cordial est un regard intégrateur. Face à la conception qui réduit le travail à un simple métier ayant pour objet la production de biens dont seuls certains profitent, le regard spirituel considère le travail comme l'expression de toutes les dimensions de l'homme : depuis la plus fondamentale qui vise la « réalisation de la personne » jusqu'à la plus haute, qui considère le travail comme « service » d'amour.

D'un point de vue objectif, ce regard cordial, tourné simultanément vers « le mystère de la Trinité et le mystère de chaque visage humain », nous fait apprécier le caractère fédérateur du travail et nous pousse à voir tout homme comme « quelqu'un qui m'appartient », tout en nous invitant à envisager l'effort de chacun comme un « don pour tous ». Autour de ces valeurs se tisse une société humaine sans exclusion d'aucune sorte. En même temps, le travail ouvre par lui-même ces « espaces de participation » dont parle le Pape et les transforme en espaces de participation réelle, concrète, digne.

Duc in altum : vers la profondeur théologique de la dignité du travail

La dignité suréminente du travail de Jésus-Christ

Le travail rend l'homme digne en articulant ses dimensions personnelle et sociale. Mais son pouvoir ne s'arrête pas là. En dernier lieu, il tire sa dignité suréminente de Jésus-Christ. Le Pape l'explique en ces termes dans son exhortation apostolique *Christifidelis laici* :

« Par son travail, l'homme assure habituellement sa subsistance et celle de sa famille, s'associe à ses frères et leur rend service, peut pratiquer une vraie charité et coopérer à l'achèvement de la création divine. Bien plus, par l'hommage de son travail à Dieu, nous tenons que l'homme est associé à l'œuvre rédemptrice de Jésus-Christ qui a donné au travail une dignité éminente en œuvrant de ses propres mains à Nazareth » (*Christifidelis laici* 43).

Si nous songeons que le Seigneur a racheté nos péchés avec la totalité de sa vie – actions, mots et gestes, joies, souffrances… – et apprécions cela à sa juste valeur, ses longues années de travail silencieux et quotidien dans le petit monde de Nazareth doivent fortement influer sur notre courage. C'est précisément pour cela qu'elles s'écoulent à bas bruit dans l'Évangile, parce que la valeur d'une spiritualité au travail est forcément silencieuse, humble, contenue. « Dignité extraordinaire du travail », c'est ainsi que le Pape qualifie le travail de Jésus, réalisé de ses propres mains.

Le travail plonge les racines de sa dignité dans la Trinité même : « Mon Père travaille et Moi aussi », dit le Seigneur. Le Pape met en avant une image du travail afin que nous la gardions dans notre cœur pour faire face aux problèmes qui obscurcissent l'horizon de notre époque.

Il suffit de penser à l'urgence de travailler pour la paix, de poser des prémisses solides de justice et de solidarité dans les relations entre les peuples et de défendre la vie humaine depuis sa conception jusqu'à son terme naturel. Et que dire, par ailleurs, des nombreuses contradictions d'un monde « globalisé », où les plus faibles, les plus petits et les plus pauvres semblent avoir si peu à attendre ?

C'est dans ce monde, dit le Pape, « que l'espérance chrétienne doit briller ». Et quelle est donc l'image universelle et concrète de l'espérance chrétienne ? C'est l'image de Jésus, Maître de communion et de service. Il est significatif, dit le Pape, que l'Évangile de saint Jean, là où les Synoptiques racontent l'institution de l'Eucharistie, propose, illustrant par là son sentiment profond, le récit du « lavement des pieds », dans lequel Jésus se fait Maître de communion et de service (cf. Jean 13, 1-20). Le Seigneur a voulu rester avec nous dans l'Eucharistie, gravant par cette présence sacrificielle et conviviale (dans le service humble du lavement des pieds, travail d'esclave) la promesse d'une humanité renouvelée par son amour (*Ecclesia de Eucharistia*).

Dans la célébration de ce « travail » au cours duquel, en imitant le Rédempteur, l'Église « fait l'Eucharistie », se condense toute la tension eschatologique du christianisme : son mandat de transformer le monde et l'existence tout entière pour qu'elle devienne eucharistique :

« Annoncer la mort du Seigneur, jusqu'à ce qu'Il vienne » (1 Corinthiens 11, 26) implique, pour ceux qui participent à l'Eucharistie, l'engagement de transformer la vie, pour qu'elle devienne, d'une certaine manière, totalement « eucharistique ». Ce fruit de transfiguration de l'existence et l'engagement de transformer le monde selon l'Évangile, voilà ce qui fait resplendir la dimension eschatologique de la célébration eucharistique et de toute la vie chrétienne : « Viens, Seigneur Jésus ! » (Apocalypse 22, 20).

J'aimerais conclure en remerciant le Saint-Père pour sa riche doctrine au sujet de la question sociale, pour sa largeur de vue, pour le courage dont il a fait preuve en creusant le sujet jusqu'à saisir la profondeur théologique de la dignité du travail. Saint-Père, merci beaucoup.

Juin 2003

« Laissez-vous réconcilier avec Dieu »

Au deuxième jour de notre Congrès eucharistique, plongés dans une si belle ambiance, la parabole du Fils prodigue veut s'adresser directement à nos cœurs.

Ouvrons donc nos cœurs.

Que chacun ouvre son cœur, en regardant la Vierge et en sentant la présence de Jésus dans l'Eucharistie qui, silencieusement, accompagne cette humanité depuis deux mille ans.

Ouvrons chacun le cœur de notre famille et sentons battre le cœur de nos parents et de nos frères et sœurs, de nos époux et de nos jeunes, des enfants et des grands-parents.

Ouvrons notre cœur en peuple fidèle de Dieu qui pérégrine en Argentine sous le manteau de la Vierge, de Marie d'Itati... Ouvrons notre cœur et laissons-nous réconcilier avec notre Dieu le Père.

Disons avec le fils prodigue, qui, dans un moment de grâce, a compris que la principale cause de sa situation misérable était d'avoir éloigné son cœur de celui de son Père : Je me lèverai et j'irai vers mon Père !

Chacun doit le dire dans son propre cœur. Mais aussi dans cette dimension où le cœur propre se sait cœur commun, responsable du cœur de tous les autres, solidaire du cœur de son peuple. Chacun peut alors dire : peuple prodigue, lève-toi et retourne au Père ! Il est temps de renoncer à rêver de glands pour les porcs. Personne ne te les offrira, Dieu merci. Cela vaut mieux, d'ailleurs, car il est temps que tu désires à nouveau le pain des enfants.

Tu t'es appauvri, tu as dilapidé une partie de ton héritage et on t'a dépouillé de l'autre partie. C'est vrai. Mais il te reste le plus cher : les braises de ta dignité toujours intacte et la petite flamme de ton espérance qui chaque jour se rallume. Il te reste cette richesse spirituelle dont tu as hérité.

Souviens-toi que ton Père t'attend chaque soir sur la terrasse, au cas où il te verrait revenir.

Prends le chemin du retour, le regard plongé dans celui de ton père, qui élargit ton horizon, pour que tu donnes tout ce que tu peux donner.

À force de poursuivre de fausses idoles, tu as transformé ce sol béni en une terre étrangère. Aujourd'hui, on dirait que ton horizon s'est rétréci, que ton espérance s'est contractée.

Mais ce n'est pas ainsi. Si tu lèves les yeux, si tu te souviens, si tu rebrousses chemin et te convertis sincèrement, la terre même que tu foules commencera à se transformer à nouveau en Maison du Père.

Cette Maison du Père où règnent les valeurs de l'humble maison de Joseph et Marie à Nazareth.

Maison du Père qui est l'auberge où l'on guérit les blessures de ceux qui sont tombés entre les mains des voleurs.

Maison du Père où l'on fête le banquet des noces du Fils auquel tout le monde est convié, sans exclusion, sauf ceux qui ne veulent pas s'y joindre.

Maison du Père où il y a plusieurs demeures et où Jésus lui-même nous servira, comme il l'a fait lors de la dernière cène.

Accorde-toi le droit de te sentir peuple et famille !

Et permettons aussi que le père nous dise, comme à l'autre fils qui était fâché : Va à la fête avec ton frère ! Chaque cœur doit écouter cette invitation par laquelle le Père veut faire comprendre au fils aîné que pardonner son frère, c'est suivre le chemin de la vie.

Nous portons aussi en nous quelque chose de ce fils aîné. Laissons le Père nous dire :

Il est temps que tu cesses d'entendre la plainte amère d'un cœur qui n'apprécie pas ce qu'il possède, d'un cœur qui se compare à tort.

Il est temps que tu te décides à partager avec ton frère le pain des enfants.

Cesse de rêver au chevreau que tu voudrais posséder et écoute les paroles de ton Père : Mon fils, tout ce qui est à moi t'appartient !

Réconcilie-toi avec Dieu, avec toi-même et avec ton frère !
Mais que ce soit de tout ton cœur.

L'Eucharistie, c'est le pain de la réconciliation qui touche au plus profond le cœur de chacun. Il réconcilie et nourrit ce lieu intérieur où la personne est elle-même et plus qu'elle-même, car c'est la demeure de Dieu, où chaque cœur est celui de toute la famille et du peuple tout entier.

Il suffit de quelques cœurs qui se laissent réconcilier jusqu'au bout pour que la réconciliation se propage à tout un peuple. Des cœurs comme celui de saint Roque Gonzalez de Santa Cruz, qui a fondé ces terres et ces villes dans la culture du travail et du pardon aux ennemis. Un cœur violenté que le Seigneur a revêtu d'incorruptibilité.

Peuple prodigue et rebelle qui a souffert entre les mains des voleurs, peuple qui possède d'importantes ressources spirituelles : Laisse-toi réconcilier avec Dieu !

Nous confions cette réconciliation qui transfigure le cœur des gens et des peuples à Notre-Dame d'Itati. Son retour et sa transfiguration dont la gloire nous a éblouis ont été ses plus beaux miracles. Comme disait le père Luis de Gamarra en 1624 : « Il s'est produit un extraordinaire changement dans son visage, personne ne l'avait jamais vue aussi belle. »

Ces transfigurations de Notre-Dame qui jaillissent de son cœur pur et aimant sont à la fois un signe de prédilection et une annonce pour notre peuple. Marie d'Itati transfigurée nous transfigure. La parole de Dieu nous le dit : « Celui qui vit dans le Christ est une création nouvelle : l'ancienne personne disparaît, un être nouveau vient au monde. Tout cela vient de Dieu, qui nous a réconciliés avec Lui par le biais du Christ et nous a confié le ministère de la réconciliation. »

En la regardant, elle, nous comprenons que : « Si le péché est éloignement et désaccord, la réconciliation est rapprochement et rencontre, dépassement de l'inimitié et retour à la communion. Dieu nous réconcilie dans le Christ. Il est le début et la fin de la réconciliation filiale, grâce à laquelle le repentant retourne plein de confiance dans les bras aimants du Père. »

Elle t'invite, peuple de la patrie : laisse-toi réconcilier avec Dieu ! Avec elle, nous prions et demandons à Jésus en reprenant les mots de la prière : Que son Eucharistie occupe le cœur du peuple argentin, inspire ses projets et ses espérances.

Homélie, Congrès eucharistique national,
septembre 2004

La douce et réconfortante joie de prêcher

« Plus de trente ans après le concile, alors que nous réfléchissons sur l'Eucharistie dominicale, il est nécessaire de vérifier la manière dont la Parole de Dieu est proclamée, ainsi que le progrès effectif accompli par le peuple de Dieu dans la connaissance et l'amour des Saintes Écritures. L'un et l'autre aspects, celui de la *célébration* et celui de l'*expérience vécue*, sont en rapport étroit (*Dies Domini* 40) ».

Ce sont ces mots de Sa Sainteté qui inspirent les modestes réflexions qui vont suivre autour de l'homélie dominicale en Amérique latine. La question : Comment proclamons-nous la Parole, comment prêchons-nous ?, le Pape l'associe étroitement au travail de réflexion portant sur le développement de la connaissance et de l'amour des Saintes Écritures dans le peuple de Dieu. Cet amour qui, conjointement à la connaissance, se traduit en « expérience vécue » et complète l'aspect de « célébration » propre à l'Eucharistie.

Relier ces deux éléments est bénéfique. Si nous voulons savoir comment prêcher, nous devons nous interroger sur la connaissance et l'amour que notre peuple croyant a de la Parole. C'est précisément par la parole que notre Seigneur a conquis les cœurs. Les gens accouraient de toutes parts pour l'écouter (Marc 1, 45). Ils sentaient qu'il parlait d'autorité (Marc 1, 27). C'est aussi par la Parole que les apôtres, qu'il « institua pour être ses compagnons et pour les envoyer prêcher » (Marc 3, 14), attirèrent tous les peuples vers l'Église (cf. Marc 16, 15-20).

L'homélie comme ensemencement et récolte

Que veut dire « vérifier » ? Il est évident que cette connaissance et cet amour ne sauraient être vérifiés avec un œil de statisticien qui se limiterait à compter combien de personnes assistent à la messe ou achètent la Bible… La vérification doit plutôt procéder d'un regard de bon semeur.

Un regard confiant, de longue haleine. Le semeur n'épie pas ses champs chaque jour, il sait que la graine pousse toute seule, qu'il dorme ou qu'il veille.

Un regard de semeur doit être plein d'espérance. Le semeur, quand il voit pousser l'ivraie au milieu des blés, ne réagit pas par la plainte ou la panique. Il croit à la fécondité de la graine et ne cède pas à la tentation de hâter la récolte.

Un regard de semeur doit être amoureux, il doit connaître la fécondité gratuite de la charité. Savoir que si, par endroits, il y a du gâchis, à d'autres le fruit est fort abondant.

De ce regard jaillira une homélie qui est à la fois ensemencement et récolte. Lors de la préparation du prêche comme lors du dialogue avec le peuple, l'Esprit met dans les lèvres du prêcheur des mots qui récoltent et qui sèment. En sentant et en soupesant dans son cœur où en sont la connaissance et l'amour de la Parole parmi le peuple, le prêcheur récolte une valeur déjà mûre et montre les chemins pour mettre celle-ci en pratique, il sème toujours un désir, une espérance de plus, là où la terre est bonne, apte à faire pousser la graine.

La douce et réconfortante joie de prêcher

En tant que pasteurs, nous qui devons prêcher lors de la messe, nous devons chaque jour renouveler notre ferveur, chaque dimanche au moment de préparer l'homélie. Vérifier d'abord en nous-mêmes si la connaissance et l'amour pour la Parole que nous prêchons ont grandi. Comme le dit Paul : « Nous prêchons [...], cherchant à plaire non pas aux hommes mais à Dieu qui éprouve nos cœurs » (1 Thessaloniciens 2, 4).

Si notre amour pour la Parole que nous devons prêcher est vivant, de même que notre amour pour l'Eucharistie que nous devons consacrer et que nous recevons comme un fidèle parmi d'autres, alors celui-ci se transmettra d'une manière ou d'une autre au peuple fidèle de Dieu. Dans son *Evangelii Nuntiandi*, Paul VI nous parlait de « la douce et réconfortante joie d'évangéliser » :

« Par la voix des ministres de l'Évangile, Dieu veut faire germer la semence ; et il dépendra de nous que celle-ci devienne un arbre et produise tout son fruit. Gardons donc la ferveur de l'esprit. Gardons la douce et réconfortante joie d'évangéliser, même lorsque c'est dans les larmes qu'il faut semer » (*Evangelii Nuntiandi* 80).

Cette réflexion vise le principe même de toute bonne homélie : « C'est de l'abondance du cœur que parle la bouche. » Les lectures du dimanche résonneront dans toute leur splendeur dans le cœur du peuple si d'abord elles ont résonné dans le cœur du Pasteur.

« Faites tout ce qu'Il vous dira »

L'image de Notre-Dame peut ici être utile. C'est elle qui transmet le mieux au peuple fidèle la joie de cette Parole qu'elle a été la première à ressentir. C'est pourquoi le Pape mentionne Notre-Dame à la fin de sa lettre apostolique comme modèle pour notre peuple fidèle dont est issu le prêcheur.

« Les fidèles qui écoutent la Parole proclamée dans l'assemblée dominicale, apprenant d'elle à la garder et à la méditer dans leur cœur » (cf. Luc 2, 19) (*Dies Domini 86*).

Nous pouvons nous aussi évoquer cette image pour entamer notre réflexion et nous dire qu'une bonne homélie dominicale doit avoir la saveur de ce vin nouveau qui renouvelle le cœur du prêcheur en même temps que celui des auditeurs. Depuis Cana, Marie est fine connaisseuse de ce vin nouveau. La grâce de demander au peuple de Dieu, comme Marie l'a fait de sa voix maternelle, « Faites tout ce qu'Il vous dira », voilà la grâce que nous devons demander lors de chaque homélie. Ce ton maternel de Notre-Dame est celui du « Croyant de la Parole » et de la « Servante de la Parole ».

« Le prêtre devra être le premier à croire à la Parole dans la pleine conscience que les paroles de son ministère ne sont pas "siennes", mais celles de Celui qui l'a envoyé. De cette Parole, il n'est pas maître : il en est le serviteur. De cette Parole, il n'est pas l'unique possesseur : il en est le débiteur à l'égard du peuple de Dieu. C'est justement parce qu'il évangélise, et pour qu'il puisse évangéliser, que le prêtre, comme l'Église, doit prendre de plus en plus conscience du besoin permanent qu'il a d'être évangélisé » (*Pastores dabo vobis* 26).

L'homélie comme dialogue entre Dieu et son peuple

« Il ne faut pas oublier d'ailleurs que la proclamation liturgique de la Parole de Dieu, surtout dans le cadre de l'assemblée eucharistique, est moins un moment de méditation et de catéchèse que le dialogue entre Dieu et son peuple, dialogue où sont proclamées les merveilles du salut et continuellement proposées les exigences de l'Alliance » (*Dies Domini* 40-41).

Considérer l'homélie moins comme un moment de méditation et de catéchèse que comme un « dialogue vivant entre Dieu et son peuple » découle du fait que le prêche est partie intégrante de l'Eucharistie. Il suppose la catéchèse et en est la continuation, mais la dépasse en étant le moment culminant du dialogue entre Dieu et son peuple, avant la communion sacramentelle. Le Seigneur se réjouit vraiment de dialoguer avec son peuple et nous autres qui prêchons devons faire sentir aux gens cette joie du Seigneur.

L'homélie consiste donc à reprendre ce dialogue déjà engagé entre le Seigneur et son peuple. Pour cela, le prêcheur doit sonder et soupeser le cœur de sa communauté, dialoguer avec lui afin de savoir où le désir de Dieu est le plus vivant et brûlant, où ce dialogue, au départ amoureux, a été « confisqué », « étouffé » et privé de ses fruits.

Dans l'homélie de Puebla, il y a un beau paragraphe où Jean-Paul II nous éclaire sur l'identité de ce peuple avec lequel le Seigneur se réjouit de dialoguer. L'âme du peuple d'Amérique latine « a été scellée par la foi de l'Église » (*Puebla* 445). Elle est donc « infaillible *in credendo* » au sens de G.S. 12. C'est un peuple sage, doué d'« une sagesse qui est chez lui un principe de discernement, un instinct évangélique grâce auquel il saisit spontanément quand l'Église sert l'Évangile et quand elle le vide et l'étouffe sous d'autres intérêts » (*Puebla* 448, cf. Jean-Paul II, Discours inaugural III 6).

Les évêques ont relevé cette phrase dans le discours inaugural du Pape et je pense, en effet, qu'elle est essentielle pour prendre conscience du mystère d'amour qui règne entre Dieu et son peuple fidèle et pour savoir avec qui nous parlons. Cet « instinct de la foi » qui rend notre peuple « infaillible *in credendo* » doit être le critère cordial qui oriente notre prédication.

« La religiosité populaire n'est pas seulement objet d'évangélisation, dans la mesure où elle contient incarnée la Parole de Dieu, c'est une forme active grâce à laquelle le peuple s'évangélise continuellement lui-même » (*Puebla* 450).

Que veut dire prêcher pour celui qui s'évangélise continuellement lui-même et s'avère infaillible *in credendo* ? Si on laisse de côté toute vaine discussion sur le besoin d'« éclairer » encore le peuple de Dieu, je pense que l'image de la Mère avec son enfant est celle qui illustre le mieux l'idée d'apprendre à celui qui sait déjà. L'Église est Mère et prêche au peuple comme une mère parle à son enfant, avec cette confiance mutuelle qui repose sur la certitude que tout ce qu'elle lui apprend est pour son bien, car l'enfant se sait aimé. Les parents savent se laisser guider par la capacité innée de leurs enfants à savoir quand ils ont transgressé une limite ou tenu des propos inadéquats. Au sein d'une famille, c'est l'esprit d'amour qui règne, qui guide aussi bien la mère que l'enfant dans les échanges où il est question d'enseigner et d'apprendre, de féliciter et de corriger. Il en va de même pour l'homélie : la conscience de se trouver en famille guide celui qui parle et celui qui écoute. L'Esprit qui a inspiré les Évangiles inspire aussi bien la manière de les enseigner que de les écouter lors de chaque Eucharistie.

Cette dimension materno-ecclésiale au sein de laquelle se développe le dialogue du Seigneur avec son peuple doit être favorisée et cultivée grâce à la proximité cordiale du prêcheur, la chaleur de notre voix, la douceur de nos phrases, la gaieté de nos gestes… Même si nous pouvons parfois paraître ennuyeux à certains, la présence de l'esprit materno-ecclésial se révèle féconde à la longue, tout comme les « ennuyeux conseils maternels » portent leurs fruits dans le cœur des enfants.

Chacun est admiratif des ressources dont disposait le Seigneur pour dialoguer avec son peuple, pour transmettre la révélation à tous, pour captiver les gens ordinaires par des enseignements élevés et excessivement exigeants. Je crois que le secret se trouve dans la manière dont Jésus fait appel à la dimension ecclésiale qui implante l'Esprit chez ceux qui adorent le Père. La conviction de Jésus s'exprime ainsi : « Sois sans crainte, petit troupeau, car votre Père s'est complu à vous donner le Royaume » (Luc 12, 32). C'est dans cet esprit que prêche Jésus. C'est pourquoi, plein de joie sous l'action de l'Esprit, il bénit le Père qui lui amène les tout-petits.

« À cette heure même, il tressaillit de joie sous l'action de l'Esprit-Saint et il dit : "Je te bénis, Père, Seigneur du ciel et de la terre, d'avoir caché cela à des sages et à des intelligents et de l'avoir révélé aux tout-petits. Oui, Père, car tel a été ton bon plaisir. Tout m'a été remis par mon Père, et nul ne sait qui est le

Fils si ce n'est le Père, ni qui est le Père si ce n'est le Fils, et celui à qui le Fils veut bien le révéler" » (Luc 10, 21-22).

Au-delà des ressources qui, dans l'Évangile, sont infinies en quantité et en qualité, le prêcheur a la magnifique et difficile mission de réunir les cœurs qui s'aiment – celui du Seigneur et ceux du peuple –, cœurs qui, le temps d'une homélie, gardent le silence et le laissent parler, lui. Le Seigneur et son peuple se parlent de mille manières différentes, sans intermédiaire. Dans l'homélie, ils veulent un médiateur qui exprime les sentiments de part et d'autre, de sorte que plus tard chacun choisisse comment il veut poursuivre la conversation. La Parole est essentiellement médiatrice et a besoin non seulement de deux interlocuteurs, mais d'un médiateur qui la représente en tant que telle... Un médiateur qui, comme Paul, soit persuadé que « ce n'est pas nous que nous proclamons, mais le Christ Jésus, Seigneur ; nous ne sommes, nous, que vos serviteurs, à cause de Jésus » (2 Corinthiens 4, 5).

Un dialogue est bien plus que la communication d'une vérité. Le dialogue se mène pour le plaisir de parler et pour le bien concret qui se communique au moyen des paroles entre ceux qui s'aiment véritablement. Un bien qui n'est pas constitué de choses, mais des personnes mêmes qui dialoguent. De ce fait, le prêche purement moraliste ou exégétique réduit cette communication quasi sacramentelle entre les cœurs qui doit avoir lieu au cours de l'homélie, car « la foi naît de ce qu'on entend dire et ce qu'on entend dire vient de la parole du Christ » (Romains 10, 17).

« Les merveilles du salut et les exigences de l'alliance » dans l'homélie

« Dialogue de Dieu avec son peuple dans lequel sont proclamées les merveilles du salut et nouvellement proposées les exigences de l'alliance... » (*Dies Domini* 41).

Le dialogue est proclamation des merveilles du salut où resplendit la gloire du Seigneur et de l'homme vivant. Le dialogue entre Dieu et son peuple rend leur alliance plus étroite et resserre le lien de charité. Il est donc capital que, dans l'homélie, la vérité aille de pair avec la beauté et le bien. Il ne s'agit en aucun cas de vérités abstraites et froides, encore moins si on les lance par poignées et sous forme de syllogismes. L'homélie suppose qu'en proclamant chaque vérité de l'Évangile nous sachions aussi découvrir et communiquer la beauté des images que le Seigneur utilisait pour attirer l'attention (les paraboles en sont un très bel exemple) et, dirais-je, l'opportunité – le *kairos* – que son amour découvrait ou créait pour stimuler la pratique du bien.

La mémoire du peuple fidèle, comme celle de Marie, doit déborder des merveilles de Dieu et son cœur doit être encouragé par la pratique joyeuse de l'amour qui lui a été transmis. Et il en est ainsi parce que dans l'Écriture, toute Parole est don avant d'être exigence.

L'homélie, dépositaire de la foi du peuple fidèle

Cette synthèse de vérité, beauté et bien n'est pas à inventer, c'est le propre de la Parole incarnée, là où cette Parole a été accueillie par un peuple et incorporée à sa culture, cette synthèse est ce que nous appelons « religiosité populaire ».

« La religiosité du peuple, en son noyau, est un patrimoine de valeurs qui répondent avec une sagesse chrétienne aux grandes interrogations de l'existence » (*Puebla* 449).

Dans cette phrase prononcée à Puebla, la beauté nous est présentée comme « une forme de ravissement devant les grandes interrogations de l'existence », je parle de ravissement car c'est généralement dans les rites, l'art et les fêtes populaires que s'incarnent les réponses ; la vérité devient « sagesse chrétienne » et le bien un « patrimoine de valeurs ». L'amour de Dieu forge le peuple et sa culture parce qu'il les rassemble de manière stable et fidèle, engendrant ainsi des manières communes de voir, de sentir et de créer.

Le prêche chrétien trouve donc dans le cœur culturel de notre peuple une source d'eau vive qui l'éclaire sur ce qu'il doit dire et sur la manière dont il doit le dire. De même que nous aimons qu'on nous parle dans notre langue maternelle – *a fortiori* si l'on nous oblige à en utiliser d'autres –, dans le domaine de la foi, nous aimons qu'on nous parle avec les références de notre « culture maternelle ». Pour pouvoir, bien sûr, grandir, nous ouvrir et devenir meilleurs. Quand on nous parle dans notre langue maternelle, notre cœur est mieux disposé à écouter. Cette langue est un ton qui transmet la « *parrhèsia* », comme celui de la mère envers ses enfants Maccabées, mais elle est aussi une synthèse réussie, une sagesse qui nous fait nous sentir chez nous. Comme dit Jean-Paul II dans son discours de Puebla :

« La sagesse populaire catholique a une capacité de synthèse vitale, elle réunit de manière créative le divin et l'humain ; le Christ et Marie, l'esprit et le corps, la communion et l'institution, la personne et la communauté, la foi et la patrie, l'intelligence et l'affect. Cette sagesse est un humanisme chrétien qui affirme radicalement la dignité de toute personne comme Fils de Dieu, établit une fraternité fondamentale, apprend à trouver la nature et à comprendre le travail et rend possibles la joie et l'humour, même au milieu d'une vie très difficile » (*Puebla* 448).

Les tensions dont parle le discours de Puebla, le divin et l'humain, l'esprit et le corps, la communion et l'institution, la personne et la communauté, la foi et la patrie, l'intelligence et l'affect, sont universelles. La synthèse vitale, la capacité à harmoniser ces tensions de façon créative, ce qui est indicible par des mots, car il faudrait les employer tous, ce noyau symbolique et vivant – qui pour notre peuple se traduit en « noms propres » comme Guadalupe et Luján, en foi de pèlerin, en gestes de bénédiction et de solidarité, en offrande, en chant et en danse, ce cœur dans lequel et grâce auquel notre peuple aime et grandit est le lieu théologique que doit occuper le prêcheur. Le défi d'un prêche inculturé consiste à évangéliser la synthèse et non des idées ou des valeurs éparses. Là où se trouve ta synthèse, pourrions-nous paraphraser, bat ton cœur. La différence entre éclairer le lieu où s'opère la synthèse et mettre en lumière des idées éparses est la même qui sépare l'ennui de la passion du cœur.

Il n'est pas facile de parler de cœur au peuple de Dieu. Il ne suffit pas d'avoir de bonnes intentions. Les gens apprécient quand le prêcheur s'efforce d'être sincère, quand il se sert d'images concrètes... Mais parler de cœur suppose non seulement d'en avoir un ardent, mais encore éclairé par l'intégrité de la révélation, par la Parole et par le chemin que celle-ci a parcouru dans le cœur de l'Église et de notre peuple fidèle tout au long de son histoire (la Tradition).

Réévaluant les éléments positifs de la piété populaire, le discours de Puebla nous propose, dans un passage fort riche et inspiré (454), l'ébauche d'une synthèse qui est plus qu'une simple énumération. Chaque « élément » recueilli dans le cœur d'un bon nombre de pasteurs recèle en soi une synthèse. Ce sont des « éléments » universels et concrets où brille la totalité de la foi, incarnée dans une figure propre à la religiosité de notre peuple latino-américain. J'assortirai leur lecture de quelques brèves suggestions susceptibles d'inspirer nos homélies, de les nourrir de cette synthèse, afin qu'elles nourrissent à leur tour le cœur de ceux qui les écoutent.

Le discours de Puebla dit :

« Parmi les éléments positifs de la piété populaire, on peut signaler : la présence trinitaire que l'on perçoit dans les dévotions et les iconographies. »

Notre peuple vit le Dieu un et trine comme un Dieu baptismal et baptiseur. Un Dieu dans lequel nous avons été plongés étant enfants et où nous vivons, évoluons et existons encore aujourd'hui. Le mystère de la Trinité est davantage l'atmosphère vitale où baigne la foi de notre peuple que l'objet spécifique de discours rationnels. Plus que nos mots, ce sont nos gestes, nos images, le temps que nous consacrons à chaque personne divine, qui doivent être trinitaires dans nos homélies.

« Le sens de la providence de Dieu le Père. »

Éclairer et nourrir cette image du Père Prévoyant implique de prêcher dans l'espérance. Notre peuple se repose et se réjouit quand nous lui parlons du Dieu toujours plus grand, du Dieu qui a veillé sur nos parents, nos grands-parents, du Dieu qui veille sur l'avenir de nos enfants.

Nos homélies, si elles veulent être fidèles et fécondes, doivent toujours semer et récolter l'espérance.

« Le Christ, fêté dans son mystère de l'Incarnation (Noël : l'Enfant), dans sa crucifixion, dans l'Eucharistie et dans la dévotion au Sacré-Cœur. »

Jésus est dans le cœur de notre peuple comme l'Enfant de la crèche, comme le mort sur la Croix, comme le pain de la première communion des enfants et comme le Dieu qui a bon cœur. Quelquefois, quand on observe (dans un esprit quantitatif) qu'il « manque » une image du Ressuscité, on se dit que dans le meilleur des cas, une deuxième évangélisation doit venir « ajouter » une autre image, si ce n'est remplacer toutes les précédentes par une image plus pure et complète. Au-delà de toute prétention apologétique, mieux vaut partir du principe que si la foi a porté ses fruits, c'est parce qu'on l'a semée intégralement, et chercher dans les images qui sont déjà dans le cœur ce qu'elles nous disent par elles-mêmes sur la manière d'intégrer ce qui est nouveau, de purifier et de compléter. Les croix revêtues de gloire continuent à en dire plus long au cœur de notre peuple que les « arrêtez de souffrir » des sectes.

« L'amour de Marie : Elle et “ses mystères appartiennent à l'identité propre de ces peuples et caractérisent leur piété populaire” (Jean-Paul II, Homélie Zapopan, 2. AAS LXXI, p. 228) ; elle est vénérée comme Mère Immaculée de Dieu et des hommes et comme Reine de nos différents pays et du continent tout entier. »

Au cœur du discours de Puebla se trouve l'amour de Marie. Marie et ses mystères « appartiennent à l'identité propre de ces peuples », dit le Pape. Notre peuple transfère sur elle de manière réelle, avec un réalisme latino-américain qui, plus que magique, est « plein de grâce », ce qui manque à un discours plus rationnel en termes de résurrection et d'Esprit-Saint. Le positif, le festif, ce qui est vie, beauté, joie, fête, notre peuple l'incarne en Marie. Dans les homélies adressées à notre peuple, Marie ne doit pas seulement être une conclusion, mais une référence centrale.

« Marie est centrale dans la foi de notre peuple, car elle constitue "le modèle de comment il faut croire" :

« Marie, qui, par la volonté éternelle du Très-Haut, s'est trouvée, peut-on dire, au centre même de ces "voies impénétrables" et de ces "décrets insondables" de Dieu, s'y conforme dans l'obscurité de la foi, acceptant pleinement, le cœur ouvert à tout ce qui est prévu par le plan divin » (*Redemptoris Mater* 14).

Marie est centrale pour notre peuple, car elle est « un signe d'espérance assurée » :

« Marie, Mère du Verbe incarné, se situe *au centre même de cette hostilité*, de la lutte qui marque l'histoire de l'humanité sur la terre et l'histoire du salut elle-même. À cette place, elle qui fait partie des "humbles et des pauvres du Seigneur" porte en elle, comme nul autre parmi les êtres humains, la "gloire de la grâce" dont le Père "nous a gratifiés dans le Bien-aimé", et *cette grâce détermine la grandeur et la beauté extraordinaires* de tout son être. Marie demeure ainsi devant Dieu et aussi devant toute l'humanité le signe immuable et intangible de l'élection par Dieu dont parle l'épître paulinienne : dans le Christ, "il nous a élus en lui, dès avant la fondation du monde [...], déterminant d'avance que nous serions pour Lui des fils adoptifs" (Éphésiens 1, 4-5). Il y a dans cette élection plus de puissance que dans toute l'expérience du mal et du péché, que dans toute cette "hostilité" dont l'histoire de l'homme est marquée. Dans cette histoire, Marie demeure un signe d'espérance assurée » (*Redemptoris Mater* 11).

Marie est centrale pour notre peuple, car c'est un lieu de miséricorde :

« Marie est la première à participer à cette nouvelle révélation de Dieu et, à travers elle, à ce nouveau don que Dieu fait de lui-même. C'est pourquoi elle proclame : "Il a fait pour moi des merveilles ; Saint est son nom." [...] Dans l'exultation de son cœur, Marie proclame qu'elle s'est trouvée au centre même de cette plénitude du Christ. En elle s'est accomplie, elle en a bien conscience, la promesse faite à nos pères, et avant tout "en faveur d'Abraham et de sa race, à jamais" ; et donc vers elle, comme Mère du Christ, s'oriente toute l'économie du salut, dans laquelle, "d'âge en âge", se manifeste le Dieu de l'Alliance, celui qui "se souvient de son amour" » (*Redemptoris Mater* 36).

Parmi tous les autres éléments à prendre en considération au moment de prêcher et qui constituent de précieuses synthèses, mentionnons-en un dernier :

La capacité d'exprimer la foi dans un langage total (chants, images, gestes, couleurs, danses) qui dépasse tous les discours rationnels ; une foi située dans le temps (fêtes) et dans l'espace (sanctuaires et temples).

Cette foi que notre peuple fidèle exprime de manière centrée et intègre – pas seulement dans ses contenus, mais existentiellement parlant – doit trouver un écho dans l'homélie dominicale. Le défi consiste à réinterpréter la foi que vit notre peuple dans le langage et le mode d'expression qui lui sont propres, de sorte qu'elle grandisse et se purifie de l'intérieur.

Ainsi que le signale plus loin le discours de Puebla, de manière prophétique : « Si l'Église ne réinterprète pas la religion du peuple latino-américain, il se produira un vide qu'occuperont les sectes, les messianismes politiques sécularisés, le consumérisme qui produit dégoût et indifférence ou le pansexualisme païen. L'Église fait face une nouvelle fois au même problème : ce qu'elle n'assume pas dans le Christ n'est pas rédimé et devient une nouvelle idole chargée de la vieille malice de toujours » (*Puebla* 468).

Le défi qui continue de nous être posé est celui d'une nouvelle évangélisation, laquelle, comme le signale le discours de Puebla,

« doit faire appel à la mémoire chrétienne de nos peuples ». La richesse de la foi inculquée par les mères dans le cœur de leurs enfants au cours des siècles est la source vivante de notre identité, elle ne se modifie que pour s'améliorer jusqu'à ce que le Christ se forme en nous. Cette identité, qui est l'étreinte baptismale que le Père nous a donnée quand nous étions petits, nous fait désirer, en tant qu'enfants prodigues – et préférés de Marie –, cette autre étreinte, celle du Père miséricordieux qui nous attend. Faire que notre peuple se sente entouré de ces deux étreintes, telle est la dure mais belle tâche de celui qui prêche l'Évangile.

Assemblée plénière de la commission pontificale
pour l'Amérique latine, Rome, janvier 2005

« Sang de martyrs, graine de chrétiens »

La première lecture nous montre en quoi consiste le dialogue de l'apôtre Paul avec l'Église qu'il avait bâtie et qu'il aimait profondément. L'un des aspects les plus merveilleux de notre vie chrétienne est le dialogue du pasteur ou de l'évêque avec son Église, dialogue autour duquel s'articulent toute la démarche et le développement de l'Église. Sortie de ce dialogue, l'Église se disperse ; s'il se révèle insuffisant, elle s'égare. C'est un dialogue d'amour, de conscience à la fois fraternelle et paternelle, un dialogue de grâce et de reconnaissance envers l'unique Seigneur qui a invité les brebis et le pasteur à la vie chrétienne.

Ce n'est pas un dialogue facile, Paul déclare après avoir été maltraité et insulté à Philippes – où, comme vous savez, on l'a roué de coups – « Dieu nous a donné l'audace nécessaire pour annoncer la Bonne Nouvelle ». C'est un dialogue qui a besoin d'audace et de courage, courage de la part de l'évêque, courage de la part du peuple qui reçoit l'annonce évangélique. Pour suivre Jésus, il faut du courage, celui que seul Dieu nous accorde, mais aussi, quand nous sommes maltraités et insultés, de l'endurance apostolique, cette capacité de porter sur ses épaules toutes les difficultés de la vie quotidienne et de la prédication de l'Évangile, toutes les difficultés occasionnées par les ennemis de la croix du Christ – ainsi que Paul les définit – qui veulent qu'on flatte leur oreilles, que l'Évangile leur dise ce qu'ils souhaitent entendre et non pas ce qu'il dit vraiment. C'est pourquoi Paul affirme : « Jamais, en effet, nous n'avons usé de paroles flatteuses. »

Le dialogue fascinant qui se noue entre l'Église et le Pasteur suppose ces deux belles qualités : du courage pour annoncer l'Évangile et de l'endurance pour surmonter les difficultés qu'engendre la prédication. Car celle-ci sème le trouble et suscite des réactions que l'on retrouve tout au long de l'histoire chez ceux qui refusent d'écouter la parole du Christ. Elle provoque la mise en cause du prêcheur, comme quand on accusait Jésus et qu'on lui disait « tu chasses les démons en te servant du pouvoir des démons ». Elle provoque la remise en question de celui qui porte la parole, qu'il soit pasteur ou homme du peuple, victime des méthodes classiques de désinformation, de diffamation ou de calomnie. Paul en faisait déjà les frais. On répandait des contre-vérités sur son compte, on le diffamait, on le calomniait, et Paul endurait, tout comme les communautés qui le suivaient, grâce au dialogue amoureux qu'ils entretenaient.

C'est le dialogue du Pasteur avec ses brebis, brebis qui reconnaissent sa voix. Le saint peuple fidèle de Dieu ne se trompe pas. D'aucuns m'objecteront : Mon Père, vous faites de la politique. Pas du tout, je cite l'encyclique *Lumen Gentium* : le saint peuple fidèle de Dieu est infaillible *in credendo* et quand le dialogue entre le pasteur, l'ensemble du peuple de Dieu, le grand Pasteur, le Christ, le Pape et les évêques suit le même chemin, le peuple ne peut pas se tromper, car c'est l'Esprit-Saint qui l'assiste. Cependant, pour que le peuple de Dieu ne se trompe pas, est indispensable ce dialogue, cette loyauté et cette universalité qui transcende les frontières d'une paroisse, d'un diocèse, d'un pays. Autrement dit, il s'agit de sentir l'Évangile.

Ce dialogue est universel et les brebis, connaissant la voix du pasteur, savent qui est véritablement pasteur et qui ne l'est pas ; qui est mercenaire, qui les défendra quand le loup viendra et qui prendra la fuite. C'est pourquoi Jésus affirme : « Mes brebis entendent ma voix, je les reconnais et elles me suivent. » « Les œuvres que j'accomplis au nom de mon Père témoignent pour moi, mais vous ne me croyez pas car vous n'êtes pas mes brebis, vous ne me croyez pas car vous ne voyez pas ce que je fais, car votre opinion est déjà faite. » Ceux qui, d'une manière ou d'une autre, prennent position contre le peuple de Dieu qui suit l'Évangile ou contre son Pasteur ont déjà un parti pris contre l'Évangile, à la lumière duquel ils l'interprètent. Comme les pharisiens, ils n'ont pas le cœur ouvert à l'appel de Jésus.

J'ai voulu m'arrêter sur cette expérience si merveilleuse, si belle, que constitue le dialogue entre le Pasteur et son peuple, car je l'ai vue à l'œuvre chez de nombreux pasteurs et bien souvent ici même.

Je suis arrivé pour la première fois à La Rioja le 13 juin 1973, une date historique, celle de l'agression dont fut victime Anillaco[3]. Nous étions cinq consultants de province venus avec le provincial passer plusieurs jours de retraite et de réflexion afin d'élire le nouveau provincial. Le 14 juin, après la volée de pierres dont furent victimes l'évêque, les prêtres, les religieuses et les agents de la pastorale, Mgr Angelelli nous accorda à nous tous, le provincial et les cinq jésuites, la retraite spirituelle, puis il nous introduisit dans le discernement de l'Esprit afin de nous permettre de mieux saisir la volonté de Dieu. Ce furent des journées inoubliables au cours desquelles nous bénéficiâmes de la sagesse d'un pasteur qui savait dialoguer avec son peuple. Nous recueillîmes également les confidences de ce peuple et de ce pasteur qui se faisaient lapider simplement parce qu'ils suivaient l'Évangile.

J'assistais au spectacle d'une Église traquée, peuple et pasteur. Deux mois plus tard, le 14 août 1973, alors que j'étais déjà provincial, je suis revenu à La Rioja en compagnie du père Arrupe, général de la Compagnie. Très choqué par l'agression dont avait déjà été victime l'année précédente le père Pucheta à San José, près de Famatina, il voulait savoir ce qui se passait à La Rioja. Comme il devait venir faire une visite canonique en Argentine, la visite d'inspection que font les pères généraux au sein de la congrégation, nous sommes convenus de faire un saut ensemble à La Rioja. Nous avons pris un petit avion à Córdoba et là, j'ai été témoin d'autre chose encore. Nous venions d'atterrir avec les pères Arrupe et Di Nillo, mais une fois arrivés en bout de piste, alors que nous nous acheminions vers le bâtiment central de l'aéroport, le pilote a reçu l'ordre de ne plus bouger.

L'évêque est venu nous chercher en voiture et nous a dit : « Nous avons préféré que l'avion s'arrête ici car ceux qui ont jeté des pierres il y a deux mois vous attendent pour conspuer le général de la Compagnie de Jésus. » Celui-ci venait rendre visite à ses jésuites et comptait, bien entendu, rencontrer l'évêque, le pasteur et son peuple. Cet après-midi-là, dans la Maison de la culture, nous avons eu une réunion avec le père général de la Compagnie de Jésus et avec tous les agents de la Pastorale. Ils nous ont parlé de leurs activités. Une dame très combative de La Rioja, qui montait au front au sujet des affaires de Dieu avec grand courage, lui a demandé : « Dites-nous, mon père, ce que vous venez d'entendre, c'est le concile Vatican ou non ? » Le père Arrupe a répondu : « C'est exactement ce que l'Église souhaite depuis Vatican II. »

Nous avons assisté au dialogue d'un laïcat vivant, vigoureux, engagé auprès de son pasteur. L'évêque, par délicatesse, n'a pas voulu assister à cette réunion, afin que son peuple puisse s'exprimer avec une absolue liberté.

Ce dialogue entre l'évêque et le pasteur, je l'ai vécu ici même, c'était un dialogue tenace, un dialogue d'amour. Il fallait voir comment cela avait profondément touché le cœur de l'évêque, il était à tel point amoureux de son peuple que son cœur de poète frustré – c'est ainsi que nous l'appelions pour plaisanter – a composé de véritables poèmes d'amour pour chanter la manière dont il vivait l'âme de son peuple :

Profondeurs de torrents et silence
Grèves assoiffées et sauvages
Chardons gardiens d'horizons,
Collines cachées en abondance…
Telle est l'âme de mon peuple.

Pénitent à la foi de pèlerin
Marcheur infatigable de souvenirs,
Besace chargée d'espérances,
Au rythme du tam-tam des caisses…
Telle est l'âme de mon peuple.

L'évêque était un amoureux de son peuple qu'il accompagnait jusqu'aux périphéries, périphéries géographiques et existentielles. Rappelons-nous la tendresse avec laquelle il caressait les vieillards, allait à la rencontre des pauvres et des malades, réclamait justice. Il était persuadé que l'homme, fait de boue, recélait au fond de lui un projet de la Trinité, un projet de Dieu : « Un mélange de terre et de ciel, un projet humain et divin se fait visage en chaque homme, tandis que son histoire se fait peuple. » Dieu marche avec son peuple dans l'histoire du salut, « son amour se fait espérance dans chaque souffrance de son peuple, l'homme se fait rencontre dans chaque histoire du peuple », « mais c'est dans la souffrance du peuple que cet amour s'est fait chair ». « Ici, l'histoire est chemin et l'homme toujours projet. » Dès lors que l'homme était projet, il accompagnait chaque homme, chaque femme, chaque enfant, chaque vieillard, chaque personne de son peuple pour qu'il mûrisse et donne le meilleur de lui-même, afin que la gloire de Dieu se manifeste dans ce visage que Dieu lui-même avait pétri et animé de son souffle.

C'est ainsi qu'il marchait avec son peuple jusqu'aux périphéries. Vous rendez-vous compte du dialogue qui s'était engagé ici entre l'Église et son pasteur, qui était lui aussi Église ?

Comme c'était un homme de la périphérie qui allait au-devant des rencontres (je le disais à l'instant, « l'homme se fait rencontre dans chaque histoire de son peuple », homme de rencontre, homme des périphéries), il a pu saisir dans ce poème inachevé, daté d'avril 1974, le drame de sa patrie pour lequel il espérait une issue favorable : « La patrie est en train d'engendrer un enfant dans le sang et la douleur, les crépuscules pleurent en espérant que le fils naîtra sans haine et sans rancune, sans haine et avec amour, ma terre est fécondée de vie. » C'est ainsi qu'il vivait la patrie, ainsi qu'il l'aimait, fécondée de vie. « En cette nuit de douleur, attendant qu'avec l'aube se lève un homme nouveau, Seigneur. »

Voilà le dialogue entre le pasteur et son peuple que je découvris ici, à La Rioja, un dialogue qui fut de plus en plus étouffé, une Église qui fut de plus en plus persécutée, qui se vida de son sang, une Église appelée Wenceslao, Gabriel, Carlos, tous les trois furent témoins de la foi qu'ils prêchaient et donnèrent leur vie pour l'Église, pour le peuple de Dieu, pour la prédication de l'Évangile qui à travers son pasteur se fait sang. Ce dialogue témoigne de la foi versant son sang.

J'imagine que, ce jour-là, plus d'un a dû exulter, persuadé d'avoir vaincu, alors que ce fut le triomphe des martyrs. Voici une belle phrase prononcée par un des premiers chrétiens : « Sang de martyrs, graine de chrétiens », sang de ces hommes qui ont donné leur vie pour la prédication de l'Évangile. C'est là le triomphe véritable, la vie que clame aujourd'hui cette Église de La Rioja et dont elle est dépositaire.

L'histoire de Wenceslao, de Carlos, de Gabriel et de l'évêque Enrique n'est pas un pur souvenir isolé, c'est un défi qui, aujourd'hui, nous invite tous à considérer le parcours de ces hommes qui se sont simplement reportés à l'Évangile, qui ont reçu l'Évangile librement. C'est ainsi que la patrie nous veut aujourd'hui, hommes et femmes libres de préjugés, libres de compromissions, libres d'ambitions, libres d'idéologies, hommes et femmes d'Évangile ; l'Évangile suffit, nous pouvons tout au plus y ajouter un commentaire, celui de Wenceslao, de Carlos, de Gabriel et de l'évêque, le commentaire de leur propre vie.

Que le Seigneur, par l'intercession de sa Très Sainte Mère, nous concède aujourd'hui la grâce de la liberté de nous en tenir au seul Évangile avec notre propre vie pour commentaire.

Ainsi soit-il.

30e anniversaire du décès
de Mgr Enrique Angelelli, août 2006

« Conduits par sa main »

L'heureuse coïncidence qui nous permet d'inaugurer cette Assemblée dans la solennité de Notre-Dame de Luján, patronne de notre pays, ouvre notre cœur à la Parole de Jésus avant de mourir, « Voici ta mère », en même temps qu'elle nous rappelle la chaleur maternelle de Marie à notre égard : « Une humble image de sa Conception pure et immaculée est restée miraculeusement gravée dans la ville de Luján comme signe de sa maternelle protection du peuple de pèlerins en Argentine » (Préface de la messe). Et cela pour être « conduits par sa main » (*ibid.*) vers le Seigneur. Notre Mère qui, « élevée à la gloire des cieux, accompagne avec amour maternel l'Église pérégrine et surveille ses pas vers la patrie avec bonté, jusqu'à l'avènement glorieux du Seigneur » (Préface de la messe de Sainte Marie, Mère de l'Église). Notre Mère qui, tout au long de ce chemin, ne cesse de nous répéter, comme à Cana : « Tout ce qu'il vous dira, faites-le » (Jean 2, 5).

Ouvrons donc notre Assemblée par la contemplation de notre Mère de Luján au milieu de ses enfants. En tant que pasteurs, nous rapprocher de la Mère pour nous trouver parmi le peuple fidèle de Dieu auquel nous appartenons et au service duquel nous avons été appelés nous fera du bien. Ce peuple, qui afflue continuellement à Luján et dans bien d'autres sanctuaires maristes du pays, nous montre ses besoins, sa quête de Dieu, ses joies et ses manques les plus profonds, il nous demande de l'aider à se trouver et à se laisser trouver par Jésus. Marchons avec lui et demandons la grâce d'être « des pasteurs qui sentent la brebis ». Cela nous fera du bien de répéter en guise de prière jaculatoire ce que nous implorons dans la collecte : « Regarde, Seigneur, la fidélité de ton peuple », et de supplier le Père qu'il nous rende plus fidèles en tant que peuple, meilleurs en tant qu'enfants de lui et plus proches de Jésus.

Ce peuple nous regarde et nous demande de le servir dans la mission qui nous a été confiée. À travers les réflexions de cette semaine, nous chercherons les moyens et les mots pour réaliser aujourd'hui ce qu'Isaïe proclamait dans le texte qui vient d'être lu : « Fortifiez les mains affaiblies, affermissez les genoux qui chancellent. Dites aux cœurs défaillants : “Soyez forts, ne craignez pas ; voici votre Dieu […] C'est lui qui vient vous sauver” » (Isaïe 35, 3-4). Annoncer ces paroles n'est pas toujours facile, il faut chercher, penser, dialoguer, prier… Tout cela produit dans notre vie de pasteurs cette « particulière fatigue du cœur » dont, d'après Jean-Paul II, souffrait la Vierge dans son effort quotidien pour contempler les signes de Dieu dans la vie de son Fils (cf. *Redemptoris Mater*, 17). En tant que premier disciple de Jésus, elle nous ouvre le chemin de la fatigue pastorale, cette fatigue plutôt intérieure de père et de frère qui ne veut pas perdre ceux qui lui ont été confiés. Retournons en esprit à Luján et, parmi le peuple fidèle de Dieu, tout en la contemplant, demandons-lui la grâce de cette fatigue intérieure qui nous oint dans la croix de chaque jour, bien souvent sous la forme de clairs-obscurs difficiles à élucider ou de ténèbres qui font chanceler notre espérance.

Cependant, cette espérance ne peut être négociée par ceux qui, comme nous, « avons été mis à part, désignés d'avance [...] pour être, à la louange de sa gloire, ceux qui ont par avance espéré dans le Christ » (Éphésiens 1, 11-12), ainsi que nous l'avons entendu dans la deuxième lecture. Regardons à nouveau notre Mère, qui – depuis Cana et tout au long de l'histoire des peuples – s'est rapprochée de ses enfants dans les situations les plus diverses pour semer l'espérance dans les cœurs. À elle, nous demandons la grâce d'être des pasteurs d'espérance qui ne se laissent submerger ni par les conflits ni par les épreuves, d'être des pasteurs comme Paul qui avait affronté « au-dehors, des luttes ; au-dedans, des craintes » (2 Corinthiens 7, 5), mais ne cessait d'annoncer Jésus-Christ au péril de sa vie : une annonce martyrielle de chaque jour qui en vaut la peine. À elle, nous demandons la grâce de croire fermement que « l'espérance ne déçoit pas » (Romains 5, 5) et de pouvoir transmettre cette foi à notre peuple. Cette espérance qui nous pousse à regarder devant nous et à répéter avec Isaïe les paroles que nous venons d'entendre : « Alors se dessilleront les yeux des aveugles, et les oreilles des sourds s'ouvriront. Alors le boiteux bondira comme un cerf, et la langue du muet criera sa joie. Parce qu'auront jailli les eaux dans le désert et les torrents dans la steppe. La terre brûlée deviendra un marécage, et le pays de la soif, des eaux jaillissantes » (Isaïe 35, 5-7).

Mère présente au milieu de son peuple, Mère fatiguée d'être disciple et de suivre Jésus-Christ ; Mère d'espérance. Ainsi la contemplons-nous, silencieuse et suscitant des sourires filiaux dans l'âme de ses enfants. Ainsi voulons-nous la contempler durant ces journées d'Assemblée, et lui demander avec confiance de savoir et de pouvoir toujours marcher, comme Elle, parmi le peuple fidèle de Dieu auquel nous appartenons et que nous servons. Nous lui demandons la grâce d'être des hommes d'espérance et d'épuiser notre cœur dans la recherche des signes de Dieu dans l'histoire. Forts de tous ces désirs, nous la regardons de nouveau, nous nous approchons d'Elle et – avec Elle – nous adressons notre prière au Père : « Regarde, Seigneur, la fidélité de ton peuple. »

91e Assemblée générale de l'Épiscopat, mai 2006

« Heureux seras-tu alors de ce qu'ils n'ont pas de quoi te le rendre ! »

« Aussi je vous en conjure par tout ce qu'il peut y avoir d'appel pressant dans le Christ, de persuasion dans l'amour, de communion dans l'Esprit, de tendresse compatissante, mettez le comble à ma joie par l'accord de vos sentiments : ayez le même amour, une seule âme, un seul sentiment ; n'accordez rien à l'esprit de parti, rien à la vaine gloire, mais que chacun par humilité estime les autres supérieurs à soi ; ne recherchez pas chacun vos propres intérêts, mais plutôt que chacun songe à ceux des autres » (Philippiens 2, 1-4).

« Puis il disait à celui qui l'avait invité : "Lorsque tu donnes un déjeuner ou un dîner, ne convie ni tes amis, ni tes frères, ni tes parents, ni de riches voisins, de peur qu'eux aussi ne t'invitent à leur tour et qu'on ne te rende la pareille. Mais lorsque tu donnes un festin, invite des pauvres, des estropiés, des boiteux, des aveugles ; heureux seras-tu alors de ce qu'ils n'ont pas de quoi te le rendre ! Car cela te sera rendu lors de la résurrection des justes" » (Luc 14, 12-14).

Lectures du lundi de la 31e semaine de l'année

Le ton sur lequel l'apôtre s'adresse à la communauté chrétienne est émouvant : le nom du Christ, la consolation qui découle de l'amour, la communion dans l'Esprit, la tendresse et la compassion… Un ton qui campe le contexte du dialogue entre le pasteur et son peuple (Philippiens 2, 1). Un langage qui surgit des entrailles mêmes du pasteur, lequel sera parfaitement comblé par la réponse de son peuple. Combien de fois le Seigneur n'a-t-il pas permis que nous fassions cette expérience, à titre purement gracieux ! Expérience vécue dans le silence de la prière, dans l'abandon confiant, dans l'appel de Jésus-Christ, dans la certitude de savoir en qui nous avons déposé notre confiance (cf. 2 Timothée 1, 12), dans l'écoute patiente des frères qui ont été confiés à nos soins, dans la tribulation et la croix, dans l'espérance ferme de la contemplation définitive du visage merveilleux de Jésus.

Le dialogue entre le pasteur et son peuple est encadré de cette manière et s'achemine vers le but que Paul lui-même signale : l'unité de l'Église ; « restant bien unis » (Philippiens 2, 2), tous doivent rester bien unis. Dans ses épîtres, il emploie des formules hardies : « Que l'amour fraternel vous lie d'affection entre vous, chacun regardant les autres comme plus méritants » (Romains 12, 10). « Pleins d'une égale complaisance pour tous, sans vous complaire dans l'orgueil, attirés plutôt par ce qui est humble » (Romains 12, 16) ; à plusieurs reprises, il parle d'engendrer, de donner naissance (cf. 1 Corinthiens 4, 15 ; Galates 4, 19), c'est-à-dire de continuer à donner vie et unité au peuple de Dieu, renforçant l'unité du peuple dont il fait partie, d'où il a été extrait et auquel il a été envoyé. Une telle unité s'entretient quotidiennement grâce aux directives qu'il a fixées lui-même : *avoir un même amour, un même cœur… ne rien faire en faveur de l'esprit de discorde ou de vanité… que l'humilité nous porte à considérer les autres comme supérieurs… que chacun cherche non seulement son propre intérêt mais surtout celui des autres* (cf. Philippiens 2, 3-4). Ainsi se manifeste la trempe du pasteur qui, sans répit, souhaite et cisèle l'unité, garantie par les paramètres qui configurent un espace spirituel déterminé.

Le passage évangélique que nous venons d'entendre contient une consigne du Seigneur qui vise d'une certaine manière l'espace pastoral, le seul apte à garantir l'unité du peuple fidèle de Dieu et la nôtre : « Lorsque tu donnes un festin, invite des pauvres, des estropiés, des boiteux, des aveugles » (Luc 14, 13). Il s'agit d'une dimension spirituelle forgée par le désintéressement et même par le dépouillement personnel. Jésus attire notre attention sur le subtil leurre qui consiste à faire quelque chose pour son bénéfice propre et à y trouver son compte ; il nous indique également un moyen d'échapper à l'égoïsme que recèle notre cœur : la « prochaineté » et l'accueil de ceux qui n'ont pas de quoi nous rétribuer. Une fois de plus, le leitmotiv omniprésent de la mission de l'Oint apparaît implicitement (cf. Luc 4, 18-19).

Le pasteur suscite et sauvegarde l'unité de son peuple grâce à son dépouillement personnel, dans le dévouement quotidien du service en vue des intérêts du Christ Jésus et non des siens propres. L'unité dans l'Église est une grâce pure, une pure grâce, mais qu'il faut savoir accueillir, en la désirant ardemment, en lui ménageant un espace, en ouvrant notre cœur, en le dépouillant de tout intérêt mondain. C'est pourquoi saint Paul, dans notre première lecture, nous indique les contours de ces espaces de réceptivité à la grâce : le même amour, le même sentiment. Non à la discorde ou à la vanité ; oui à l'humilité qui nous pousse à considérer les autres comme supérieurs. Et afin qu'aucun doute ne subsiste, l'Évangile évoque l'image de ceux qui n'ont pas de quoi rétribuer, comme pour mettre en relief la substantielle gratuité de la fête.

Et puisqu'il s'agit de gratuité, la véritable unité de l'Église, la véritable unité entre nous est purement gratuite. C'est un pur don que le Seigneur nous fait pour peu que nous soyons prêts à le recevoir en empruntant le chemin qu'Il a tracé pour nous. Le premier texte constitue précisément une introduction avant de nous le présenter : « Lui qui est de condition divine, [...] prenant la condition d'esclave [...] il s'anéantit lui-même [...], il s'humilia plus encore » (cf. Philippiens 2, 6-11). Et Paul de conclure : « Ayez entre vous les mêmes sentiments qui sont dans le Christ Jésus » (Philippiens 2, 5). Voilà le chemin à suivre et le lieu théologique où nous pouvons recevoir la grâce de l'unité. Voilà l'espace existentiel qui nous rend aptes à une telle grâce. Voilà le désir qui ouvre l'espace propice dans notre cœur. L'anéantissement se fait service et c'est à partir de lui que se forge l'unité de l'Église, que l'Esprit peut intervenir. Ce n'est qu'à partir de là que nous pouvons être récepteurs et créateurs d'unité, c'est-à-dire laisser l'Esprit-Saint réaliser l'unité et configurer l'harmonie de l'Église. Les Saints Pères disaient de Lui : « *Ipse harmonia est.* »

Pour débuter ces journées d'Assemblée, demandons au Seigneur qu'Il nous communique cette attitude de service, humble et effacée, qui ne poursuit pas son propre intérêt. La même que notre Mère a adoptée en tant que premier disciple. Cette attitude qui nous apportera la « tendresse » paternelle et la « compassion » fraternelle pour exhorter notre peuple et nous exhorter nous-mêmes à parfaire notre joie « en restant unis » (Philippiens 2, 2). Ainsi soit-il.

92e Assemblée plénière de la Conférence épiscopale,
novembre 2006

« Le disciple n'est pas au-dessus du maître »

« Étienne, rempli de grâce et de puissance, opérait de grands prodiges et signes parmi le peuple. Alors intervinrent des gens de la synagogue dite des Affranchis, des Cyrénéens, des Alexandrins et d'autres de Cilicie et d'Asie. Ils se mirent à discuter avec Étienne, mais ils n'étaient pas de force à tenir tête à la sagesse et à l'Esprit qui le faisaient parler. Ils soudoyèrent alors des hommes pour dire : "Nous l'avons entendu prononcer des paroles blasphématoires contre Moïse et contre Dieu." Ils ameutèrent ainsi le peuple, les anciens et les scribes, puis, survenant à l'improviste, ils s'emparèrent de lui et l'emmenèrent devant le

Sanhédrin. Là ils produisirent des faux témoins qui déclarèrent : “Cet individu ne cesse pas de tenir des propos contre ce saint Lieu et contre la Loi. Nous l’avons entendu dire que Jésus, ce Nazôréen, détruira ce Lieu-ci et changera les usages que Moïse nous a légués.” Or, tous ceux qui siégeaient au Sanhédrin avaient les yeux fixés sur lui, et son visage leur apparut semblable à celui d’un ange » (Actes des Apôtres 6, 8-15).

Texte du 23 avril,
lundi de la 3e semaine de Pâques.

Saint Luc décrit l’assassinat d’Étienne qui ressemble à celui de Jésus. Son intention de signaler à travers ce premier martyr le chemin du croyant est évidente. « Le disciple n’est pas au-dessus du maître » (Matthieu 10, 24), avait dit Jésus ; le chemin du disciple est celui de son Seigneur, un disciple qui se conforme à la plus fidèle soumission. Dans cette réalité s’enracine la dimension martyrologique de l’existence chrétienne, cette façon de « livrer son témoignage » comme l’a fait le Seigneur et d’être prêt à affronter les conséquences inhérentes à la fidélité de l’appel.

Les apôtres ont abandonné le Maître (Matthieu 26, 56), Pierre l’a renié par peur (Matthieu 26, 69-75), ils n’avaient pas encore été confortés par la Résurrection et la force de l’Esprit-Saint. Chez Étienne, en revanche, on reconnaît un disciple déjà mûr, préparé pour cette confirmation. Chez lui, la Parole de Dieu nous montre le profil achevé du disciple qui témoigne, du disciple « rempli de grâce et de puissance, opérant de grands prodiges et signes parmi le peuple » (Actes des Apôtres 6, 8). Étienne n’était pas un « faiseur de miracles » ambulant. Sa force lui venait de la grâce, du pouvoir de l’Esprit-Saint… et cela dérangeait.

La scène se déroule au cours d’une dispute. Les membres de la synagogue des Affranchis « se mirent à discuter avec Étienne » (Actes des Apôtres 6, 9), une discussion qui rappelle celles, nombreuses, que Jésus a eues avec les pharisiens, les sadducéens, les esséniens et les zélotes qui proposaient des alternatives humaines à la radicalité du Royaume. Cependant la grandeur de l'histoire du peuple élu et la force des Béatitudes a eu raison de toute argumentation et de toute casuistique. Il s'agissait d'une confrontation entre la Vérité et le sophisme docte, ce jonglage nominaliste qui consiste à accepter une formulation de la vérité tout en niant son incidence réelle dans la vie. Ces sophistes « n'étaient pas de force à tenir tête à la sagesse et à l'Esprit qui le faisaient parler » (Actes des Apôtres 6, 10). Ils ont fait appel alors à diverses formes de violence : la subornation (Acte des Apôtres 6, 11), comme autrefois les pharisiens avec les soldats témoins de la Résurrection (Matthieu 28, 11-15), comme le Sanhédrin avec Jésus lui-même ; mais ils n'en sont pas restés là, ils sont allés jusqu'à « ameuter le peuple, les anciens et les scribes » (Actes des Apôtres 6, 12) tout comme on le fit avec Jésus (Matthieu 27, 20), et, de même qu'avec Jésus, ils se sont présentés à l'improviste, l'ont arrêté et conduit devant le Sanhédrin avec de faux témoins (cf. Matthieu 26, 59-61). Les mêmes méthodes, la même trajectoire jusqu'à la mort. Un dernier détail : au moment de son sacrifice, le disciple reprendra les mots de pardon du Maître (Actes des Apôtres 7, 59-60) et donnera des signes de son entrée triomphale dans la vie : « Tous ceux qui siégeaient au Sanhédrin avaient les yeux fixés sur lui, et son visage leur apparut semblable à celui d'un ange » (Actes des Apôtres 6, 15 et 7, 55-56).

Ainsi se termine la vie de celui que l'Église nous présente comme le premier disciple martyr. Avec son exemple, nous est signalé le chemin à suivre : témoigner jusqu'au bout. Au fil des siècles, nombre de disciples chrétiens, hommes et femmes, se sont illustrés en refusant de cacher la foi qu'ils portaient dans leur cœur ; le Saint-Esprit leur a dicté ce qu'ils devaient déclarer devant les tribunaux (cf. Marc 13, 11) et ils sont allés au-devant de la mort avec courage, transfigurés : on songe à la force de Polycarpe, resté impassible au pied du poteau après avoir refusé d'y être cloué et dont le corps s'est transfiguré au milieu des flammes, comme s'il avait été du pain cuit dans les voiles d'un bateau ; on songe à Félicité, courageuse avec ses enfants, mais aussi à Agueda qui, « heureuse et gaie se dirigeait vers la prison comme si elle se rendait à un mariage et confiait au Seigneur son combat ». On pense aux vingt-six Japonais sur la colline de Nagasaki, priant, chantant des psaumes, s'encourageant mutuellement, ainsi qu'à la sérénité d'un Maximilien Kolbe prenant la place d'un condamné à mort ; on pense à l'abandon dans le Seigneur d'Edith Stein qui répétait constamment : « Je ne sais pas ce que Dieu a prévu pour moi, mais je n'ai pas à m'en inquiéter. » Ceux-ci et bien d'autres qui se sont distingués encore tout récemment. Tous empruntent le chemin testimonial d'Étienne et connaissent au cours de leur martyre la transformation de leur visage qui se met à ressembler à celui d'un ange. Ils assument dans leur cœur la Béatitude du Seigneur : « Heureux êtes-vous, quand les hommes vous haïront, quand ils vous frapperont d'exclusion et qu'ils insulteront et proscriront votre nom comme infâme, à cause du Fils de l'homme » (Luc 6, 22). Ces hommes et ces femmes n'ont pas eu honte de Jésus-Christ et, en l'imitant sur la croix, ont propulsé en avant la vie de l'Église.

Car l'Église fut, est et sera persécutée. Le Seigneur nous a prévenus (cf. Matthieu 24, 4-14 ; Marc 13, 9-13 ; Luc 21, 12-19). Elle sera persécutée, mais pas au travers de ses enfants médiocres qui pactisent avec le monde, à l'instar des renégats dont nous parle le livre des Maccabées (cf. 1 Maccabées 1, 11-15) : ceux-là ne sont jamais persécutés, contrairement aux enfants qui, au milieu d'une nuée de témoins, optent pour garder les yeux fixés sur le Seigneur (cf. Hébreux 12, 1-2) et pour suivre ses pas quel qu'en soit le prix. L'Église sera persécutée dans la mesure où elle maintiendra sa fidélité à l'Évangile. Le témoignage de cette fidélité dérange tout le monde, les cœurs frémissent de rage, les dents grincent (cf. Actes des Apôtres 7, 54), les détracteurs n'hésitent pas à tuer et à détruire, c'est le sort qu'on a réservé à Étienne. La persécution est un événement ecclésial provoqué par la fidélité, elle est parfois frontale et directe, mais, à d'autres moments, il faut savoir l'identifier derrière les différents atours « cultureux » qu'elle revêt selon les époques, cachée derrière la « rationalité » mondaine de l'autodénommé « sens commun », décliné en normalité et civilité. Les formes en sont nombreuses et variées, mais ce qui entraîne la persécution est toujours la folie de l'Évangile, le scandale de la Croix du Christ, le ferment de la Béatitude. Comme dans le cas de Jésus, d'Étienne et de cette grande « nuée de témoins », les méthodes sont invariables : la diffamation, la calomnie… pour convaincre, déclencher – comme toute œuvre du Démon – la persécution et faire en sorte qu'elle grandisse, se propage et trouve une justification, pour qu'elle semble raisonnable et ne présente pas l'apparence d'une persécution.

En revanche, la tentation pour l'Église fut et sera toujours la même : éviter la croix (cf. Matthieu 16, 22), transiger sur la vérité, atténuer la force rédemptrice de la Croix du Christ pour échapper à la persécution. Pauvre Église tiédasse qui fuit et évite la croix ! Elle ne sera jamais féconde, elle se « socialisera poliment » dans la stérilité d'un vernis de culture acceptable. Il faut croire que c'est le prix de cette tiédeur, mais c'est le peuple de Dieu qui en fait les frais, parce qu'il finit par avoir honte de l'Évangile, parce qu'il cède à la peur de livrer son témoignage.

À l'ouverture de cette Assemblée, nous pouvons demander au disciple du Seigneur, ce premier frère qui a témoigné de Jésus-Christ et de l'Évangile, qu'il nous concède la grâce de ne pas avoir honte de la Croix du Christ, de maintenir à distance la peur, les arrangements et la commodité, de ne pas céder à la tentation de transiger sur la stratégie du Royaume qui comporte misère, humiliations et humilité. Nous voudrions lui demander aussi la grâce de nous souvenir chaque jour des mots de saint Paul : « Ne rougis donc pas du témoignage à rendre à notre Seigneur, ni de moi son prisonnier, mais souffre plutôt avec moi pour l'Évangile, soutenu par la force de Dieu » (2 Timothée 1, 8).

Assemblée de l'Épiscopat, avril 2007

Nous rapprochent-ils ou nous éloignent-ils ?

J'aimerais vous remercier pour cette gentille invitation à partager un moment avec vous. Vous êtes des personnes de communication et répondez, depuis le premier instant, à la vocation qui s'est peu à peu enracinée dans votre cœur. Être un communicateur, ce n'est pas simplement occuper une fonction. Votre travail va plus loin, il s'ancre dans ce domaine de l'intériorité où germent les projets de vie qui se déploient tout au long de l'existence. Chaque homme et chaque femme est un communicateur, mais, dans votre cas, vous l'êtes aussi par un engagement particulier. C'est la raison qui m'a incité à vous parler aujourd'hui de communication, aussi bien dans sa dimension humaine que professionnelle.

La communication humaine

Le phénomène de la communication humaine, qui a acquis de nos jours une importance exceptionnelle, repose sur des avancées technologiques surprenantes, mais il ne se réduit pas à cet aspect, il s'agit d'un événement profondément humain. Les communicateurs disposent aujourd'hui de moyens puissants qui leur permettent d'aller très loin dans l'espace, mais aussi dans le cœur des hommes et des femmes de tous les peuples.

Comme vous le savez, nous ne pouvons pas chosifier le geste communicateur et assimiler celui qui communique à celui qui distribue des tracts ou des prospectus dans la rue. Communiquer est bien plus que distribuer des informations. Communiquer est l'action de mettre quelque chose en commun, la communication humaine cherche à établir des liens entre les gens. La communication sociale part de personnes concrètes et aboutit à d'autres personnes concrètes. En établissant des relations entre elles, elle forme le tissu social sur lequel se construit la vie en communauté.

Que la communication s'opère entre êtres humains ne suffit pas pour dire qu'elle est humaine. Nous pouvons observer aisément qu'il existe une forme de communication qui rend l'homme plus pleinement humain et d'autres qui limitent sa capacité d'agir, de sentir et de penser librement, dans la joie et la créativité. La communication est plus humaine dans la mesure où elle aide les hommes à devenir plus pleinement humains.

Et comme rien de ce qui est humain n'est étranger à l'Église, celle-ci considère la communication comme un phénomène extrêmement important. Depuis l'apparition des médias, l'Église a voulu faire entendre sa voix sur le sujet, mais aussi se mettre à l'écoute de ceux qui, par leur expérience, leur savoir ou leur métier connaissent le monde de la communication. Avec humilité, l'Église souhaite offrir ses connaissances et son expérience aux communicateurs et elle aimerait à son tour les entendre avec sincérité. Nous pensons avoir beaucoup de choses à échanger.

Tous ceux qui sont réunis ici savent que, dans le domaine de la communication sociale, s'opèrent les transformations culturelles qui forgent en bonne partie notre avenir. Dès lors, nous ne prêterons jamais assez attention à la qualité de la communication. Il ne s'agit pas simplement d'efficacité, de box-office ou de nombre d'exemplaires vendus. Ce qui est en jeu est bien plus essentiel ; dans ce domaine que nous appelons « communication », se prépare un avenir splendide de communion ou, au contraire, un avenir tragique de désaccords et de ruptures.

La vérité

La qualité de la communication à laquelle nous devons être si attentifs est directement liée à une question incontournable pour tout communicateur : celle de la vérité. C'est là un sujet qui mérite d'être abordé sous plusieurs angles : celui de la philosophie, mais aussi de la théologie, la philosophie des sciences, les sciences humaines et bien d'autres disciplines qui s'en préoccupent. Selon les perspectives, nous nous aventurerons dans des réflexions plus ou moins complexes, sans jamais perdre de vue l'attitude qu'on attend toujours d'un communicateur : la recherche de la vérité. L'amour de la vérité.

Les journalistes se présentent toujours devant la société comme des « chercheurs de vérité ». Celui qui aime et cherche la vérité ne permet ni qu'on la travestisse ni qu'on la cache ni qu'elle se transforme en marchandise. De plus, il est toujours attentif aux réactions de ceux qui reçoivent l'information et cherche le dialogue, la confrontation de points de vue. Celui qui cherche la vérité est humble, il sait que la vérité est difficile à trouver, surtout quand on est seul à la chercher. La vérité se trouve à plusieurs et s'annonce à plusieurs. De même que falsifier la vérité nous isole, nous sépare, nous oppose, la chercher à plusieurs nous unit, nous rapproche ; la trouver nous rend heureux et fait de nous des frères.

La communication entendue comme un espace communautaire de quête de la vérité produit du bien-être dans la communauté et évite la violence. Elle évolue au milieu des conflits et des situations les plus délicates sans dramatiser ni engendrer de l'incompréhension, dans le respect des personnes et des institutions.

Le bien

En tant qu'activité humaine, la communication possède une autre dimension : une personne peut avoir différentes motivations pour chercher à entrer réellement en communication avec une autre. Nous abordons ici le domaine des attitudes. Celles-ci peuvent être intégratrices, constructrices, mais aussi destructrices. Quand on poursuit la vérité, on poursuit nécessairement le bien. La vérité et le bien se renforcent mutuellement. Quand on poursuit vraiment la vérité, on le fait pour le bien. On ne cherche pas la vérité pour diviser, affronter, agresser, disqualifier, anéantir. La diffusion de certaines vérités peut certes entraîner des réactions et des conflits mineurs, mais le bon communicateur n'agit pas dans ce but, il veut au contraire rester fidèle à sa vocation et à sa conscience. Mû par la vérité et le bien, sa compétence professionnelle lui permettra de trouver les mots et les gestes pour dire ce qu'il faut de la manière la plus délicate et efficace possible. Celui qui communique une vérité partielle, qui opte pour la partie au détriment du tout ne construit pas. On n'est pas obligé de s'écarter de la vérité pour mettre en avant le bon côté des gens. Même les situations les plus conflictuelles et douloureuses recèlent une part de bien à sauver. La vérité est pleine de bonté et nous pousse vers le bien. Le journaliste qui cherche la vérité cherche aussi ce qui est bon. Le lien entre la vérité et le bien est si fort que nous pouvons affirmer qu'une vérité exempte de bonté équivaut, au fond, à une bonté exempte de vérité.

La beauté

Il est bon aussi de rappeler par les temps qui courent que la vérité et le bien vont toujours de pair avec la beauté. Il est peu de choses plus humainement émouvantes que le besoin de beauté propre à tous les cœurs. Plus la communication est humaine, plus elle est belle. Il est vrai que la notion de beauté varie selon les cultures. Mais, indépendamment des formes de chaque culture, le besoin et le plaisir de la beauté restent universels. Pour une communauté, la perte du goût de la beauté est un phénomène grave et inhumain. Un signal d'alarme retentit à l'horizon quand la vulgarité, la vanité, la grossièreté ne sont pas perçues comme telles et prétendent se substituer à la beauté. On assiste alors à un processus de banalisation de l'humain qui finit par être fondamentalement dégradant.

Le communicateur est sensible à la beauté, il en a l'intuition et ne confond pas ce qui est beau avec ce qui est à la mode ou seulement « joli », « soigné ». Parce qu'elle est humaine, la beauté peut être tragique, surprenante, émouvante ; quelquefois, elle nous incite à penser à ce que nous préférerions oublier, ou nous montre l'erreur dans laquelle nous sommes tombés. Les artistes savent bien que la beauté n'est pas seulement consolatrice et qu'elle peut aussi être inquiétante. Les grands génies ont su dépeindre avec art les réalités les plus tragiques et douloureuses de la condition humaine.

Le grand défi du communicateur, qui part tous les jours en quête de la vérité pour ensuite la transmettre à d'autres, est de se souvenir dans son intimité que la vérité, le bien et la beauté sont inséparables pour refléter ce constat dans son travail.

Les médias nous rapprochent-ils ou nous éloignent-ils ?

Dire que les médias ont raccourci les distances et nous ont rapprochés les uns des autres est presque un lieu commun, tant l'action et l'influence des médias dans la société et la culture sont fascinantes et puissantes.

Vous le savez parfaitement. Cette proximité peut nous aider à grandir ou au contraire nous égarer. En nous informant sur la réalité, les médias peuvent nous aider à mieux examiner nos partis pris et faciliter nos prises de décision, ou créer au contraire des simulations, des illusions, des fantaisies et des fictions qui nous poussent vers des choix de vie erronés.

Il me plaît de définir le pouvoir des médias à travers le concept de « prochaineté ». Leur force réside dans leur capacité à approcher et à influer sur la vie des gens au moyen d'un même langage mondialisé et simultané. La catégorie de « prochaineté » comporte l'idée d'une tension bipolaire : proximité et éloignement. Dans son mode de fonctionnement interne, elle est également tendue entre deux pôles : bonne proximité et mauvaise proximité. Il faut la considérer selon toutes ses combinaisons possibles.

Dans le christianisme, le terme « prochain » évoque la parabole du bon Samaritain que nous connaissons bien. Aujourd'hui, grâce aux médias, nous sommes devenus le « prochain » de véritables multitudes abandonnées sur le bord de la route, rouées de coups et dépouillées de tout, comme l'homme de la parabole. Les journalistes les montrent, leur transmettent des messages, les font parler. Ici entre en jeu la « prochaineté ». La manière que peuvent avoir les médias de s'approcher détermine le respect qu'ils accordent à la vie humaine, ainsi que leur faculté de construire ou de détruire.

Si nous appliquons ici ce que nous disions au sujet du bien, de la vérité et de la beauté, nous découvrirons que, tout comme au niveau éthique, bien s'approcher, c'est s'approcher pour aider et non pour faire du mal, sur le plan de la vérité, bien s'approcher voudra dire transmettre une information vraie, alors que, du point de vue de l'esthétique, ce sera communiquer l'intégralité d'une réalité de manière harmonieuse et claire. Mal s'approcher, en revanche, c'est s'approcher avec une esthétique désintégratrice, au moyen de sophismes, en faisant preuve d'une intelligence sans talent ou d'une sensiblerie sans bonté, autant de manières d'occulter certains aspects du problème abordé ou de les manipuler en créant cette disharmonie qui obscurcit la réalité, l'enlaidit ou l'avilit.

Quand les images et les informations ne visent qu'à pousser à la consommation ou à manipuler les gens pour mieux profiter d'eux, nous détruisons la « prochaineté » et nous nous éloignons les uns des autres. C'est ce que l'on a souvent l'impression de subir devant le bombardement d'images séductrices et de nouvelles désespérantes qui nous laissent abasourdis et impuissants à agir de manière positive. Cette expérience nous place dans le rôle de spectateur et non de prochain. La douleur et l'injustice présentées selon une esthétique désintégratrice ôtent l'espoir de découvrir la vérité et de pouvoir œuvrer au bien commun.

Quand l'information nous fait nous écrier : « Quelle horreur ! » pour aussitôt tourner la page ou changer de chaîne, alors nous avons détruit la « prochaineté » et creusé un peu plus la brèche qui nous sépare.

Tous ceux qui sont présents ici aujourd'hui le savent : il y a une manière digne de montrer la douleur qui préserve les valeurs et les richesses spirituelles d'un peuple, qui aide à surmonter le mal en lui opposant le bien et encourage à travailler fraternellement dans une volonté commune de dépassement, dans la solidarité, dans cette « prochaineté » qui nous grandit et nous ouvre à la vérité et au bien. Il est possible de montrer la misère et la souffrance avec beauté et vérité, car la beauté de l'amour est joyeuse sans être frivole. Songeons à la beauté de Mère Teresa de Calcutta dont la luminosité ne procède d'aucun maquillage ni effet spécial, mais de cet éclat que dégage la charité quand elle s'échine à porter secours aux plus nécessiteux, les oignant de l'huile parfumée de sa tendresse. Quand nous pensons à elle, notre cœur s'emplit d'une beauté qui ne provient ni de ses traits physiques ni de sa stature, mais de l'éclat magnifique de la charité envers les pauvres et les déshérités qui émane d'elle.

Songeons à Maximilian Maria Kolbe, prisonnier n° 16670 à Auschwitz et proposé comme patron des journalistes par Jean-Paul II, en raison de l'usage qu'il a fait des moyens de communication. Là où les geôliers et les bourreaux dépouillaient et frappaient, il a su s'approcher de ses camarades de camp et s'est fait prochain en mourant à la place d'un condamné à mort. Sa vie nous ouvre à la dimension martyrielle inhérente à toute « prochaineté ».

Il n'est pas nécessaire de nous limiter à ces êtres exceptionnels. Il existe une beauté d'une autre nature chez le travailleur qui rentre chez lui, sale et débraillé, mais avec la joie d'avoir gagné le pain de ses enfants. Il existe une beauté extraordinaire dans la communion de la famille autour de la table et du pain partagé avec générosité, même si le repas est très modeste. Il y a de la beauté chez la femme négligée et déjà vieille qui va au-delà de ses forces pour veiller son mari malade, au détriment de sa propre santé. Même si le printemps de leur amour, que les médias exaltent sans cesse, est loin derrière eux, il y a de la beauté dans l'extraordinaire fidélité des couples qui s'aiment à l'automne de leur vie, ces petits vieux qui marchent main dans la main. Au-delà de l'apparence ou de l'esthétique en vogue, il y a de la beauté chez chaque homme et chaque femme qui vit avec amour sa vocation personnelle, dans le service désintéressé à la communauté, à la patrie ; dans le travail généreux pour le bonheur de la famille ; dans le dur labeur anonyme et désintéressé visant à restaurer la concorde sociale… Il y a de la beauté dans la création, dans l'infinie tendresse et miséricorde de Dieu, dans l'offrande de la vie liée au service par amour. Découvrir, montrer et mettre en valeur cette beauté, c'est jeter les bases d'une culture de la solidarité et de la concorde sociale, c'est nous rapprocher, devenir prochain.

Pour le communicateur, retisser les liens sociaux et amicaux aujourd'hui implique de sauver ce qui reste de la richesse culturelle et spirituelle de notre peuple, sauver et transmettre la mémoire et la beauté de nos héros, de nos grands personnages et de nos saints. Cette richesse est l'espace de la culture et des arts, espace fécond où la communauté se contemple et raconte son histoire de famille, où le sens d'appartenance se consolide à partir des valeurs incarnées et forgées par la mémoire collective. Ces espaces communautaires de loisir fécond, quasi sacré, sont bien souvent investis par les médias qui proposent des divertissements n'engendrant ni joie ni satisfaction véritables. La communication purement actuelle, dénuée de perspective historique, est aussi dénuée de tout sens du temps et ne peut par conséquent créer de l'espoir.

Vous êtes des communicateurs. C'est à vous de relever le défi de la « prochaineté », à vous de devenir prochain pour que – à travers cette communication de proximité – s'instaurent la vérité, la bonté et la beauté qui transcendent l'actualité et le spectacle et qui sèment, avec douceur, un peu plus d'humanité dans les cœurs.

Aux communicateurs de l'Association
des groupes de presses argentins (ADEPA),
avril 2006

Soyez dans la joie et l'allégresse, car votre récompense sera grande dans les cieux

« Voyant les foules, il gravit la montagne, et quand il fut assis, ses disciples s'approchèrent de lui. Et prenant la parole, il les enseignait en disant : "Heureux les pauvres en esprit, car le Royaume des Cieux est à eux. Heureux les affligés, car ils seront consolés. Heureux les doux, car ils posséderont la terre. Heureux les affamés et assoiffés de la justice, car ils seront rassasiés. Heureux les miséricordieux, car ils obtiendront miséricorde. Heureux les cœurs purs, car ils verront Dieu. Heureux les artisans de paix, car ils seront appelés fils de Dieu. Heureux les persécutés pour la justice, car le Royaume des Cieux est à eux. Heureux êtes-vous quand on vous insultera, qu'on vous persécutera, et qu'on dira faussement contre vous toute sorte d'infamie à cause de moi. Soyez dans la joie et l'allégresse, car votre récompense sera grande dans les cieux : c'est bien ainsi qu'on a persécuté les prophètes, vos devanciers" » (Matthieu 5, 1-12).

Dans ce jour d'action de grâces pour la patrie, nous écoutons le passage des Béatitudes qui nous parle de bonheur et de bénédiction, de l'horizon joyeux d'être. Jésus est le « Témoin véridique » de la joie d'être, car Il a donné sa vie pour la béatitude de tous, Il nous illumine et nous nourrit aujourd'hui de son programme. Le Seigneur a adressé les Béatitudes à tout le monde et, s'il est vrai qu'elles signalent avec clarté nos zones d'ombre et de péché, il n'est pas moins vrai qu'elles commencent par une bénédiction et se terminent par une promesse qui nous console. Dieu a réuni son peuple autour de la vérité, du bien et de la beauté que proclament les Béatitudes. J'espère que nous ne chercherons pas à les appliquer de manière critique envers les autres, mais que nous les recevrons tous intégralement, avec un cœur simple et ouvert, en permettant que la Parole nous réunisse une fois de plus, toujours dans l'espoir de construire la Nation qui nous revient. En ce jour de fête nationale, passer en revue ces Béatitudes et y réfléchir posément nous fera du bien, en nous demandant ce qu'elles signifient aujourd'hui pour chacun de nous, et non pour le voisin ou la personne d'en face. Parcourons les Béatitudes lentement, avec une sorte de « sage cadence », de sorte que leur message imprègne notre cœur.

Aujourd'hui, nous nous sentons tous, sans exception, appelés à nous confronter au témoignage qui émane du sentiment intime de Jésus. Nous sommes appelés à une vocation : construire le bonheur les uns des autres, voilà l'unique chose que nous emporterons de ce monde. Dans les Béatitudes, le Seigneur nous indique le chemin qui nous permet de trouver un bonheur plus authentiquement humain et divin. Dans ce but, il nous tend un miroir où nous regarder et savoir si nous empruntons le sentier de la sérénité, de la paix et du sens, qui seul nous permet de profiter de notre vie en commun. Par sa simplicité même, la Béatitude est un trajet exigeant et un miroir qui ne ment pas. Elle refuse la sensiblerie désengagée et le moralisme bon marché.

À l'occasion de la commémoration des Journées de mai, nous repensons à ces pères de la patrie qui, par leur geste, ont rêvé de béatitude pour nos peuples qui aspirent à la citoyenneté. À leur époque aussi, les illusions allaient bon train, et l'aspiration à des idéaux purs côtoyait les ambitions faciles, parfois obscures. Après tout, cela fait partie de l'histoire de tous les peuples, et notre intention aujourd'hui n'est pas de séparer le bon grain de l'ivraie, mais de fêter l'héritage qui est le nôtre, car en dépit des misères, nous avons tout de même un foyer. Notre désir de célébrer ne doit pas nous empêcher de nous demander si nous avons toujours pour vocation de réaliser nos rêves de béatitude, si notre condition de citoyens s'est dévaluée au point de devenir une pure formalité, ou si, au contraire, elle reste un appel profond à répandre la joie et la satisfaction de bâtir ensemble un foyer, notre patrie.

Le Seigneur commence par la joie que nous n'expérimentons que quand nous avons une âme de pauvre. Chez les personnes les plus humbles de notre peuple, nous retrouvons cette béatitude : la béatitude de ceux qui connaissent la richesse de la solidarité, la richesse du partage sans calcul, la richesse du sacrifice quotidien par le travail, parfois précaire et mal rémunéré, mais assuré par amour pour les siens, la richesse même des misères qui, endurées avec confiance dans la Providence et dans la Miséricorde de notre Dieu le Père, nourrissent chez notre peuple cette grandeur humble de savoir demander et accorder le pardon, renonçant à la haine et à la violence. Oui, la richesse des pauvres et des petites gens, dont la fragilité et la vulnérabilité déclarées ouvrent l'accès à l'aide, à la confiance, à l'amitié sincère qui relativise les distances. « Le royaume des Cieux », dit Jésus, est pour eux ; ce n'est qu'en imitant cette miséricorde de Dieu que l'on acquiert une grande âme capable d'embrasser et de comprendre, c'est-à-dire d'« obtenir », comme dit l'Évangile, la miséricorde.

Nous avons besoin de l'amitié sociale que cultivent les pauvres et les petits, celle qui ne satisfait que si on se donne entièrement aux autres.

Que Dieu nous délivre de la « malchance » d'une insatisfaction permanente, de la dissimulation du vide et de la misère intérieure derrière les oripeaux du pouvoir, de l'apparence et de l'argent. La pauvreté évangélique, en revanche, est créatrice, elle nous comprend, nous soutient et nous emplit d'espérance, elle rejette le « spectacle » qui ne parvient qu'à impressionner, elle n'a pas besoin de propagande pour montrer ce dont elle est capable, pas plus qu'elle n'a recours au rapport de force pour s'imposer. Son pouvoir et son autorité émanent d'un appel à la confiance et non à la manipulation, à l'intimidation ou à la domination.

Heureux aussi les cœurs qui « s'affligent ». Qui pleurent, déchirés entre le désir de cette plénitude et de cette paix qu'ils n'atteignent pas, qu'ils diffèrent, et un monde qui parie sur la mort. Heureux ceux que ce déchirement fait pleurer et qui, en pleurant, parient sur l'amour, même s'ils ne rencontrent que la douleur face à l'impossible ou à l'impuissance. Ces larmes transforment l'attente en travail en faveur de ceux qui sont dans le besoin, elles sèment la graine que d'autres générations récolteront. Ces larmes transforment l'attente en solidarité véritable et en engagement pour l'avenir.

Heureux donc ceux qui ne jouent pas avec le destin des autres, qui ont le courage de relever le défi de construire sans forcément être les premiers bénéficiaires des résultats, car ils n'ont pas peur du temps qui passe. Heureux ceux qui ne succombent pas à l'indolence de vivre l'instant sans se soucier dans quel but et au détriment de qui, mais qui, au contraire, cultivent toujours à long terme ce qui est noble, excellent, sage, car ils voient au-delà des acquis immédiats.

La « malchance » est précisément le contraire : ne pas accepter la douleur du temps, refuser le transitoire, se montrer incapable de s'accepter comme un membre de la communauté parmi d'autres, un de plus dans la longue chaîne d'efforts continus nécessaires à la construction d'une nation. Cette « malchance » est peut-être l'une des causes de tant de frustrations et d'échecs qui nous ont conduits à vivre aux aguets, dans l'incertitude permanente. À force de divisions et d'exclusions, à force de crises et d'urgences, les droits perdent du terrain, le système s'affaiblit et perd indirectement de sa légitimité. Le prix le plus fort est payé par les plus pauvres, tandis que les opportunistes et les profiteurs prospèrent.

Cette manière de parier sur le temps et non sur l'instant est précisément ce que Jésus préconise lorsqu'il parle de patience et de douceur. Heureux les patients, parce qu'ils recevront la terre en héritage.

Il convient de rappeler que n'est pas doux le lâche et l'indolent, mais celui qui n'a pas besoin d'imposer ses idées, ni de séduire ni de bercer les autres d'illusions, parce qu'il croit en la force d'attraction, à la longue irrésistible, de la noblesse. C'est pourquoi nos frères hébreux nommaient la vérité « fermeté » et « fidélité » : tout ce qui se tient et convainc par son évidence, tout ce qui perdure au fil du temps par sa cohérence. L'intempérance et la violence relèvent au contraire de l'immédiateté, sont conjoncturelles, découlent du manque de confiance en soi. Heureux donc le doux, celui qui demeure fidèle à la vérité, qui reconnaît les contradictions et les ambiguïtés, les douleurs et les échecs, non pour en faire son fonds de commerce, mais pour en tirer profit en termes de force morale et de constance.

Malheureux celui qui ne vit pas docilement dans la vérité, celui qui ignore ce qu'il croit, l'ambigu, celui qui préserve à tout prix son espace et son image, son petit monde d'ambitions. Celui-là verra tôt ou tard ses peurs se transformer en violence, en toute-puissance et en improvisation irresponsable. Malheureux le vindicatif et le rancunier, celui qui cherche des ennemis et des coupables en dehors de lui, pour ne pas avoir à affronter son amertume et son ressentiment propres. Celui-là, le temps le pervertira, érigeant ces sentiments en pseudo-identité, si ce n'est en fonds de commerce.

Combien de fois nous autres Argentins sommes-nous tombés dans la « malchance » faute d'avoir su conserver notre docilité ? Nous sommes tombés dans la « malchance » du favoritisme, de l'exclusion de ceux que nous considérons comme nos adversaires, de la diffamation et de la calomnie, transformant notre espace public en lieu de confrontation et d'affrontement. Autant d'attitudes malheureuses qui nous enferment dans le cercle vicieux d'un conflit sans fin. Ces caprices et ces emportements faciles, cette goinfrerie dans les affaires, cette idée que l'astuce peut tout résoudre ne nous ont-ils pas surtout apporté du retard social et de la misère ? Ces réactions ne sont-elles pas le reflet de notre insécurité arrogante et de notre immaturité ?

Nous serons heureux, en revanche, si nous répondons à l'appel de la force transformatrice de l'amitié sociale, celle que notre peuple a cultivée avec bien d'autres groupes et cultures qui ont peuplé et peuplent encore notre pays. Un peuple qui parie sur le temps et connaît la douceur du travail, le talent créatif et la recherche, la fête et la solidarité spontanée, un peuple qui a su gagner ou « hériter la terre » où il vit.

Tel est le véritable travail pour la paix, comme dit une autre des Béatitudes, l'attitude qui inclut et réjouit, qui invite à vivre et à partager avec les étrangers ou avec les adversaires, qui nous porte à penser d'autrui : celui-là doit être « fils de Dieu », fils du Très-Haut par sa foi et fils de cette terre par sa culture. La paix commence à se consolider quand nous regardons l'autre comme fils de Dieu, comme fils de la patrie. C'est pourquoi nous disons : heureux nos aînés qui ont travaillé pour la paix de nos peuples et se sont laissé pacifier par la loi, cette loi que nous avons érigée en système de vie et que nous devons placer très haut dans nos cœurs.

Pauvre celui qui se moque de la loi grâce à laquelle nous subsistons en tant que société ! Aveugle et malheureux au fond de sa conscience, celui qui bafoue ce qui forge sa dignité. Même s'il semble bien « vivant » et se vante de ses jouissances éphémères, quelle misère ! L'anomie est une « malchance » : cette tentation de « laisser faire », de « laisser passer », cette négligence de la loi qui parfois met notre vie en danger, cette manière de vivre sans respecter les règles qui nous protègent, cet univers où seul le filou et le corrompu survivent et qui nous plonge dans un abîme d'ombre et de méfiance généralisée. Quelle joie on ressent, en revanche, quand la justice règne, quand nous savons que la loi n'est pas détournée, que la justice n'est pas réservée à un groupe de sympathisants, à ceux qui savent négocier ou taper du poing sur la table. Quelle joie quand nous sentons que notre patrie n'est pas réservée à quelques-uns ! Les peuples que généralement nous admirons pour leur culture sont ceux qui perpétuent leurs lois et leurs principes, ceux qui tiennent leur *ethos* pour sacré, malgré la flexibilité dont ils doivent faire preuve pour faire face aux temps qui changent et aux pressions des autres peuples et autres pôles de pouvoir.

Comme nous sommes malheureux, en revanche, lorsque nous faisons un mauvais usage de la liberté que la loi nous accorde en faisant fi de nos croyances et convictions les plus profondes, quand nous méprisons et ignorons les grands personnages de notre histoire ou l'héritage de notre passé, quand nous renions Dieu, oubliant que nous le reconnaissons dans notre Grande Charte comme « source de toute raison et justice ».

Le respect réfléchi de la loi est en revanche le propre des sages, des humbles, des sensés, des prudents qui savent que la réalité se transforme à partir de la loi et avec elle, en rassemblant, en planifiant, et non en inventant des conflits ni en proposant des sauts dans le vide à partir d'équivoques avant-gardismes.

Voilà le chemin des justes, celui qu'empruntent ceux qui ont faim et soif de justice et qui « en seront rassasiés », comme nous dit l'Évangile. Heureux celui qui cultive l'aspiration à cette justice que nous poursuivons continuellement au cours de notre histoire, aspiration qui ne sera peut-être jamais entièrement satisfaite, mais qui nous fait nous sentir meilleurs. La justice stimule et récompense celui qui prend des risques et s'échine à la défendre, elle donne une chance à celui qui fournit des efforts authentiques et solides.

Heureux celui qui pratique la justice en distribuant les biens en fonction de la dignité des personnes et des besoins que cette dignité engendre, en privilégiant les plus démunis et non les plus proches ; heureux celui qui a faim et soif d'une justice qui met de l'ordre et pacifie, car il pose des limites aux erreurs et aux fautes au lieu de les justifier, conteste l'abus et la corruption au lieu de les occulter ou de les couvrir, car il aide à résoudre les problèmes au lieu de s'en laver les mains ou de tirer sur l'ambulance. Heureux ceux qui, soucieux de justice, ont l'estomac noué en voyant des millions de personnes dans la misère à travers le monde.

Malheureux, en revanche, si nous restons indifférents en voyant comment dans les rues, à l'entrée même des écoles, on vend de la drogue, détruisant des générations entières de jeunes qui deviennent une proie facile pour les trafiquants ou les manipulateurs influents. Nous en serons malheureux, car la dérive de la culture vers la superficialité et le tapage marketing (manifestations de mépris envers l'expérience spirituelle qui contribuent à étendre le vide) se paie au prix fort, tout comme les mensonges et la séduction démagogique visant à nous transformer en simples clients ou consommateurs. Ouvrons les yeux, celui qui vit enchaîné est moins esclave que celui qui ne réfléchit pas et n'a aucune conviction. Le seul fait de voter ne fait pas de nous des citoyens, encore faut-il avoir la vocation et le désir de construire une Nation solidaire.

Heureux donc ceux qui ont le cœur pur et n'hésitent pas à parier sur leurs idéaux, car ils aiment la pureté de leurs convictions vécues et transmises avec ardeur, sans attendre les applaudissements, le verdict des enquêtes d'opinion ni l'occasion favorable d'une promotion. Ils ne modifient par leurs discours pour tenter de plaire aux puissants ni ne s'évertuent de les critiquer pour gagner l'éphémère approbation des foules. Heureux ceux qui, ayant le cœur pur, informent, pensent et donnent à penser sur des questions fondamentales au lieu d'essayer de nous distraire avec des faits secondaires et banals. Heureux ceux qui ne vendent pas leur parole ni leur silence aux puissants, ni ne se plient à leurs diktats.

Heureux les jeunes au cœur pur qui risquent tout pour leurs nobles idéaux, sans se laisser gagner par la désillusion face aux mensonges ni par l'absurde immaturité de bien des adultes. Ceux qui osent l'engagement plus pur d'un amour qui les ancre dans le temps, qui renforce leur intégrité et les attache à un projet. Ceux qui ne se laissent pas disperser par les trouvailles, les propositions faciles ou les passe-temps. Heureux s'ils se rebellent pour changer le monde et arrêtent de somnoler dans l'inertie de l'« à quoi bon ». La béatitude est un pari difficile, ponctué de renoncements, d'écoute, d'apprentissage, de récoltes tardives, mais il nous offre en échange une paix incomparable. Heureux si nous suivons l'exemple de ceux qui tentent de vivre avec cohérence, même s'ils ne sont pas médiatiques.

La pureté d'un cœur qui aime ses convictions peut susciter rejet et persécution. Jésus a essuyé notre refus stupide chaque fois qu'Il a remué notre méchanceté la plus profonde et la plus hypocritement déguisée. Cependant, là aussi Il nous appelle à être heureux, comme les « persécutés pour cause de justice » qui, pour Lui et ses compatriotes, était la cause de Dieu et de son Royaume. Il nous demande d'être heureux même quand nos convictions, pourtant cohérentes, s'exposent non seulement au refus, mais aussi aux calomnies, aux insultes et à la persécution.

Bien sûr, il ne s'agit pas de faire comme le téméraire qui a besoin de la rébellion ou de la séduction de la mort pour exister, ni d'élever des plaintes et des protestations ou de provoquer des scissions pour en tirer un bénéfice personnel. Jésus ne bénit pas non plus la lâche rigidité de l'arrogant qui brandit la vérité pour ne pas se risquer à la miséricorde.

Cette cause ne repose pas sur des idéalisations douteuses, mais sur l'amour : on est persécuté pour Lui, pour Sa personne, pour la vie qu'Il transmet et donc pour la lutte en faveur de tout être humain et de ses droits. C'est un combat pour tout bien et toute vérité qui visent la plénitude, pour le désir d'être frères sur cette terre, c'est-à-dire pour l'acceptation des différences dans l'égalité.

Nous serons heureux si nous sommes poursuivis pour vouloir une patrie où la réconciliation nous permet de vivre, travailler et préparer un avenir digne à ceux qui viendront après nous. Heureux si nous nous opposons à la haine et à l'affrontement permanent, parce que nous ne voulons pas le chaos et le désordre qui font de nous les otages des empires. Nous serons heureux si nous défendons la vérité à laquelle nous croyons, même si les mercenaires de la propagande et de la désinformation nous calomnient.

Jésus lui-même a souffert toutes sortes d'injures et d'inventions malveillantes, il a vu les factions rivales se lier contre Lui, Il a entendu les faux témoignages des désinformateurs, Il a eu des défenseurs imprudents qui ont fait preuve de rigidité et ont fini par se confronter à la réalité de leur propre lâcheté. Il a connu la trahison de ceux qui Le caressaient de la main gauche et empochaient des deniers de la droite.

Nous serons heureux, chers frères, si nous construisons un pays où le bien public et l'initiative communautaire ne s'opposent ni ne s'excluent, un pays où chacun comprend que la sociabilité et la réciprocité sont la seule manière de survivre et, grâce à Dieu, de grandir devant la menace de la dissolution.

Nul ne peut grandir sans assumer sa petitesse. L'invitation des Béatitudes est un appel qui s'ancre dans la réalité de ce que nous sommes, nous emplit d'enthousiasme, gomme les discordes, nous engage sur un chemin, celui de l'esprit, où grandir est possible. Quand l'esprit est prêt, tout le reste arrive par surcroît.

Osons donc, l'esprit vaillant et plein de courage, malgré toutes nos misères et nos limitations, et demandons à Dieu qu'Il nous accompagne et nous renforce dans la recherche des Béatitudes pour tous les Argentins.

Te Deum, 2006

« La grâce de nous sentir écoutés »

La lecture de l'Exode nous dit quelque chose de très simple et beau à la fois : Dieu nous écoute. Dieu, notre Père, écoute la clameur de son peuple. La clameur silencieuse de la file interminable qui passe devant saint Gaétan. Notre père du Ciel écoute la rumeur de nos pas, la prière que nous murmurons dans notre cœur à mesure que nous approchons.

Notre Père écoute les sentiments qui nous ébranlent lorsque nous nous souvenons de nos êtres chers, lorsque nous voyons la foi des autres et leurs besoins, lorsque nous nous souvenons des beaux moments et des choses tristes qui nous sont arrivés cette année… Dieu nous écoute.

Il n'est pas comme ces idoles qui ont des oreilles mais n'entendent point, ni comme les puissants qui entendent seulement ce qui les arrange. Il écoute tout. Aussi bien les plaintes que les colères de ses enfants. Il ne se contente pas d'écouter, Il aime écouter. Il aime être attentif, bien entendre, entendre tout ce qui se passe.

C'est pourquoi Jésus nous dit : « Le Père sait parfaitement ce dont nous avons besoin » et il n'est pas nécessaire de lui parler beaucoup. Le Notre Père suffit, car il écoute jusqu'à nos pensées les plus intimes. L'Évangile dit que, sans le Père, pas un oiseau ne tombe à terre. Il se pourrait aussi qu'il ajoute : « sans que le Père ne l'entende tomber ».

Aujourd'hui, nous demandons deux grâces : la grâce de « nous sentir écoutés » et la grâce d'« être prêts à l'écoute ». Avec Jésus et saint Gaétan, nous voulons apprendre à écouter et à aider nos frères. C'est la devise que nous emporterons dans nos cœurs.

Écoutons à présent, attentivement, comment nous parle notre Dieu dans les Saintes Écritures :

« Et il dit : "Je suis le Dieu de ton père […] j'ai vu la misère de mon peuple qui est en Égypte. J'ai entendu son cri devant ses oppresseurs ; oui, je connais ses angoisses" » (Exode 3, 6-7). Notre Père écoute nos cris de douleur, mais tout particulièrement les cris soulevés par l'injustice, par les contremaîtres des Pharaons de ce monde, dit-il. Il y a toutes sortes de douleurs. Celles du salaire retenu et du chômage sont de ces douleurs qui élèvent leur cri au ciel. L'Apôtre Jacques le dit : « Voyez : le salaire dont vous avez frustré les ouvriers qui ont fauché vos champs, crie, et les clameurs des moissonneurs sont parvenues aux oreilles du Seigneur des Armées » (Jacques 5, 4). Les douleurs qui s'accompagnent d'injustice s'élèvent au ciel, car ce sont des douleurs qu'on peut éviter en étant juste, en privilégiant les plus nécessiteux, en créant des emplois, en s'abstenant de voler, de mentir, de faire payer plus, de faire du profit...

Dans l'Évangile du Jugement dernier, il est aussi question d'écoute. Jésus sépare les brebis des boucs et dit aux petites brebis : « Venez, les bénis de mon Père, recevez en héritage le Royaume qui vous a été préparé depuis la fondation du monde. Car j'ai eu faim et vous m'avez donné à manger... » Les justes lui demandent : « Seigneur, quand nous est-il arrivé de te voir affamé ? » Et le Seigneur répond : « Dans la mesure où vous l'avez fait à l'un de ces plus petits de mes frères, c'est à moi que vous l'avez fait. »

La parabole du Jugement dernier, c'est la manière dont Jésus nous apprend que Dieu, attentif à toute l'histoire de l'humanité, a écouté chaque fois qu'un pauvre homme demandait quelque chose. Chaque fois que l'un de ses enfants – même dans un murmure, comme les personnes modestes qu'on entend à peine – lui a demandé de l'aide, il l'a écouté. Ce qu'il va juger en nous, les hommes, c'est si nous avons été attentifs en même temps que lui, si nous lui avons demandé la permission d'écouter avec son oreille, pour bien savoir ce qui arrive à nos frères et pouvoir les aider. Ou si, au contraire, nous avons fait la sourde oreille, si nous avons mis nos écouteurs, histoire de n'entendre personne. Il écoute tout le monde et, quand Il trouve des gens qui ont une oreille attentive comme la sienne et qui répondent bien, ces gens-là, il les bénit et leur offre le Royaume des cieux.

L'écoute est une grâce immense, et aujourd'hui nous la demandons à saint Gaétan pour notre peuple, pour nous tous : faites que nous sachions écouter, car pour aider quelqu'un, il faut d'abord l'écouter, savoir ce qu'il lui arrive, ce dont il a besoin. Il ne suffit pas de voir, car les apparences sont parfois trompeuses. Savoir écouter est une grâce immense. Notons que notre Père du Ciel nous recommande une seule chose, que « nous écoutions Jésus, son Fils ». Le Fils est l'espérance du Père : « Vous écouterez mon Fils. » – Et Jésus nous rappelle que quand nous écoutons nos plus petits frères, nous l'écoutons Lui.

Comment est-il possible que certains disent que Dieu ne parle pas, qu'on ne comprend pas bien ce qu'il veut dire ? Ce sont sûrement des gens qui n'écoutent pas les pauvres, les petits, ceux qui sont dans le besoin… Des personnes qui écoutent seulement les voix tapageuses de la propagande et des statistiques et n'ont pas d'oreilles pour écouter ce que disent les gens simples.

Écouter, ce n'est pas simplement entendre. Écouter, c'est servir, vouloir comprendre, apprécier, respecter, garder la proposition de l'autre… Il faut se donner les moyens de bien écouter, pour que tout le monde puisse parler, pour prendre en compte ce que chacun veut dire.

La neuvaine de saint Gaétan est un exemple d'écoute. Tout au long de l'année, on travaille à demander aux gens ce qu'ils veulent le plus vivement pour les mois à venir, de quoi ils ont besoin. On prie et on analyse toutes les demandes. Ainsi établit-on la devise de la neuvaine.

D'une certaine manière, ce saint est une oreille singulière de notre Père pour une demande singulière de notre peuple. Les saints sont comme les oreilles de Dieu, une pour chaque besoin de son peuple. En ce sens, nous aussi pouvons être des saints en devenant les oreilles de Dieu dans notre famille, dans notre quartier, dans le lieu où nous évoluons ou travaillons. Nous pouvons être une personne qui écoute ce dont les gens ont besoin, mais pas seulement pour nous en affliger ou pour le raconter à quelqu'un d'autre, plutôt pour rassembler toutes ces plaintes et les transmettre au Seigneur. Beaucoup le font déjà en déposant de petits bouts de papier et des vœux aux pieds du saint. En plus de son propre vœu, chacun apporte celui de quelqu'un qui n'a pas pu se déplacer. C'est cette écoute que saint Gaétan nous enseigne et que nous apprenons : être prêt à écouter comme écoute le saint, comme écoute notre Dieu le Père. Écouter pour ainsi pouvoir aider : en intercédant et en tendant la main.

Que la Vierge notre Mère, qui est la préférée de Dieu et de son peuple par sa capacité à écouter et à transmettre de bonnes nouvelles, reçoive nos prières et nous accorde la grâce de savoir nous écouter.

Homélie, fête de saint Gaétan,
7 août 2006

« Dignité et plénitude de vie » (Exode 37, 1-14 ; Jean 21, 4-14)

Nous demandons à Gaétan, en tant que famille, la paix, la reconnaissance de notre dignité et de notre travail… Au cœur de la devise de cette année trône le mot « dignité ». Nous le prononçons avec vénération et respect parce que c'est un beau mot dont la valeur est absolue. Les os secs que Dieu fait revivre par son esprit sont une belle image de la dignité ; et quand nous reconnaissons notre propre dignité, c'est comme si nous renaissions. Il suffit de reconnaître la dignité de quelqu'un qui a chuté pour qu'il se relève. Jésus faisait cela avec chacun et tout particulièrement avec les pécheurs et les exclus, il les regardait de telle sorte qu'ils se sentaient reconnus dans leur dignité, guérissaient et se transformaient en disciples. Comme eux :

« Nous autres, chrétiens, avons besoin de recommencer depuis le Christ, depuis la contemplation de ceux qui nous ont révélé dans son mystère la plénitude de l'accomplissement de la vocation humaine et de son sens. Nous avons besoin de devenir des disciples dociles pour apprendre de Lui, dans son sillage, la dignité et la plénitude de la vie » (Discours d'*Aparecida* 41).

Si un homme ou un peuple soigne et cultive sa dignité, tout ce qui arrive, se fait et se produit, toute sa souffrance et ses difficultés prennent un sens. En revanche, quand une personne ou un peuple vend sa dignité, la négocie ou permet qu'elle soit bafouée, tout perd consistance et cesse d'avoir de la valeur. La dignité de quelqu'un ou de quelque chose a un sens absolu, car elle suppose que ce quelqu'un ou ce quelque chose a une valeur en soi, au-delà de leurs fonctions ou de leurs utilités. De là que nous parlions de la dignité de quelqu'un a quelque chose de la personne, de chaque personne, indépendamment du fait que sa vie physique commence ou s'achève. Dès lors, nous parlons de la dignité de la personne dans toutes les étapes et dimensions de sa vie. Plus ses conditions de vie sont fragiles et vulnérables, plus on doit reconnaître la valeur d'une personne. Elle doit être aidée, aimée, protégée et promue dans sa dignité. Cela ne se discute pas.

La dignité d'avoir une valeur absolue en tant que personne, c'est Dieu qui nous l'a donnée avec la vie même. C'est pourquoi nous ne lui demandons jamais de la dignité – le Sang du Christ nous l'a déjà donnée –, au contraire, nous « bénissons Dieu car il nous a créés à son image et à sa ressemblance » et nous a faits fils de son Fils. Nous lui demandons que ce Don devienne un devoir, celui de « protéger, cultiver et promouvoir la dignité que notre Père nous a donnée » (cf. Discours *Aparecida* 104).

La dignité de la personne, c'est la même chose que sa vie pleine : c'est pourquoi nous la sentons si intimement liée à la famille, à la paix et au travail.

La famille est la condition nécessaire pour qu'une personne reconnaisse et admire sa dignité. À notre naissance, nous avons été accueillis par notre famille, elle nous a acceptés et appréciés pour ce que nous étions, dans la famille on nous aime comme nous sommes, notre bonheur et notre vocation personnelle ont une valeur en soi, au-delà de toute considération. Sans la famille, qui reconnaît la dignité de la personne pour elle-même, dans les situations limites, la société « ne perçoit pas » cette valeur. Seuls une mère et un père peuvent dire avec joie, avec orgueil et responsabilité : nous avons conçu un enfant, nous serons des parents. La science regarde cela de l'extérieur et élabore des théories sur la personne qui ne partent pas de son centre, de sa dignité. Le regard chrétien, en revanche, regarde au cœur des choses.

La paix aussi contribue à la dignité ; car elle part du principe que l'unité prime sur le conflit. Préserver la paix pour soi et pour les autres dans des situations tendues et conflictuelles signifie parier sur les gens au-delà des situations et des choses. Seul celui qui reconnaît l'infinie dignité de l'autre est capable de donner la vie au lieu de la prendre. C'est l'évangile de Jésus, la bonne nouvelle de la dignité humaine. Nous sommes si précieux aux yeux de Dieu qu'il est allé jusqu'à nous envoyer son Fils pour qu'il donne sa vie en échange de la nôtre. C'est pourquoi nous bénissons Dieu :

« Nous le bénissons pour faire de nous ses filles et ses fils dans le Christ, pour avoir racheté nos péchés avec son sang et pour la relation permanente qu'il entretient avec nous, là est la source de notre dignité absolue, non négociable et inviolable. Si le péché a dégradé l'image de Dieu dans l'homme et a blessé sa condition, la bonne nouvelle qu'est le Christ l'a rachetée et rétablie dans la grâce » (cf. Romains 5, 12-21) (*Aparecida* 104).

Le travail, ainsi que l'affirme Jean-Paul II, « garantit la dignité et la liberté de l'homme », et pour cette raison il est « la clé essentielle de toute question sociale » (*Laborem exercens* 3). Le travail est ce qui nous permet de nous épanouir en tant que personnes et de gagner notre vie pour pouvoir rester dignes et subvenir aux besoins de notre famille. Quand une société fonde le partage des biens non sur le travail, mais sur l'aumône ou sur les privilèges, la dignité perd son sens et la distribution des biens devient très vite injuste, les gens se transforment alors en esclaves ou en clients.

L'évangile que nous venons d'entendre est une scène de travail entre Jésus et les apôtres. Cette apparition du Seigneur ressuscité a bien lieu dans un cadre de travail. En se rendant présent et en collaborant avec ses amis, en partageant avec eux la pêche et le pain, le Seigneur restitue sa dignité, sans le dire, au monde du travail.

La scène est réconfortante. Elle nous parle d'un groupe d'amis qui, ayant expérimenté la plus haute dignité à laquelle peut aspirer un être humain – être disciples du Christ, le véritable chemin qui nous conduit à la vie –, retournent au monde quotidien du travail dans le lac de Tibériade que le Seigneur a traversé avec eux à bord de leurs barques et où Il les a appelés.

L'évangile nous parle aussi de la fatigue du travail, de la sueur et des contrariétés quand les efforts semblent stériles, il nous parle de la camaraderie qui se forge dans les moments difficiles.

L'intuition qui les pousse à suivre cette voix amie qui leur dit où jeter les filets et ce regard qui sait reconnaître la valeur du Seigneur et combien il est digne d'amour inconditionnel nous apprennent aussi que, par-dessus tout, c'est la personne de Jésus qui les motive et les réunit. Aussi bien dans le travail que dans le repas fraternel où ils savourent les fruits de cette pêche miraculeuse, les yeux des disciples sont fixés sur Jésus, « le Christ, Seigneur de la vie, dans lequel se réalise la plus haute dignité de notre vocation humaine » (Discours *Aparecida* 43).

Dans l'image de saint Gaétan, dans le regard qu'échangent l'Enfant et le saint, nous voyons exprimées les valeurs sur lesquelles nous avons réfléchi aujourd'hui : l'affection de la famille, l'épi entre les mains de l'Enfant, fruit de son travail, la paix de l'amour que tous deux éprouvent. En tant que peuple fidèle de Dieu, nous nous sentons représentés dans cette image bénie. Nous aussi, comme notre Saint Patron, nous voulons serrer Jésus dans nos bras, nous voulons le reconnaître et être reconnus par lui, nous voulons qu'il porte entre ses mains un épi, le fruit de nos travaux. Dans ce but, nous demandons à notre Mère qu'elle nous apprenne et nous aide à bien le tenir, à ne pas le lâcher. À Elle, qui « nous a rendus plus conscients de notre commune condition d'enfants de Dieu et de notre commune dignité, malgré nos différences » (Discours *Aparecida* 37), nous demandons qu'avec saint Gaétan, en tant que famille, elle nous concède, par le biais de son Fils, la paix et la reconnaissance de notre dignité et de notre travail.

Homélie, fête de saint Gaétan, 7 août 2007

Quand nous prions, nous luttons pour notre peuple

Les lectures de ce dimanche (Genèse 18, 20-32 ; Colossiens 2, 12-14 ; Luc 11, 1-13) m'ont incité à vous écrire cette lettre. J'ignore pourquoi ce fort besoin s'est fait sentir en moi. Ce fut d'abord une question : Est-ce que je prie ? qui s'est ensuite élargie : Nous autres prêtres, religieux et religieuses de l'Archidiocèse, prions-nous ? Prions-nous suffisamment ? J'ai dû répondre à partir de ma propre expérience. En vous faisant part aujourd'hui de ma question, mon souhait est que chacun de vous puisse y répondre en sondant son propre cœur.

Le nombre et la nature des problèmes auxquels nous sommes confrontés quotidiennement nous poussent à l'action : apporter des solutions, ouvrir des voies, construire... Cela occupe une bonne partie de nos journées. Nous sommes des travailleurs, des ouvriers du Royaume et, le soir venu, nous sommes rompus de fatigue à cause de l'activité déployée. Nous pouvons affirmer en toute objectivité que nous ne sommes pas des tire-au-flanc. On travaille énormément, à l'archidiocèse. La kyrielle de sollicitations, l'avalanche de services urgents que nous rendons nous épuisent, et ainsi s'égraine notre vie au service du Seigneur dans l'Église. D'autre part, nous subissons aussi le poids, doublé parfois d'angoisse, d'une civilisation païenne qui proclame ses principes et ses prétendues « valeurs » avec une outrecuidance et une assurance telles que, par moments, nos convictions vacillent, notre constance apostolique chancelle et même notre foi réelle et concrète dans le Seigneur vivant et agissant au milieu de l'histoire des hommes et de l'Église. Il nous arrive d'être en piteux état à la fin de la journée et, sans nous en apercevoir, un certain pessimisme diffus s'insinue dans notre cœur qui nous pousse à nous retrancher dans nos quartiers, nous oignant d'une psychologie de perdants qui nous réduit à un repli défensif. Notre âme se rabougrit et la pusillanimité nous guette.

Entre l'intense et épuisant travail apostolique d'un côté et la culture agressivement païenne de l'autre, notre cœur se contracte sous l'effet d'une impuissance pratique qui nous conduit à une attitude minimaliste de survie pour préserver notre foi. Pourtant, nous ne sommes pas dupes et nous nous rendons bien compte que notre vision est incomplète, que l'horizon s'est rétréci au point de nous barricader et que quelque chose cloche, empêchant notre agressivité apostolique de s'exercer dans la proclamation du Royaume. Serait-ce que nous prétendons tout faire par nos propres moyens et nous sentons vaguement responsables des solutions à apporter ? Or nous savons que tout seuls, nous n'y arriverons pas. La question est donc : accordons-nous suffisamment de place au Seigneur ? Au cours de ma journée, lui laissé-je le temps d'agir ? Ou bien suis-je si occupé à vouloir tout faire que j'en oublie de Le faire entrer ?

J'imagine que le pauvre Abraham a eu très peur quand Dieu lui a dit qu'il comptait détruire Sodome. Il a sans doute pensé aux parents qui habitaient là-bas, mais il ne s'est pas arrêté là : n'avait-il pas la possibilité de sauver ces gens ? Le marchandage a alors commencé. Malgré la terreur sacrée que lui inspirait la présence de Dieu, Abraham s'est senti responsable. Cela s'est imposé à lui. Il ne s'est pas contenté de demander, il a senti qu'il devait intercéder pour sauver la situation, qu'il devait se battre contre Dieu, engager un bras de fer. Au-delà de ses seuls parents, il s'est soucié de tout le peuple… et il s'est impliqué totalement dans cette intercession, dans ce face-à-face avec Dieu. Il aurait pu avoir la conscience tranquille après sa première tentative et jouir pleinement de la promesse d'enfant que Dieu venait de lui faire (Genèse 18, 10), mais il n'a pas lâché l'affaire. Peut-être percevait-il inconsciemment ce peuple pécheur comme son propre enfant, je ne sais pas, mais il a décidé en tout cas de défendre sa cause. Son intercession était courageuse, car elle risquait d'irriter le Seigneur. C'est le courage propre à toute véritable intercession.

J'ai parlé à plusieurs reprises de la *parrhèsia*, du courage et de la ferveur dans notre action apostolique. On doit adopter la même attitude dans la prière, il faut prier avec *parrhèsia*, ne pas se contenter de demander une seule fois ; l'intercession chrétienne appuie avec toute son insistance, jusqu'à la limite. Ainsi priait David quand il demandait du secours pour son fils moribond (2 Samuel 12, 15-18), ainsi pria Moïse pour son peuple rebelle (Exode 32, 11-14 ; Nombres 4, 10-19 ; Deutéronome 9, 18-20), dédaignant son confort, son intérêt personnels et la possibilité de devenir le chef d'une grande nation (Exode 32, 10). Moïse n'a pas changé de « camp », il n'a pas trahi son peuple, au contraire, il s'est battu pour lui jusqu'au bout. Notre conscience d'être élus par le Seigneur pour la consécration ou le ministère doit nous garder de toute indifférence, confort ou intérêt personnel dans la lutte en faveur de ce peuple dont nous sommes issus et que nous devons servir. Comme Abraham, nous devons négocier son salut avec Dieu en faisant preuve de courage… et cela fatigue comme se fatiguaient les bras de Moïse quand il priait au milieu de la bataille (cf. Exode 17, 11-12). L'intercession n'est pas pour les paresseux. Nous ne prions pas pour nous acquitter d'un « devoir » et être en paix avec notre conscience ou pour jouir d'une harmonie intérieure purement esthétique. Quand nous prions, nous luttons pour notre peuple. Est-ce bien ainsi que je prie ? Ou bien, trop fatigué, las, préféré-je ne pas me compliquer la vie et couler des jours paisibles ? Suis-je comme Abraham dans le courage de l'intercession ou bien aussi mesquin que Jonas qui se plaignait du ricin et non des hommes et des femmes qui « ne distinguent pas leur droite de leur gauche » (Jonas 4, 11), victimes d'une culture païenne ?

Dans l'Évangile, Jésus est clair : « Demandez et l'on vous donnera ; cherchez et vous trouverez ; frappez et l'on vous ouvrira » et, afin que nous comprenions bien, il cite l'exemple de cet homme qui frappe à la porte de son voisin à minuit pour lui demander trois pains, au risque de passer pour un mal élevé : son seul souci était de se procurer de la nourriture pour son hôte. Et puisqu'il est question d'opportunité, souvenons-nous de cette femme cananéenne (Matthieu 15, 21-28) qui prend le risque d'être chassée par les disciples (v. 23) et traitée de « chienne » (v. 27) pourvu d'obtenir ce qu'elle veut : la guérison de sa fille. Cette femme savait très bien se battre avec courage dans la prière.

À cette constance et insistance dans la prière, le Seigneur promet le succès certain : « Car quiconque demande reçoit ; qui cherche trouve ; et à qui frappe on ouvrira. » Puis Il nous explique la raison du succès : Dieu est le Père. « Quel est d'entre vous le père auquel son fils demandera un poisson, et qui, à la place du poisson, lui remettra un serpent ? Ou encore s'il demande un œuf, lui remettra-t-il un scorpion ? Si donc vous, qui êtes mauvais, vous savez donner de bonnes choses à vos enfants, combien plus le Père du ciel donnera-t-il l'Esprit-Saint à ceux qui l'en prient ! » (Luc 11, 11-13). La récompense du Seigneur à la confiance et à la constance dans notre prière va bien au-delà de ce que nous imaginons : en plus de ce que nous avons demandé, Il nous donnera l'Esprit-Saint. Quand Jésus nous exhorte à prier avec insistance, Il nous propulse au cœur même de la Trinité et, à travers sa sainte humanité, Il nous conduit au père et nous promet l'Esprit-Saint.

Je reviens à l'image d'Abraham et à la ville qu'il voulait sauver. Nous sommes tous conscients de la dimension païenne de la culture où nous vivons et de sa vision du monde qui affaiblit nos certitudes et notre foi. Jour après jour, nous sommes témoins de la tentative des pouvoirs de ce monde de bannir le Dieu Vivant et de le remplacer par les idoles du moment. Nous voyons comment à l'abondance de vie que nous offre le Père de la création et Jésus-Christ dans la rédemption (cf. 2e lecture) est substituée la bien nommée « culture de la mort ». Nous constatons également comment on distord et on manipule l'image de l'Église par la désinformation, la diffamation et la calomnie et comment les péchés et les erreurs de ses enfants sont amplement diffusés dans les médias comme une preuve de son déclin. Pour les médias, la sainteté n'est pas une nouvelle, le scandale et le péché, en revanche, en sont une. Qui peut se battre d'égal à égal contre ces pouvoirs ? L'un de nous peut-il imaginer qu'avec des moyens purement humains, avec l'armure de Saül, il pourra parvenir à leur faire face ? (cf. 1 Samuel 17, 38-39).

Attention : nous ne nous battons pas contre des pouvoirs humains, mais contre le pouvoir des ténèbres. (cf. Éphésiens 6, 12) Comme il est arrivé à Jésus (cf. Matthieu 4, 1-11), Satan cherchera à nous séduire, à nous déstabiliser, à nous proposer des « alternatives viables ». Nous ne devons pas nous montrer trop confiants ni suffisants. Certes, nous devons dialoguer avec tout un chacun, mais il n'est pas de dialogue possible avec la tentation. Nos seuls recours sont la force de la Parole de Dieu comme le Seigneur dans le désert et la mendicité de la prière : celle de l'enfant, du pauvre et du simple, de celui qui, se sachant fils, sollicite le secours du Père ; la prière de l'humble, du pauvre sans ressources. Les humbles n'ont rien à perdre. Plus encore : le chemin leur est révélé (Matthieu 11, 25-26). Il est bon de nous rappeler que les temps ne sont pas à l'inventaire, au triomphe et à la récolte, que dans notre culture l'ennemi a semé la zizanie près du blé du Seigneur et que tous deux poussent ensemble. Nous ne devons pas nous habituer à cet état de fait, bien au contraire, il est temps de nous baisser et de ramasser cinq pierres pour la fronde de David (cf. 1 Samuel 17, 40). Il est temps de prier.

D'aucuns penseront que cet évêque est devenu apocalyptique ou qu'il a été pris d'une crise de manichéisme. J'accepterais volontiers la référence à l'Apocalypse, puisque c'est le livre de la vie quotidienne de l'Église et qu'en chacune de nos attitudes se profile une eschatologie. Je refuse, en revanche, qu'on me taxe de manichéisme, car je reste persuadé que notre rôle n'est pas de séparer le bon grain de l'ivraie (c'est la tâche des anges le jour de la récolte), mais de les distinguer, de ne pas les confondre et de pouvoir ainsi protéger le blé. Je pense à Marie : comment vivrait-elle les contradictions quotidiennes, comment prierait-elle aujourd'hui ? Que se passait-il dans son cœur quand elle retournait à Ain Karim et que les signes de sa maternité sautaient aux yeux ? Que comptait-elle dire à Joseph ? Comment parlerait-elle à Dieu au cours du voyage de Nazareth à Bethléem ou de la fuite en Égypte, ou encore quand Syméon et Anne ont inventé spontanément cette liturgie de la louange, ou enfin le jour où son fils est resté au Temple ou plus tard au pied de la croix ? Devant ces contradictions et bien d'autres, elle priait et son cœur s'épuisait dans la présence du Père, car c'est bien à Lui qu'elle demandait de pouvoir lire et comprendre les signes des temps pour pouvoir ainsi prendre soin du blé. À propos de cette attitude, Jean-Paul II dit que Marie était soudain en proie à une « particulière fatigue du cœur » (R.M. 17). Cette fatigue de la prière n'a rien à voir avec la fatigue et l'ennui auxquels je faisais allusion tout à l'heure.

S'il est vrai que la prière nous apporte paix et confiance, il n'est pas moins vrai qu'elle fatigue notre cœur. Il s'agit de la fatigue de celui qui ne se leurre pas sur son propre cas, de celui qui assume avec maturité sa responsabilité pastorale, de celui qui se sait minoritaire dans « cette génération perverse et adultère », de celui qui accepte de lutter jour après jour avec Dieu pour qu'Il sauve son peuple. La question serait donc : mon cœur est-il fatigué par le courage de l'intercession ? Et en même temps, au cours de cette lutte, suis-je gagné par la sereine paix de l'âme propre à ceux qui évoluent dans la familiarité de Dieu ? Fatigue et paix sont réunies dans le cœur de celui qui prie. Ai-je fait l'expérience de ce que signifie prendre au sérieux et m'occuper de tant de situations propres à l'activité pastorale, tout en faisant ce qui est humainement possible pour les aider, les intégrer à ma prière ? Ai-je su, au cours de la prière, savourer l'expérience fort simple de décharger mes préoccupations sur le Seigneur ? (cf. Psaume 54, 23) Ce serait tellement bien de comprendre et de suivre le conseil de saint Paul : « N'entretenez aucun souci ; mais en tout besoin recourez à l'oraison et à la prière, pénétrées d'action de grâces, pour présenter vos requêtes à Dieu. Alors la paix de Dieu, qui surpasse toute intelligence, prendra sous sa garde vos cœurs et vos pensées, dans le Christ Jésus » (Philippiens 4, 6-7).

Voilà à peu près les choses que j'ai ressenties en méditant sur les trois lectures de ce dimanche, et il me semblait que je devais les partager avec vous, mes camarades dans le service du peuple fidèle de Dieu. Je demande au Seigneur qu'Il nous rende plus enclins à la prière, ainsi qu'Il l'était lui-même quand Il vivait parmi nous ; qu'Il nous pousse à quémander lourdement devant le Père. Je demande à l'Esprit-Saint qu'Il nous introduise dans le Mystère du Dieu vivant et qu'Il prie dans nos cœurs. Nous avons déjà triomphé, ainsi que le proclame la deuxième lecture. Fermement installés dans cette victoire, je vous demande de poursuivre (cf. Hébreux 10, 39) notre travail apostolique, approfondissant chaque jour un peu plus cette familiarité avec Dieu que nous vivons dans la prière. Je vous demande de faire grandir la *parrhèsia* aussi bien dans l'action que dans la prière. Hommes et femmes adultes dans le Christ et enfants dans notre abandon. Hommes et femmes travailleurs endurants jusqu'à la limite, au cœur pourtant fatigué dans la prière. C'est ainsi que Jésus nous veut, Lui qui nous a appelés. Qu'Il nous concède la grâce de comprendre que notre travail apostolique, nos difficultés, nos luttes ne sont pas des affaires purement humaines qui commencent et se terminent avec nous. Il ne s'agit pas de notre lutte, mais du « combat de Dieu » (2 Chroniques 20, 15) et cela nous encourage à accorder chaque jour plus de temps à la prière.

Et, s'il vous plaît, ne cessez pas de prier pour moi, car j'en ai besoin. Que Dieu vous bénisse et que la Sainte Vierge veille sur vous.

Lettre aux prêtres, aux religieux et religieuses de l'Archidiocèse, 2007

Notes

« Les paroles que je vous ai dites sont ESPRIT et elles sont VIE » (Jean 6, 63)

(p. 9 à 59)

1. « Cambalache » est un tango écrit en 1934 qui dénonce les maux de la société et est décrit par son auteur Enrique Santos Discépolo comme « une pensée triste qui se danse ». *(N.d.T.)*

2. Rencontre des catéchistes de l'archidiocèse de Buenos Aires dont Jorge Mario Bergoglio est l'archevêque depuis 1998. *(N.d.T)*

3. Exhortation apostolique *Catechesi Tradendae* de sa Sainteté le Pape Jean-Paul II à l'épiscopat, aux clergés et aux fidèles de toute l'Église sur la catéchèse de notre temps. *(N.d.T)*

4. Le langage du pape François surprend par l'emploi récurrent d'expressions de *lunfardo* (l'argot argentin), mais aussi par ses nombreux néologismes, que les commentateurs du Vatican en sont venus à désigner sous le terme de « bergoglismes ». Nous en avons trouvé plusieurs dans le présent ouvrage. Ainsi, le lecteur ne s'étonnera pas de trouver des termes tels que « prochaineté », que nous avons créé pour traduire le bergoglisme « *projimidad* », dérivé du substantif « *prójimo* », le prochain, le semblable. De même qu'il ne soit pas surpris de l'utilisation d'expressions du langage parlé que le Souverain Pontife affectionne particulièrement. *(N.d.T.)*

5. Document de la troisième conférence générale de l'Épiscopat latino-américain (CELAM) qui s'est tenue du 27 janvier au 13 février 1979, à Puebla au Mexique. *(N.d.T.)*

6. Du grec *kérygma* : proclamation, message. D'après la Conférence des évêques de France, « ce terme a été utilisé pour désigner le contenu essentiel de la foi en Jésus-Christ annoncée et transmise aux non croyants par les premiers chrétiens. Ce mot continue à être employé aujourd'hui pour

évoquer la proclamation missionnaire de l'essentiel de la foi chrétienne ». *(N.d.T.)*

7. À Buenos Aires, lieu où se trouve l'Institut lasallien d'enseignement supérieur. *(N.d.T.)*

« Ma doctrine n'est pas de moi, mais de celui qui m'a envoyé » (Jean 7, 16)

(p. 61 à 127)

1. Quartiers populaires de Buenos Aires. *(N.d.T.)*
2. En latin dans l'original : « non partagée » et « non confondue ». *(N.d.T.)*
3. Lors de la révolution de mai 1810 qui donne son indépendance à l'Argentine. *(N.d.T.)*
4. Slogan entendu lors de la grave crise financière argentine de 2001-2003. *(N.d.T.)*
5. Poème épique écrit en 1872 par l'écrivain et journaliste José Hernández. *(N.d.T.)*
6. Jorge Armando Dragone, poète argentin. *(N.d.T.)*

« Voici ta mère. Dès cette heure-là, le disciple l'accueillit comme chez lui » (Jean 19, 27)

(p. 129 à 150)

1. La légende veut qu'en 1630, une charrette transportant la statue de l'Immaculée Conception s'arrêta sur les rives du fleuve de Lujàn pour y passer la nuit sans jamais réussir à repartir. Les bouviers interprétèrent cela comme un signe de la volonté de la Vierge de rester en ce lieu pour y être vénérée. Le sanctuaire de Lujàn fait l'objet d'un véritable culte et donne lieu à un pèlerinage réunissant des centaines de milliers de personnes à l'occasion de la fête de la Vierge Marie. *(N.d.T.)*
2. La loi de Patronat, dite loi Agote, doit son nom à Luis Agote (1868-1954), député et sénateur conservateur (1910-1916). Promulguée en 1919 en Argentine, cette loi à caractère civil et à tendance paternaliste et d'assistance visait la protection les jeunes défavorisés. Mais cette législation sur l'enfance, considérée comme novatrice à l'époque, car elle différenciait la justice des adulte de celle des mineurs, a été remise en cause par les conventions internationales dans les années 2000. *(N.d.T.)*

« Soyez sans crainte, car voici que je vous annonce une grande joie, qui sera celle de tout le peuple : aujourd'hui vous est né un Sauveur » (Luc 2, 10-11)

(p. 151 à 167)

1. José María Castiñeira de Dios, écrivain et poète argentin né en 1920 à Ushuaia. *(N.d.T.)*

2. « Parole de vérité ». *(N.d.T.)*

« Va-t'en annoncer le Royaume de Dieu » (Luc 9, 60)

(p. 263 à 359)

1. Allusion au « navire de la honte », le bateau *Etinero*, ayant accosté en avril 2001 à Cotonou avec à son bord une vingtaine d'enfants faisant possiblement l'objet d'un trafic d'esclaves. *(N.d.T.)*

2. Philosophe et théologien catholique allemand d'origine italienne (1885-1968) *(N.d.T.)*

3. Enrique Angelelli (1923-1976), évêque argentin de La Rioja, se distingua par son engagement social et son opposition affichée à la dictature militaire. L'épisode évoqué ici concerne la violente réaction des propriétaires terriens à la suite du soutien énergique qu'il apporta à un groupe de paysans pauvres souhaitant s'organiser en coopérative pour cultiver des terres abandonnées. *(N.d.T.)*

Table des matières

Note de l'éditeur 7

« Les paroles que je vous ai dites sont ESPRIT et elles sont VIE » 9

« Convertissez-vous et croyez à la Bonne Nouvelle » 11

Se laisser rencontrer pour aider à la rencontre 14

« Tu adoreras le Seigneur, ton Dieu et à Lui seul tu rendras un culte » (Luc, 4, 8) 21

Le trésor de notre boue 25

« Lève-toi et mange, autrement le chemin sera trop long pour toi » 29

« Puis il gravit la montagne et il appelle à Lui ceux qu'il voulait. Ils vinrent à Lui » 34

Prends garde à tes pas quand tu vas dans la maison de Dieu. Approche-toi, prêt à écouter 43

Modèle du pèlerin infatigable 49

« Il les appelle chacune par son nom et les fait sortir » 54

« Ma doctrine n'est pas de moi, mais de celui qui m'a envoyé » 61

Éduquer dans la culture de la rencontre 63

« Celui qui nourrit et fait grandir » 76

Nous sommes un peuple à la vocation de grandeur 83

Éduquer, un engagement partagé 107

« Voici ta mère. Dès cette heure-là, le disciple l'accueillit comme chez lui » 129

Nous avons besoin de son regard tendre 131

« Aide-nous à rencontrer Jésus dans chaque frère » 133

« Mère aide-nous. Nous voulons être un seul peuple » 134

« Mère, aide-nous à protéger la vie » 136

ANNEXE 141

« Mère, nous vous le disons, nous avons besoin de vivre comme des frères » 149

« Soyez sans crainte, car voici que je vous annonce une grande joie, qui sera celle de tout le peuple : aujourd'hui vous est né un Sauveur »... 151
« Dieu avec nous » ... 153
Une lumière qui est l'espoir du peuple de Dieu ... 155
« Le peuple qui marchait dans les ténèbres a vu une grande lumière »... 157
Fais-nous voir un signe ... 159
Il est né en pleine nuit, il a été annoncé en pleine nuit ... 162
Elle l'a enveloppé de langes et l'a couché dans une crèche ... 165

« Je leur ai fait connaître ton nom et je le leur ferai connaître, pour que L'AMOUR dont tu m'as aimé SOIT EN EUX et MOI en eux » ... 169
Donner l'onction est un geste qui se fait de tout son être ... 171
Aux prêtres de l'archevêché ... 174
« Dieu, ton Dieu, t'a donné l'onction d'une huile d'allégresse » ... 179
« Si quelqu'un m'aime, il restera fidèle à ma parole et mon Père l'aimera »... 181
Je lui donne l'onction pour le guérir, je lui donne l'onction pour le libérer... 185
L'espérance que Dieu veille sur notre fragilité ... 189
Où conduisons-nous la fragilité que nous allons chercher et sur laquelle nous veillons ? ... 192
« Aujourd'hui s'accomplit à vos oreilles ce passage de l'Écriture » ... 195
L'homélie de Jésus fut très brève ... 199
Envoyés pour apporter cette onction avec ferveur apostolique à toutes les périphéries ... 204

« Pourquoi cherchez-vous le Vivant parmi les morts ? Il n'est pas ici ; mais Il est ressuscité » ... 209
L'Ange chasse la peur des femmes : « Ne craignez point » ... 211
« Il n'est pas ici ; mais Il est ressuscité » ... 213
Notre sens de l'histoire s'en trouve bouleversé ... 216
La paralysie rend notre âme malade ... 218
Le souvenir les ramène dans la réalité ... 219
Vraiment celui-ci était fils de Dieu ! ... 222
Elles voulaient oindre le corps de Jésus ... 225
Que se passait-il dans le cœur de ces femmes et des disciples ? ... 227

« Donnez-leur vous-mêmes à manger » ... 231
Le souvenir du Père n'est pas un souvenir parmi tant d'autres ... 233
Où veux-tu que nous te préparions l'Eucharistie ? ... 235
« Tous mangèrent et furent rassasiés » ... 238
« Souviens-toi de tout le chemin que Yahvé ton Dieu t'a fait faire » ... 240
« Il rompit le pain et le leur donna » ... 243
« Il a parlé à la foule du Royaume de Dieu » ... 247
« Il n'y a qu'un pain » ... 250

Le Seigneur marche avec nous 254
« Il les rompit et les donna à ses disciples » 258

« Va-t'en annoncer le Royaume de Dieu » 263
Rencontre avec des hommes politiques et des législateurs d'Amérique latine 265
« L'humain comme clé de l'action politico-sociale » 267
Communicateur, qui donc est ton prochain ? 270
Duc in altum, la pensée sociale de Jean-Paul II 279
Duc in altum : vers la profondeur théologique de la dignité du travail 293
« Laissez-vous réconcilier avec Dieu » 295
La douce et réconfortante joie de prêcher 298
« Sang de martyrs, graine de chrétiens » 311
« Conduits par sa main » 317
« Heureux seras-tu alors de ce qu'ils n'ont pas de quoi te le rendre ! » 320
« Le disciple n'est pas au-dessus du maître » 323
Nous rapprochent-ils ou nous éloignent-ils ? 328
Soyez dans la joie et l'allégresse, car votre récompense sera grande dans les cieux 336
« La grâce de nous sentir écoutés » 345
« Dignité et plénitude de vie » (Exode 37, 1-14 ; Jean 21, 4-14) 349
Quand nous prions, nous luttons pour notre peuple 353

Notes 361

Cet ouvrage a été imprimé en France par
CPI Bussière
à Saint-Amand-Montrond (Cher)
en avril 2014

Composition et mise en pages
Nord Compo à Villeneuve-d'Ascq

PAPIER À BASE DE
FIBRES CERTIFIÉES

Fayard s'engage pour
l'environnement en réduisant
l'empreinte carbone de ses livres.
Celle de cet exemplaire est de :
0,950 kg éq. CO_2
Rendez-vous sur
www.fayard-durable.fr

36-4712-0/01

Dépôt légal : avril 2014.
N° d'impression : 2008027.